춤의 재미, 춤의 어려움

저자 허유미는
부산예고와 이화여대 무용과를 졸업하고
한국예술종합학교 무용원 이론과 예술전문사를 졸업했다.
'창작춤집단 가관'과 '라트어린이극장' 등 다양한 단체에서
안무가이자 무용수로 활동해 왔다.
〈춤추는 거미〉와 〈LIG아트홀웹진〉에 춤 칼럼을 기고했고,
현재 경희대학교 후마니타스칼리지에 출강 중이다.
춤을 대중에게 쉽고 재미있게 소개하는 데 관심을 두고 있다.
저서로는 2020 세종도서 교양부문에 선정된 『춤추는 세계』가 있다.

춤의 재미, 춤의 어려움
: 발레부터 케이팝 댄스까지

초판 1쇄 펴냄 2021년 12월 9일

지은이 허유미
편　집 이주호, 신태진 | **표지디자인** studio mot (studiomot.com)
펴낸곳 에테르
주　소 서울시 종로구 새문안로5가길 28 광화문플래티넘오피스텔 502호
전　화 02-465-4352 | **팩스** 02-734-4352
이메일 admin@bricksmagazine.co.kr | **홈페이지** bricksmagazine.co.kr/aether

* 에테르는 브릭스의 학술/인문 전문 브랜드입니다.
* 책값은 뒤표지에 있습니다.

ISBN 979-11-90093-19-4 93680

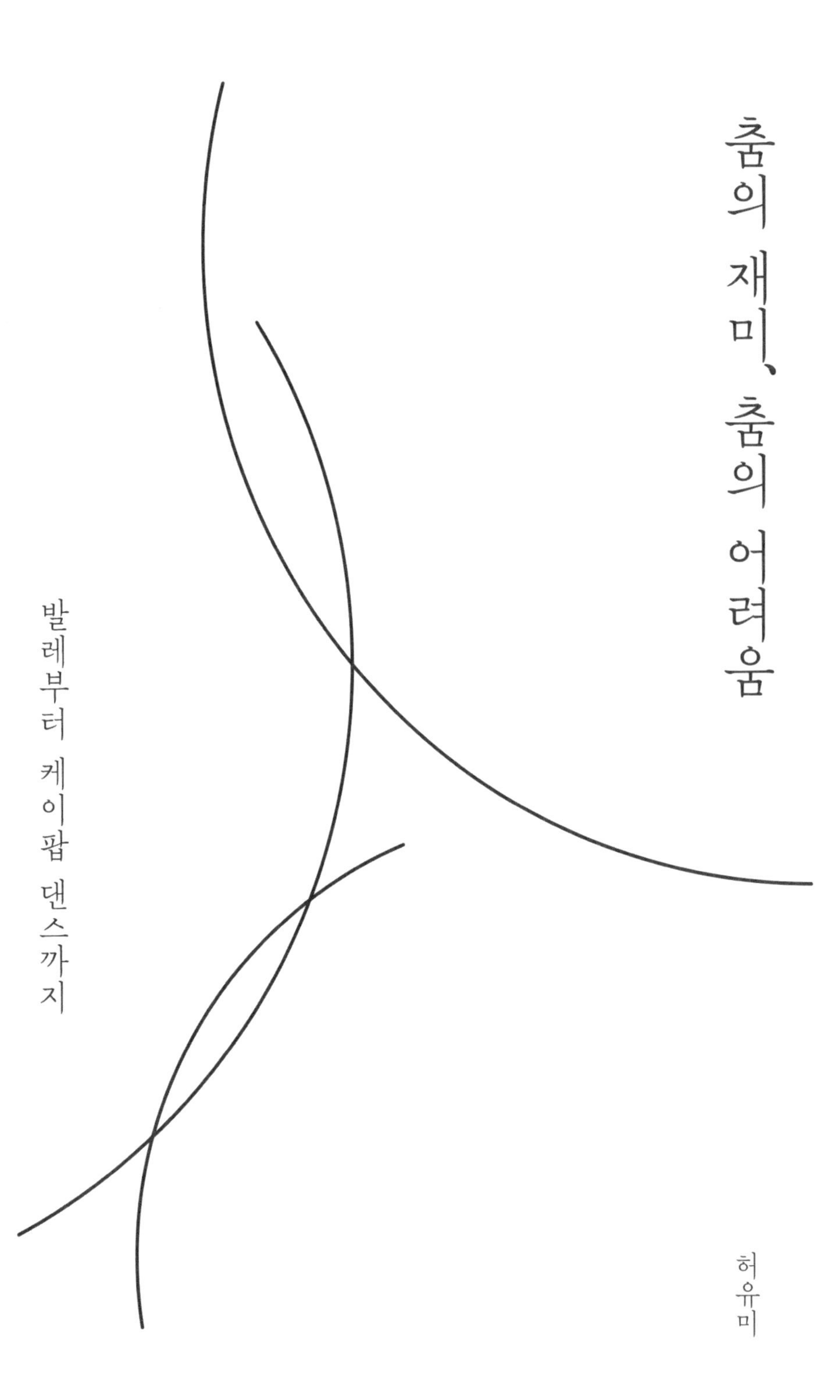

춤의 재미, 춤의 어려움

발레부터 케이팝 댄스까지

허유미

춤추기와 춤 읽기

춤을 어떻게 춰야 할까? 춤을 어떻게 봐야 할까? 안무가, 교육자, 춤 전문 기고가로 활동하며 만난 수많은 사람들에게 들어왔던 질문이다. 이들에게 춤의 재미를 어떻게 설명해야 할까? 나 스스로에게 꾸준히 되물어 왔다. 춤의 저변은 넓어지고 있지만, 여전히 춤은 다른 예술 분야에 비해 대중에 가까운 예술이 아니다. 감각적 차원의 몸짓, 움직임이 주는 즐거움을 넘어서 춤의 언어를 알고 재미를 느끼려면 오랜 연습 기간이 필요하며, 극장에서 무용 공연을 감상할 만한 안목을 갖추는 데까지는 또 다른 노력이 필요하다. 진입 장벽이 제법 높은 예술이라 할 수 있다. 춤 언어가 추상적이고 순간적인 까닭이다. 따라서 춤 분야 책은 춤 언어에 익숙한 전공자들을 위한 전공서가 대부분일 수밖에 없었다. 친절한 입문서가 부족해 춤을 전공하지 않는 학생들을 가르치며 참고하거나 소개할 만한 책을 찾기 어려웠다.

대중적 춤 이론서를 표방하는 책들은 주로 인물과 작품 중심의 서양 무용사를 단순 나열하거나, 작품과 춤꾼들의 숨은 뒷이야기를 흥미 위주로 다루거나, 발레 레퍼토리들을 줄거리 중심으로 소개하는 데 그치고 있다. 이런 것들은 춤을 즐기고 보는 데 직접적인 도움을 주지 못한다. 대중적인 이론서는 쉽게 읽히기만 하는 책이 아니라 대중이 정말 궁금해하는 것들을 다룬 책이어야 한다. 그래서 나는 이 책에서 그 궁금증에 응답하기 위해 중요하다고 생각되는 춤의 주제들을 나의 시각에서 제안하고 서술해 보기로 했다. 보통의 무용 개론서와는 사뭇 다른 구성과 내용을 담고 있지만, 춤의 전반적인 그림을 그려보기에 도움이 되리라 생각한다.

이 책은 춤에 관심이 있는 일반 독자들이 춤을 추고 감상하는 데 실질적인 도움이 되는 개념과 내용들을 소개한다. 춤 예술의 발전 과정을 역사적으로 살펴보는 것뿐 아니라, 철학적인 개념으로 몸과 움직임에 대한 사고 체계를 이해하는 것도 필요하다. 거기에 더해 무용사회학적 맥락에서 세상과 춤이 어떻게 얽혀 있는가를 생각해보는 것도 중요하며, 춤 작품을 읽어내는 데 필요한 분석 방법을 알고 감상에 적용해 보는 것도 필수적이다. 춤 장르마다 어떠한 특성이 있는지를 알아야 어디를 어떻게 봐야 할지도 가늠이 된다. 이 모든 것들을 담자니 상당히 복합적인 내용의 입문서가 되고 말았지만, 그럼에도 불구하고 춤의 세계는 너무 넓고, 한 권의 책에 그 모든 것을 담을 수는 없었다. 이 책이 춤의 모든 것을 만나기 위한 출발점에서 막막해하지 않고 앞으로 나아갈 수 있도록 나침반의 역할을 할 수 있길 바란다.

1장은 무대 위의 몸이 어떤 방식으로 존재하는가를 살펴보고 이와 관련하여 근대적 몸 기획으로서 발레가 지닌 의미를 서술한다. 발레의 시작은 공연과 사교춤이 뒤섞인 궁정 연희였지만, 무대화와 전문화를 거치며 서구 근대성의 주요 특징인 합리성, 주체성, 심신 이원론, 시각 중심성이 확장되고 명료한 몸동작으로 표현됨으로써, 프로시니엄 무대에서 기본적으로 활용될 있는 몸 테크닉으로 발전하였다. 발레의 정형성과 이야기 구조의 한계에서 벗어나고자 20세기 초 현대 무용이 탄생했다. 그러나 여전히 무대에서 유용한 몸틀을 갖추기 위해 발레 테크닉은 토대 훈련으로서 중요하다.

2장은 예술로서의 자율성, 독립성, 전문성이라는 모더니즘을 실현한 현대 무용의 흐름을 '운동성'이라는 키워드를 통해 살펴본다. 르네상스 이후 발레의 성장, 현대 무용의 탄생과 발전까지, 춤은 움직이는 주체의 스펙터클을 보여주는 것에 몰두하였다. 그러다 20세기 중후반 근대성을 비판적으로 성찰하는 정지 행위를 시작으로 탈근대적 춤이 등장한다. 매체 고유의 특성과 전문성에 대한 질문은 춤의 해체와 융합으로 이어져 포스트모던 댄스와 탄츠테아터 등의 새로운 경향을 낳았다. 이는 예술의 수행적 전환이 일어나기 시작한 1960년대 이후의 환경과 맞물려 몸의 수행성에 주목하는 방향으로 나아갔고, 그 결과 지금의 현대무용은 규정하기 어려운 무한히 넓은 스펙트럼을 갖게 되었다.

3장은 무용 작품을 감상하는 데 필요한 무용 분석법을 소개한다. '무용 구성 요소 기술, 형태 분석, 해석, 평가'의 분석틀에 따라 작품을 세부적으로 살펴본다. 또한 보다 근본적으로 현대무용 작품의 전개 방식에는 어떤 것이 있으며 그에 따라 무엇을 중심으로 작품을 보아야 할지를 소개한다. 형식과 표현이라는 두 가지 키워드로 현대 무용의 주요 사조와 작품을 살펴보고, 동작 내적 원리가 구조화된 작품과 구체적이고 강렬한 표현이 두드러지는 작품의 차이가 무엇인지 살펴본다.

4장은 춤 교육 방식을 다룬다. 동양의 전통적 세계에서 예술교육은 도제 교육이었다. 스승의 몸을 교본 삼아 춤을 학습하고 상당히 밀착된 스승-제자 관계를 유지하는 교육이었다. 서양에서는 발레가 등장한 이후 춤(발레) 아카데미가 중심적인 역할을 해 왔는데, 일대일 교육이 아닌 학교 규모에서 이루어지는 전문인 교육이었다. 우리 춤 교육도 현대에 와서는 점차 춤 아카데미 형태가 보편화되었는데, 차이가 있다면 대학 무용과를 중심으로 무용 생태계가 형성되었다는 것이다. 그러나 창작 활동을 위해서는 실질적인 창작 경험이 그 자체로 교육 과정이며, 동료들이 서로의 스승이 된다. 다양한 예술가들을 만날 수 있는 프로젝트가 중요한 이유다.

5장은 우리 전통춤을 궁중춤, 전통예인춤, 민중춤, 사찰춤으로 나누어 살펴본다. 각 카테고리에서 주요한 전통춤 레퍼토리와 그 춤의 개별적 특징들, 그리고 전통춤 전체를 아우르는 보편적인 움직임 특성을 살펴본다. 또한 향유층의 계층적 차이에 따라 춤 역시 기호적이거나 혹은 감각적인 성격을 지녔다는 것을 예시와 함께 설명한다.

6장은 1970년 미국에서 일어난 접촉즉흥 운동을 다룬다. 접촉즉흥이란 두 명 이상이 만나 접촉을 유지하면서 즉흥적으로 추는 춤이다. 이 운동은 춤의 민주주의와 몸에 대한 새로운 인식을 끌어내는 데 큰 영향력을 끼침으로써 춤의 세계를 넓혀 놓았다. 접촉즉흥이 현상학자 메를로 퐁티의 '살 존재론'과는 어떻게 맞닿아 있는지도 살펴본다.

7장은 춤의 본래적이고 독특한 특성인 관능성에 대해 살펴본다. 영화 〈자유부인〉, 〈쉘 위 댄스〉에서 사교춤을 통해 관능이 이야기되는 방식을 살펴보고, 성녀와 창녀라는 발레리나의 두 가지 이미지를 통해 여성의 관능성이 가부장적 세계관 속에서 왜곡되는 전형을 살펴본다. 또한 관능성을 적극적으로 드러낸 작품을 통해 몸을 해방시키고 자유로움을 표현하려 했던 예술가들의 진보성을 들여다본다. 구애의 춤이 가진 자기표현, 발산의 긍정성도 생각해본다. 춤이 가진 관능의 얼굴은 매우 다채롭다.

8장은 사교춤의 과거부터 현재까지의 모습을 역사적으로, 장르와 스타일 별로 살펴본다. 궁정 사교춤에서 시작된 커플 댄스의 올드 스타일과, 20세기 이후 현재에 이르는 프리 스타일 댄스를 소개한다. 20세기 중반에는 혼자서 추는 솔로 댄스가 유행하였고, 1990년대부터는 레이브 문화가 전 세계에 퍼졌는데, 이런 춤과 춤 문화가 함의하는 바가 무엇인지 살펴본다.

9장은 음악과 관계가 깊은 춤들을 다룬다. 탭 댄스, 뮤지컬 댄스, 스트리트 댄스, 커머셜 댄스 등은 주로 미국 대중문화 속에서 발생한 춤들이며 극장춤과는 다소 거리가 있는 장르들이다. 이 다양한 춤들이 어떻게 시작되고 발전되었는지를 따라가며 '음악과 하나인 춤'의 대중적 호소력과 폭발적인 전파력에 대해 생각해 본다. 이와 더불어 케이팝 댄스의 과거와 현재를 조명한다.

집필 기간 동안 코로나19의 세계적 확산을 겪으며, 공연계가 심각하게 침체되는 것을 지켜보았다. 이 난리통에 춤에 관한 글을 쓴다는 게 무슨 의미가 있을까, 언제쯤 다시 자유롭게 춤 출 수 있을까, 그런 생각을 하다 보면 자주 절망하기도 했다. 그러다가 마스크를 끼고 조심스럽게 만났던 관객들, 학생들에게서 다시 힘을 얻었다. 서로의 거리가 멀어져도 춤에 대한 열망은 사라지지 않았음을 몸소 느낄 수 있었다. 덕분에 춤이 무엇일 수 있을까 깊이 생각해 본 시간이기도 했다.

책을 쓰는 것은 내가 평생 해 왔던 춤과 달리 주로 혼자 분투하는 일이라 매우 외롭고 지겨운 과정이었다. 하지만 좋은 편집자를 만나 포기하지 않고 그럭저럭 견디면서 여기까지 올 수 있었다. 첫 번째 책 『춤추는 세계』부터 이 책까지, 부족한 저자를 응원하고 꼼꼼히 글을 챙겨 봐주신 출판사 관계자 분들께 깊이 감사드린다.

2021년 가을 허유미

차 례

1.
무대 위의 몸

발레 테크닉과
발레의 역사

공연은 관객의 집중을 요구한다. 공연자는 무대 위에서 자신에게 집중된 모든 시선을 감당하며 자신을 표현한다. 긴장과 두려움 속에서 많은 사람들 앞에 나선다. 관객은 그 일거수일투족을 따라가며 작품의 의미를 생각한다. 무대를 바라보는 관객, 그들을 향해 무언가를 보여줘야 하는 공연자. 엄청나게 팽팽한 에너지가 무대에서 만난다. 제대로 준비되어 있지 않은 공연자는 이 긴장감을 이겨내지 못한다. 작품을 온전히 전달하기 벅차다. 무대 위 몸은 수많은 시선에 맞서는 태도와 내용을 지니고 있어야 한다.

공연 예술 전반에서 무대 위 몸은 존재감을 가져야 한다. 등장과 함께 관객들의 시선을 사로잡고 작품을 이끌어 나가야 한다. 존재감은 독특한 몸짓이나 연기, 외모를 통해 올 수도 있고,

더러는 특정 작품에서만 빛나는 공연자도 있다. 그러나 오랫동안 다양한 무대에서 공연하려면 이 긴장감과 맞설 수 있는 일상적 연습과 기본기가 필요하다. 존재감은 '기'로 이야기되기도 한다. 기운이 충만한 몸, 그리하여 일상적 몸에서 벗어나 무대 위 새로운 세계로 들어간 몸. 그 충만한 기운은 관객을 일상 세계 너머 예술 세계로 인도하여 변화된 몸을 경험하게 하는 힘이 된다. 흔히 말하는 기가 센 사람도 이런 힘을 가질 수 있다. 하지만 무대 위 존재감은 훨씬 안정되고 보편적인 힘을 의미한다. 무대 위에 서기 위해 오랜 기간 훈련을 받고, 한 작품을 집중해서 연습하는 이유다.

무대 위 존재감은 표현하고자 하는 바를 명료하게 보여줄 때, 일상 움직임 범위에서 확장된 몸으로 무대를 채울 때 드러난다. 명료성은 단지 움직임이나 실루엣이 명확한 형태를 보여주는가 하는 문제가 아니라, 식별 가능한 움직임으로 보여지는가를 의미한다. 공연자는 움직임을 의도한 대로 관객에게 전달하길 바라며 움직임을 실행하는 순간 어떻게 보일지 계산한다. 그때 몸을 쓰는 범위는 일상을 넘어선다. 춤에서는 이 점이 중요하다. 일상적인 몸보다 커 보여야 움직임만으로 무대를 채울 수 있다. 이 역시 움직임 형태나 몸 실루엣만의 문제가 아니다. 무대 공간에서 에너지가 확장되어야 관객에게 인식될 수 있다.

계산된 명료함, 일상을 넘어선 확장된 이미지. 무대 위에 한 사람이 서 있다. 그저 서 있을 뿐인데 존재감이 강하게 드러난다. 그가 몇 걸음을 걸어가자 무대는 새로운 예술적 공간으로 탈바꿈한다. 아무리 공연을 계속해 온 사람이라 해도 무대 위에서 존재감 있게 몇 걸음 딛는 게 쉽지 않다. 공연자로 데뷔하기 전 여러 가지 방식으로 몸을 훈련하고, 전문예술인이 된 이후에도 일상에서 끊임없이 기본기를 다지는데, 어떤 사람은 더 잘 보이고, 어떤 사람은 보이지 않는다.

이런 차이는 먼저 바른 자세에서 나온다. 척추를 바로 세우고 제대로 직립하고 있는가, 신체 상하좌우가 균형적으로 정렬되어 있는가, 걸을 때 바른 자세를 유지하는가. 일상에서 만나는 사람들 중에도 태도가 특별히 당당하고 안정적인 사람들이 있고 그런 사람을 보면 긍정적인 느낌을 받는다. 무대 위의 몸이라면 더더욱 바른 자세가 중요할 수밖에 없다. 나는 배우 오디션 심사를 오래해 오면서 신체 정렬이 배우의 존재감에 큰 영향을 차지함을 매번 확인했다. 걷는 것만 봐도 그 배우의 상태나 기품이 느껴졌다. 실제로 잘 걷는 배우들이 작품에서도 빛을 발한다. 그래서 오디션 심사를 하게 되면 연결 동작도 보지만, '걷기 즉흥' 과제를 꼭 넣는다. 평범하게 직립 보행하는 것부터 특정 정서와 상황에 맞추어 걷는 것까지, 다양한 걷는 모습에서 배우가 자신의 몸을 어떻게 이해하고 통제하는지 볼 수 있다. 어느 한 공간에 위치하면서 자신을 더 넓은 세계로 펼쳐가는 가장 간단한 동작이 걷기이며, 일상에서 가장 많이 하는 신체 활동 역시 걷기이다. 대학 교양 교과에서 비전공자 학생들에게 현대 무용을 가르치면서 내가 그들에게 가장 강조하는 것도 '존재감 있게, 바른 자세로 서고 걷기'이다. 한 학기 수업으로 큰 변화를 기대하기는 어렵지만, 거울로 자신의 걷는 모습을 매주 확인하는 학생들은 학기가 끝날 무렵 어김없이 '나 자신의 존재감에 대해 생각해 보았다', '바른 자세를 신경 쓰면서 살아갈 것이다'라는 이야기를 한다.

무용, 연극, 전통 공연 분야에서 공통적으로 중요하게 다루어지는 것이 걷기, 신체 정렬이다. 바른 자세로 서고 걷는 것은 움직임의 출발점이자 모든 공연 예술의 기본기이다. 흔히 훌륭한 공연자는 등을 지고 서 있어도 존재감이 나온다고들 말한다. 체현으로 존재하는 그 자체가 공연 예술이기 때문이다. 물론 장르나 무대 형태에 따라 약간의 차이는 있다.

무용 예술 안에는 다양한 테크닉이 있다. 발레와 현대 무용의 테크닉뿐 아니라 여러 나라 전통춤에도 각각 다른 훈련 체계가 있으며, 따라서 몸을 보는 방식도 다르다. 그러나 현대 극장 무대로 한정하면 존재감을 획득하는 훈련의 토대가 되는 것은 발레 테크닉이다. 다양한 무용 세부 전공에 따라 덧붙여지는 의견이 있겠지만, 발레 테크닉은 극장춤을 이해하는 기본이다.

20세기 현대 무용이 탄생하기 전까지 서양 극장춤은 대체로 발레였다. 서양에서 가장 오랫동안 주류 예술 춤이었으며, 발레의 테크닉도 몇백 년에 걸쳐 형성되어 왔다. 프로시니엄 무대(정면 액자 무대)부터 현대화된 무대에 이르기까지 발레는 공연 역사와 함께했다. 프로시니엄 무대는 무대와 객석, 공연자와 관객이 이분되어 일방향적이고 집중된 시각 경험을 제공했다. 극장이 근본적으로 이런 구조를 갖춘 공간이기에, 극장 무대에서 가장 효율적으로 몸을 전시할 수 있게 하는 움직임이 발레 테크닉과 관련된 주 요소일 수밖에 없다. 따라서 근대의 보는 방식이 그처럼 보는 주체의 시각성에 근거했음을 짐작케 한다. 발레 테크닉은 관객의 시각에 어떻게 효과적으로 영향을 줄 것인가를 고려하여 만들어졌다. 근대 서구에서 무대 위 몸을 어떻게 이해했는가? 무대 위 몸은 전시되는 시각적 대상이었으며, 합리적 이성에 따라 움직여질 몸-기계였다.

우리 전통춤이나 일본, 아시아 각국 전통춤을 기본으로 삼아 훈련을 해도 존재감 있는 몸을 형성할 수 있다. 스트리트 댄스 장르를 경험한 몸 역시 마찬가지다. 어떤 방식으로든 잘 훈련된 몸은 무대에서 존재감을 갖는다. 우리 전통춤은 야외나 실내에서 추어졌지만 그때 무대는 서양 프로시니엄 무대와 달랐고, 몸을 인식하는 방식도 달랐다. 확장된 움직임과 뚜렷한 선을 전시하기보다는, 땅과 하늘 사이에서 공명하는 몸으로 존재하는 경향이 컸다. 발레처럼 중력을 극복하고 길고 큰 움직임을 보여주는 게 아니라 주로 둥글고 소박한 선들이 호흡과 함께 어우러졌다. 평상시 관절 움직임 범위를 넘어서 길게 팔 다리를 뻗는 동작(과신전hyperextension. 정상 범위를 넘어 몸이 펼쳐지는 것)이 없으며 일상을 넘어서는 유연성이나 점프력은 동작에 직접 반영되지 않는다. 과거 우리 전통춤 공간에서는 이런 몸으로 충분히 무대를 장악할 수 있었다.

그러나 전통춤 공간도 이제 현대화된 극장 무대로 옮겨졌다. 한 방향으로 집중된 무대에서 좀 더 명확하고 확장된 몸을 전시해야 하는 상황에 처한 것이다. 이런 변화를 가장 잘 보여주는 것이 신무용 장르이다. 전통춤 기법을 현대적으로 재창조한 장르로, 우리나라 최초의 현대 무용가 최승희가 그 시작이었다. 현재 한국 무용 전공자들이 주로 훈련하는 것이 신무용과 관련된 동작 테크닉들인데, 확실히 과거 춤 자세와는 달리 몸이 길고 곧게 펴져 있다.

스트리트 댄스는 이름 그대로 거리에서 탄생한 춤이다. 시작과 달리 지금은 고난이도 기술이 주를 이루는 댄스 배틀 같은 전문화의 길을 가고 있지만, 이 역시 극장 무대에서 이루어지는 빈도가 많아지면 몸을 다루는 방식에 변화가 생길 것이다. 속도감 있는 아크로바틱 동작에서 그치지 않고 명료성과 확장성을 확보해 나가는 방식으로 바뀔 수 있다.

발레 테크닉

발레 테크닉에서 가장 핵심적인 기법 두 가지는 풀업pull-up과 턴아웃turn-out이다. 풀업은 몸을 위로 끌어당기는 동작이다. 신체를 정렬한 다음 머리 위에서 누군가 몸을 끌어올리고 있는 듯한 느낌으로 선다. 몸이 길어지고 몸 중심이 끌어올려진 느낌을 갖고 앞뒤, 양옆으로 기울지 않고 몸의 수직축을 세운다. 턴아웃은 하체를 바깥으로 벌려 사용하는 동작이다. 팔자걸음으로 걷는 것을 떠올려보면 된다. 그런데 발만 바깥쪽을 향하는 것이 아니라 엉덩이와 허벅지, 무릎, 발끝까지 모두 바깥으로 돌려서 써야 한다.

풀업과 턴아웃은 특정 동작이 아니라, 모든 동작에서 춤추는 내내 적용되는 원리이다. 부분적으로 이것이 적용되지 않는 특색 있는 동작들이 등장하는 작품도 있지만, 발레 '테크닉'이라는 것, 이를테면 발레 클래스에서 연습하는 동작들에는 모두 이 두 가지 원리가 적용된다. 몸을 들어 올린 느낌으로 하체를 바깥으로 돌려 몸을 움직인다. 상상만 해도 답답하지 않은가? 잠깐 이런 자세로 서 있거나 한두 동작을 하는 것도 힘든 일이다. 발을 1번 포지션(하체를 턴아웃하여 양발의 뒤꿈치를 닿게 하고 무릎을 펴고 선 자세)으로 하고 풀업하여 서 있는 자세를 익히려면 오랜 훈련이 필요하다. 예외가 있긴 하지만, 발레를 전공하려면 대체로 어릴 때 시작하는 이유도 이 때문이고, 우아하고 아름다운 발레리나가 팔자걸음으로 걷는 이유도 역시 이 원리가 체화된 결과이다. 아주 오랫동안 몸을 이 방식으로 써 왔기 때문에 의식하지 않아도 몸이 그런 자세를 취하게 된다.

몸의 수직축을 세워 중심을 끌어올리는 풀업은 위로 길어 보이고 가볍게 들어 올려진 느낌을 준다. 그래서 격렬한 점프와 빠른 스텝들 속에서도 상체는 안정감 있고 우아하게 움직일 수 있으며 균형감과 수직성을 유지하면서 최소한의 에너지로 동작을 이어간다. 풀업을 통해 전반적으로 중력을 극복하여 가볍게 움직이는 효과를 낼 수 있으며, 토슈즈를 신고 움직이는 기법은 풀업을 한층 강화하여 발끝으로 서서 공중에 떠다니는 듯한 효과를 만든다. 몸 중심을 계속 위로 끌어올리기 때문에 발레 테크닉에서는 복부를 접거나 무너뜨리는 형태가 나타나지 않는다. 호흡을 완전히 빼고 바닥으로 내려가는 동작도 없다. 가슴 선까지 척추의 수직축을 세워 상승된 느낌을 유지하기 때문에 복부는 고정된 박스처럼 다루어진다. 발레 몸 방향을 이르는 용어인 에폴망épaulement에서는, 가슴 위부터 머리까지 각도를 달리하여 움직이는 정도이지 몸 중심 박스가 흐트러지거나 움직이지는 않는다.

턴아웃은 몸을 전면으로 전시하기에 가장 효율적인 방식이다. 17세기 등장한 프로시니엄 무대는 관객이 고정된 시선으로 액자틀 정면 이미지를 보게 되어 있으며, 무대 틀과 배경에 원근법이 적용되어 평면적 허구와 입체적 현실을 무대 위에 펼쳐 보임으로써 무대가 실제 현실과 유사하게 느껴지는 것을 추구해왔다. 현대의 극장들은 다양한 변환, 입체적 구조를 도입하여 과거 프로시니엄 무대의 한계(평면적 무대 틀과 입체적 몸이 동시에 존재하는 모순)를 보완하고 있지만, 기본적으로 우리가 극장에 가서 보는 방식은 정면의 액자 틀을 통과해 보는 방식을 크게 벗어나지 않는다. 턴아웃은 이렇게 정면의 관객에게 어느 위치에서도 잘 보일 수 있도록 몸을 바깥으로 열어놓는 기법이다. 동시에 가장 긴 하체 선을 만들어 내는 방법이기도 하다.

전반적으로 풀업과 턴아웃은 움직임을 확장하고 몸을 명료하게 보여주는 토대가 된다. 공연자가 무대 위에서 자신을 펼치는 데에 필요한 기법들이다. 여기서 중요한 것은 하체의 움직임이다. 상체 움직임은 장식적 요소이고, 움직임의 동력은 하체에 있다. 어떻게 딛고 서느냐, 어떻게 스텝을 하느냐가 중요하며, 하체 자세를 토대로 몸 전체 동작이 디자인된다.

이러한 토대 위에서 에폴망(몸의 방향), 포르 드 브라(팔 동작) port de bras, 속도와 리듬, 다양한 스텝 같은 몸의 각 부분들을 세부적으로 정형화한다. 이것들은 모두 각각 형태가 정해져 있으며 방향, 속도, 팔 모양, 다리 모양이 조합되어 여러 가지 동작을 만든다. 발레 테크닉은 짜여 있는 틀 속에서 형태를 조합하며, 이 범주 바깥의 새로운 동작은 만들어지지 않는다. 틀이 지워진 춤이다. 발레 테크닉뿐 아니라 발레 작품 안에서도 이런 정형성이 유지된다. 현대 창작 발레에는 다양한 동작들이 나타나지만, 클래식 발레 작품들에서는 몇몇 캐릭터 댄스를 제외한 작품 대부분의 동작이 일정한 틀 안에 있다.

오랜 세월에 걸쳐 만들어진 만큼 틀의 형태는 매우 견고하다.

틀이 지워져 있다는 건 발레 테크닉에 분명한 옳고 그름이 있다는 뜻이다. 무엇이 맞고 틀린가. 아름답고 이상적인 신체 디자인을 중심으로 동작이 이루어지기 때문에 동작 정렬(특정 포즈에서 동작이 맞는가)이 중요하다. 멀리 날아가는 점프인 그랑제테grand jeté를 한다고 했을 때, 이 동작을 연속 사진으로 찍어도 모든 순간에 동작 정렬이 되어 있어야 한다. 이동하면서 도는 동작인 피루엣pirouette에도 준비 동작부터 모든 과정에 정확한 기준이 있다. 이 틀에 몸을 맞추려면 지속적이고 힘든 훈련을 이겨내야 한다. 그러나 사람에 따라 신체 구조상 어떤 동작이 제대로 되지 않을 수도 있다. 타고난 유연성이나 체형의 문제로 동작 정렬이 정확히 되지 않을 수 있는데, 여기서 발레를 배우는 사람들이 처음 좌절감을 느끼게 된다. 아무리 해도 왜 안 되는지 거울을 보면 그 이유를 안다. 연습으로 이 한계를 이겨내는 사람도 있지만, 많은 경우 타고난 신체 조건을 극복하지 못하고 발레를 그만두게 된다. 그러나 발레를 배우는 모두가 발레리나가 될 것은 아니기에, 정확한 동작을 수행하지 못하더라도 무엇이 정확한지를 알면서 춤추는 것만으로도 의미가 있다. 발레를 신체 훈련의 한 가지 방법으로서 받아들인다면 이를 통해 어떻게 몸을 길고 우아하게, 효율적으로 움직일 수 있는지 정련할 수 있다. 게다가 이 테크닉은 주로 해부학과 힘의 원리를 이용한 과학적인 설명을 기반으로 이루어지기 때문에 몸과 움직임을 이해하는 데 유익하다.

합리적으로 몸을 구조화해 나가는 훈련 체계가 내 이성이 시키는 대로 몸을 움직일 수 있다는 의미는 아니다. 과학 원리로 설명되는 움직임 원리인 만큼 몸이 거기에 맞게 움직여 주길 지향한다는 의미이지, 실제로는 상당히 제약이 많다. 발레 동작들은 자연이나 일상적 움직임을 기반으로 생겨난 게 아니라, 평상시에는 도무지 취할 리 없는 자세나 동작들로 이루어져 있다. 인위적이고 기하학적이다. 일상에서 다리를 높이 들어 올릴 일은 없으며, 무술에서 발차기를 하는 것과도 형태가 다르다. 간혹 담벼락 너머를 넘보거나 농구 같은 운동을 할 때 위로 높이 뜀뛰기하는 경우가 있기는 해도, 이 역시 그런 상황에서의 점프와는 형태도, 힘 사용법도 다르다. 아라베스크arabesque 동작은 이슬람 문양을 의미하는 '아라베스크'라는 단어가 동작 이름인 만큼 그 형태가 상당히 기하학적이다. 한 다리로 서서 나머지 다리를 뒤로 쭉 뻗어 높이 들어 올린 자세인데 이런 동작이 일상생활이나 노동에서 나왔을 리 없다. 여러 나라 민속춤들 중에는 그 지역 환경에서 보편적으로 일어나는 일상의 활동들을 모방하는 동작이 많은 데 반해, 발레는 그렇지 않다. 발레를 구성하는 동작을 유럽인들의 일상에서 나온 움직임으로 보기는 어렵다. 턴아웃과 풀업을 하고선 일상을 살아갈 수가 없다. 그 자체로 추상적인 형태들이다. 어찌 보면 기괴하다 할 수 있는 자세들이라 특별한 훈련 과정이 필요하다. 일상적인 범위를 넘어서는 몸의 길이와 각도를 만들어 내다 보니 사실 위험 요소도 많다. 턴아웃과 풀업을 적용하여 큰 각도의 선들을 만들어 내려면, 쉽게 말해 다리를 앞뒤, 양옆으로 항상 찢어야 하고, 허리를 꺾어야 하고, 복부와 다리의 근육을 엄청나게 강화해야 한다. 몸의 자연스러운 상태를 반영한 움직임이 아니라 아무리 어릴 때 시작한다고 해도 장기적으로는 몸에 무리가 간다. 억지로 몸의 형태를 틀에 맞추다 보니 항상 고통이 수반된다.

발레 테크닉은 근대가 인간 몸을 어떻게 인식했는지 보여준다. 몸에 무리가 가더라도 아름답고 이상적인(왜 이것이 이상적이라 생각되기 시작했는지는 모르겠지만) 자세와 동작을 추구함으로써, 이성이 몸을 움직이고 통제할 수 있다는, 즉 데카르트적인 심신 이원론이 몸 프로젝트에 반영되어 있다. 발레 테크닉에서 몸은 합리적 이성의 요청에 따라 기계처럼 오차 없이 정확하게 움직여야 한다. 그리고 그 몸은 근대의 시각적 공간인 프로시니엄 무대에서 관객에게 효과적으로 전시될 수 있어야 하고, 동시에 이 세상이라는 무대 위에서 자신을 우뚝 세우고 공간을 점유하는 주체가 되어야 한다.

사회학자 노베르트 엘리아스Norbert Elias는 『문명화 과정』에서 서양 근대 매너가 감정을 관리하고 행동을 세분화함으로써 폭력성을 줄이고 자기 통제를 강화하는 방식으로 진행되었다고 근대적 몸 프로젝트를 설명한다. 발레는 이러한 매너, 규율과도 관련된다. 유럽 궁정에서 시작된 사교춤은 귀족들의 예절과 태도에 매우 중요한 행사였는데, 발레와 뿌리가 같다. 그들은 평민들과 구분되기 위해 발레의 몸가짐을 체화했다. 17세기 무렵 총포의 발달과 함께 전쟁에서 군대 조직화가 중요해지면서 본격적으로 등장한 근대 유럽의 제식 훈련 역시 효율적이고 체계적으로 몸을 구조화시켜 나가는 근대 몸 프로젝트 맥락에 있다. 미셸 푸코Michel Foucault가 감옥, 정신 병원이 어떻게 개인에게 규율을 내면화시켰는가 설명해 가는 과정에서도 발레 테크닉의 동작 정렬 규율이 내면화해 가는 과정을 생각해 볼 수 있다. 몸은 이성이 통제하고 관리해야 하는 프로젝트였던 것이다.

18세기, 19세기 유럽에서 유행한 자동인형, 오토마톤automaton은 시계태엽처럼 정교한 기계 장치로 인형이 사람처럼 움직이는 모습을 보여주었다. 글쓰기, 악기 연주, 체스 두기, 눈 깜빡거리기 같이 상당히 섬세한 행위를 재현하는 자동인형들이 인기를 끌었다. 지금껏 남아 있는 이 시대 자동인형을 보면 그 옛날 어떻게 이런 복잡한 기계를 만들었는지 놀라울 정도다. 인간 힘으로 사람처럼 움직이는 기계를 만드는 건 창조자를 열망하는 동시에 몸을 이성의 명령에 따르는 기계로 보는 관점이 반영되는데, 이런 관점에서 보면 근대인들은 인간을 정신만 둥둥 떠 있고 몸은 없는 것처럼 여긴 것 같다. 몸을 실제 나에게서 떨어뜨려 놓고 보려 했으니 발레라는 인위적인 움직임도 가능하지 않았을까? 클래식 발레 레퍼토리 중 19세기 낭만 발레인 〈코펠리아Coppélia〉는 한 청년이 자동인형을 사람으로 착각하고 사랑에 빠지는 소동을 코믹하게 다룬 작품이다. 자동인형을 소재로 한 작품이 있다는 점도 그렇지만, 그 시대에 벌써 사람과 구분이 안 갈 만큼 정교하게 움직이는 기계 인간을 생각했다는 게 흥미롭다.

현대에는 소매틱 발레Somatic Ballet처럼 몸의 감각을 인식하고 심리적인 요소까지 고려한 대안적 발레 교수법도 소개되고 있다. 몸과 기계의 유비성을 극복하고 심신 일원론적인 몸을 통해 발레 테크닉을 바라보려는 움직임이다. 그럼에도 불구하고 근본적으로 발레 테크닉의 정형성과 인위성이 없어지지는 않기 때문에 전문 발레인은 기계적인 훈련을 기꺼이 감내해야 한다. 여전히 발레 테크닉은 근대적 몸 프로젝트의 측면에서 함의하는 바가 많다.

발레의 역사

초기 발레는 지금과 사뭇 달랐다. 최초의 발레 작품으로 여겨지는 〈왕비의 희극 발레Ballet Comique de la Reine(1581)〉는 프랑스 궁정으로 시집 온 이탈리아 메디치가의 카트린느 드 메디치Catherine de Médicis가 15세기 이탈리아 궁정에서 탄생한 발레를 프랑스에 소개하며 만든 초호화 스펙터클 쇼였다. 오늘날의 발레와 달리 춤을 비롯해 노래, 시, 연극, 마상 발레, 불꽃놀이, 조형적 요소들이 섞여 복합적이며 긴 시간 동안 이루어지는 궁정 연희였다. 춤 동작도 지금과 달랐다. 17세기 루이 14세는 발레와 관련하여 자주 언급되는 인물인데, 그가 직접 추었던 발레는 기본적인 풀업과 턴아웃은 있지만 지금처럼 몸의 가용 범위를 확장하는 동작들이 아니었으며 이동도 크지 않았다. 루이 14세는 발레를 이데올로기 도구로 사용했다. 그가 태양 역할을 맡아 중앙에서 위엄과 품격을 보여주는 춤을 추고, 신하들은 태양 주위를 도는 행성들이 되어 대형을 만들었다. 동작의 연결보다는 하나의 포즈, 그리고 대형 변화가 담고 있는 기호성이 더 중요했다. 장중한 분위기를 자아내며 자신의 몸이 바로 국가라는 것을 몸소 보여주는 게 목적이었기 때문에 동작이 복잡하거나 현란할 필요가 없었다. 이 시기 스텝들 중에는 지금도 이어져 오거나 비슷한 것들이 있다. 주로 섬세한 장식성, 우아함, 기품에 관련된 동작들이다. 이런 스텝들은 미뉴에트, 사라방드, 가보트 같은 궁정 사교춤court dance(바로크 댄스baroque dance라고도 한다)에서도 볼 수 있다.

근대 일정 시기까지 발레는 귀족적 매너와 관련된 몸가짐으로, 단순히 극장에서 구경하는 예술 장르만은 아니었다. 그렇다 보니 지금처럼 크게 다리를 들어 올리거나 멀리, 높이 뛰거나 빙빙 도는 동작들이 아니었다. 발레 역사에서는 이런 초기 발레를 구분하여 '궁정 발레'라고 한다. 발레가 점점 전문적인 공연과 사교춤으로 분화된 건 루이 14세가 춤 아카데미를 설립하고 전문 춤꾼들이 등장하면서부터다. 이 전문화 과정을 거치며 오늘날과 같은 발레로 성장하게 된다. 공연 형식으로서 발레는 동작과 작품 구성이 더욱 체계화되고 전문성을 갖추게 되면서 예술춤으로 자리 잡아 갔다.

그런데 초기 발레가 지금과 형태가 달랐으나 풀업과 턴아웃을 기본 태도로 하고 있었다는 것은 무엇을 의미할까? 프로시니엄 무대에서 공연자의 몸이 적극적으로 전시되기 이전부터 확장성과 명료성이 중요했던 것일까? 무용학자 김말복은 『춤과 몸』에서 다음과 같이 분석한다.

> 이렇듯 전면을 중시하는 관점은 서양 춤이 극장 무대에서 추어지기 시작하면서 공연자와 관객 간의 구분이 분명해지고, 무용수의 동작이 집중적이고 객관적인 감상의 대상이 되는 공연 환경에서 오는 결과일 수도 있지만 실체를 중시하는 우주관과 형식을 미의 본질로 생각한 서구의 과학적이고도 분석적인 정신의 산물이기도 하다.

서양 문화가 근본적으로 실체와 형식을 중요하게 여겨 왔기에 타자와 구분되는 나의 몸을 뚜렷이 보여주고자 했으며, 그런 태도가 귀족적 매너와 결합하면서 더욱 중요해졌고 볼 수 있다.

인류학자 다비드 르 브르통David Le Breton은 『근대성과 육체의 정치학』에서 중세의 우주적, 전체론적 인간관이 개인주의와 심신 이원론을 중심으로 하는 근대적 인간관으로 변화되어 나가는 근거로 초상화와 해부학의 등장을 들고 있다.

> 그리하여 16세기에서 18세기 사이에 근대성의 인간이 태어난다. 즉 인간은 그 자신으로부터 단절되고(여기에서는 몸과 인간 사이의 존재론적 균열의 후원으로), 다른 사람들과 단절되고('코기토'는 '코기타무스cogitamus[집단적 주체]'가 아니다), 그리고 우주로부터 단절(이제 몸은 우주의 나머지로부터 추방되어 그 자신만을 옹호한다. 그것은 자기 자신 안에서 자신의 목적을 발견한다. 그것은 더 이상 인간화된 우주의 메아리가 아니다)된다.

주체가 몸이라는 경계로 우주에서 단절되고, 합리적 이성으로 몸을 운용하게 되며 근대적 인간이 등장했다는 설명이다. 이에 따라 몸들 간의, 그리고 몸과 이성 간의 거리감이 생겨났고, 그 결과 거리감을 유지하고 관조할 수 있는 시각이 가장 중요한 감각으로(망원경, 현미경, 인쇄술을 발명으로 인해 더더욱), 후각이나 촉각은 희미한 감각으로 자리 잡는다. 브르통이 설명하는 이 시기는 발레가 발생하고 성장했던 시기와도 겹친다. 초기 발레가 몸의 수직성과 개방성을 토대로 다른 몸들과의 거리감, 귀족적인 태도, 이성을 통한 몸의 단련, 시각적 우아함을 추구했음을 유추해 볼 수 있다.

발레 테크닉이 오늘날의 형태와 어느 정도 비슷해진 것은 19세기 초반에서 중반까지 주요한 흐름이었던 낭만주의 발레에

와서였다. 빠른 회전, 높은 도약, 복잡 다양한 스텝들이 나타났고, 토슈즈가 등장하며 더욱 기교적인 춤으로 발전하게 되었다. 발레가 지금처럼 아무나 추지 못할 춤이 되어 버린 것은 생각보다 오래되지 않았던 셈이다. 이런 테크닉의 발전은 낭만주의 발레가 추구한 이상과도 관련이 있다. 합리적 이성에 대한 저항으로 이국적이고 신비로우며 초월적인 것을 동경하는 취향이 낭만주의를 지배했다. 발레에서는 요정이나 귀신같은 탈인간적 존재를 소재로 하는 작품들이 등장했다. 인간이 아닌 존재로 무대 위에 등장하려니 가볍고 신기한 몸짓이 필요했다. 중력을 극복하고 인간 몸의 한계를 넘어서려는 욕망이 몸 테크닉에 적극적으로 반영되었다. 이탈리아에서 탄생하고 프랑스에서 성장한 발레는 낭만주의 발레 이후 러시아에서 전성기를 맞는다. 러시아에서는 19세기 중반부터 후반까지 발레 작품의 형식적 완성도를 높인 고전주의 발레가 꽃피었다. 발레에서의 고전주의는 비례, 대칭, 조화, 통일감 같은 형식적 가치들이 중요시된 사조였다. 그랑 파드되grand pas de deux, 디베르티스망divertissement, 캐릭터 댄스character dance 같은 형식이 발레 작품 속에 자리 잡은 것도 이 시기이다. 현재까지 공연되고 있는 클래식 발레 레퍼토리들은 주로 낭만주의 발레 이후 작품들이다. 〈지젤〉이나 〈라 실피드〉 같은 낭만주의 발레부터는 움직임이나 짜임새가 지금의 미감으로 봐도 명작으로 불릴 만한 것들이 많다. 그러다 〈호두까기 인형〉, 〈백조의 호수〉 같은 고전주의 발레로 오면 형식적 완성도가 뛰어나고 볼거리가 많아진다. 아직도 '발레'하면 바로 떠오르는 대표적 작품들이다.

바가노바 스타일, 체케티 스타일 등 발레 교수법이 정리되고 보편화된 것은 20세기에 들어서면서이다. 19세기와 20세기를 거치며 예술 양식으로서, 그리고 신체 훈련 체계로서 발레가 비약적으로 성장한다. 이 비약적 성장의 배경에는 17세기부터 꾸준히 이어 온 발레의 보급과 연구가 있었다. 수많은 발레 교사, 춤꾼, 안무가들이 '인간 몸이 무대 위에서 어떻게 존재해야 하는가' 고민해 온 결과가 쌓였다. 여기에 궁정 발레 시대를 지나 전 문화 시대가 오며 폭넓은 대중들이 관객이 되자 발레 작품도 대중의 지지를 얻는 형식을 생각할 수밖에 없었다. 특히 낭만주의 발레는 대중들이 즐기는 연예물 성격을 띠었다. 마지막으로, 20세기 현대 무용의 등장 전까지 극장에서 이루어지는 고급 예술로서의 춤은 오로지 발레밖에 없었다는 이유도 있다. 유럽 전역에서 사랑받는 예술 장르이니 발전을 안 할 수가 없었던 것이다.

클래식 발레의 대표 작품 〈호두까기 인형〉

현대 무용의 등장

발레 테크닉이 점점 기교화되고 복잡해지는 동안에도 발레 작품 속 이야기는 매우 단순한 채로 머물러 있었다. 발끝으로 서고 속도감 있게 팽팽 돌고 공중을 날아다니는 동작들이 주로 동화적인 사랑이야기를 전달하는 데만 쓰였던 것이다. 기술과 형식이 그렇게 발전했는데 왜 유아적인 서사를 벗어나지 못했던 걸까? 이토록 형식과 내용이 따로 놀 수 있을까? 삶을 성찰하는 클래식 작품들은 왜 나오지 않았던 걸까? 이렇게나 기교적인 동작들을 고작 요정 이야기나 막장 드라마에 썼어야 했나? 현대 무용 등장 이전 발레는 진지한 예술이라기보다는 대중 연예에 가까웠고, 유명 발레리나들은 연예인 같은 존재였다고 설명하는 무용학자들도 있다.

이런 의문을 자기 예술 주제로 삼아 발레의 한계를 극복해 보려는 무용가가 있었으니, 바로 현대 무용의 선구자 이사도라 던컨Isadora Duncan이다. 그가 보기에 발레는 틀에 맞춰져 있고 지나치게 기교적이지만, 다루는 이야기는 너무 유치해서 진정한 예술을 표현하기에 적합한 장르가 아니었다. 휘트먼의 시와 고대 그리스 예술, 니체를 사랑했던 던컨은 내용과 형식이 분리된 발레를 넘어서 인간 내면을 표현하는 매체로서 춤을 생각했다. 춤으로 자유로운 인간을 그려내고 싶었다. 던컨은 정식 발레 교육을 받지 않았다. 발레 테크닉이 추구하는 완벽성을 받아들이지 않았을 뿐 아니라 토슈즈를 신지 않고 맨발로 추었다. 의상도 가볍게 하늘거리는 단출한 튜닉이었다. 미국인이었으나 1900년 유럽에서 데뷔하여 단박에 지성인들과 예술가들의 지지를 얻었고, 큰 인기를 끌었다. 춤이 발레의 틀을 넘어설 수 있으며 심오한 인간의 내면, 자연스러움, 자유로움을 추구해야 한다는 던컨의 생각을 잇는 춤꾼들이 생겨나며 서서히 현대 무용이 탄생하게 되었다.

던컨의 춤은 영상으로 남아 있는 것이 없다. 몇몇 사진들로 어떻게 춤추었을까 추측할 수밖에 없는데, 일단 밝고 자유로운 느낌이다. 불편한 발레 자세가 아니라 자연스러운 움직임으로 자신이 하고 싶은 이야기를 춤으로 표현한다. 발레가 극장춤을 대표하던 당시로서는 상당한 파격이었을 것이다. 그나마 다행인 것은 던컨 제자들이 던컨의 춤을 재현한 영상물이 남아 있고, 이사도라 던컨 무용단Lori Belilove & The Isadora Duncan Dance Company이 지금까지 활동하고 있다는 점이다. 이들의 공연물로 던컨의 스타일을 조금 더 입체적으로 짐작해 보면, 발레처럼 작품 서사를 표현하는 것이 아니라 춤꾼 본인의 내면을 표현한다. 그것도 발레 동작이 아니라 자기가 만들어 낸 동작으로. 자기표현이라는 개념 자체가 낯선 시대, 던컨은 자유롭고 천진난만하며 가볍게 나풀거리는 동작들로 춤을 추었다. 함께 따라 추고 싶게 만드는 춤들이다. 그러나 어떤 테크닉도 없이 그저 자연스럽고 즐겁게 뛰어 노는 느낌이다보니 완성도는 발레 작품에 비해 덜하다. 동작이 단순하며 표현이 다양하지 못하다. 누구든 할 수 있을 것 같은 춤이다. 무용도 문학처럼 작가가 가진 어휘가 풍성해야 지속적으로 완성도 있는 작품이 나올 수 있다. 단조롭고 한정된 몸짓들로는 창작에 한계가 있다. 던컨 춤이 가진 미덕은 여전히 생각할 바를 던져주지만, 관객들은 대체로 이보다 훨씬 복잡한 춤 언어에 익숙해져 있다.

이후 등장한 초기 현대 무용가들은 테크닉을 포기하지 않았다. 특히나 발레처럼 무대에 적합한 몸을 만드는 잘 짜인 훈련법을 버리고 갈 이유가 없었다. 대신 몸통을 박스처럼 고정하는 형식을 버리고 강하게 수축하거나 이완하고 앞뒤 양옆으로 자유롭게 구부린다든지, 바닥에 눕고 구르거나 앉아서 동작을 하는 새로운 테크닉을 추가했다. 턴아웃뿐 아니라 턴인 자세에서 다양한 동작을 한다든지, 상승뿐 아니라 하강의 에너지도 탐구한다든지, 스텝과 점프를 다양하게 만들어 낸다든지, 조형성을 발레 동작 바깥에서 생각해 본다든지, 새로운 몸 움직임들을 계속해서 탐구해 나갔다. 동작 형태와 에너지 흐름이 무한히 확장되었고, 몸 활동 범위가 넓어졌다. 무용 작품이란 '자신의 생각이나 감정을 자신만의 언어로 표현한 것'이라는 생각이 보편화되면서, 자신만의 춤 어휘를 만들고 넓혀 나갈 수 있는 기본 토대로서의 테크닉이 요구되었다. 자신이 무슨 동작을 만들고 구성할지 모르더라도 일단 몸을 자유롭게 다양한 방법으로 쓸 줄 알면 동작을 창작하는 범위가 넓어진다. 그래서 초기 현대 무용가들은 수직 상승의 발레 테크닉이 담고 있지 못한 다양한 힘 사용법을 체계화시켰다. 대표적으로 마사 그레이엄 테크닉이 있다. 마사 그레이엄Martha Graham은 안무가로서 많은 명작을 남겼을 뿐 아니라 자신 테크닉 방법론을 정리하여 소개하였다. 지금도 여전히 전 세계에서 보편적으로 교육되는 현대 무용 테크닉으로 발레의 기본적인 몸 사용법이 들어 있어 주로 처음 현대 무용에 입문할 때 배우게 된다. 풀업과 턴아웃, 익스텐션과 점프, 턴은 비슷하지만 발레만큼 강력한 수직상승을 추구하지는 않으며, 바닥을 적극적으로 사용하는 테크닉이 포함되어 있다. 힘을 다양하게 사용하는 방법도 발레와 다르다. 하지만 발레처럼 신체 정렬과 동작 정렬을 중요시하기에 특정 기능과 체형을 갖춘 몸에 더 유리하다. 따라서 발레에 익숙한 사람이 더 편하게 적응할 수 있는 테크닉이다. 또한 이상적인 형태를 만들기 위해 상당히 스트레스를 받게 되는 테크닉이기도 하다.

이후 나온 다양한 현대 무용 테크닉들은 이상적인 형태에 덜 집착하면서 춤꾼 각자의 개별성을 존중하는 방향으로 나타나기는 했지만, 근본적으로 풀업과 턴아웃, 명료성과 확장성을 위한 훈련들을 등한시하지 않았다. 그런 기본기가 갖추어져야 무대에서 자신을 표현하는 데 한계가 없기 때문이다. 몸이 매우 뻣뻣해서 크고 길게 움직이지 못하는 사람도 춤꾼이 될 수 있다. 움직임의 범위가 좁은 춤 어휘들만 사용해서 작품을 만들 수 있다. 하지만 자신이 할 수 있는 범위가 좁으면 춤과 이야기를 확장하기 어렵다. 가장 포괄적인 신체 훈련이 필요한 이유이다. 몸을 어떻게 써야 하는지 몸으로 터득하려면 다양한 방법들을 훈련해 볼 필요가 있다. 발레를 기본으로 발레에서 다루지 못했던 움직임 방식들까지 접해 보면서 몸과 몸의 움직임을 이해해 나가야 한다. 어떤 방법을 먼저 배우는가는 중요하지 않지만, 다양한 훈련을 해야 몸을 이해하는 폭이 넓어지는 것은 분명하다.

요즘 현대 무용은 전통춤, 스트리트 댄스, 커플 댄스, 서커스, 접촉즉흥, 무술을 망라한 다양한 움직임 형식들을 융합하는 경향이 강해지고 있어 이들 분야에서 들여온 테크닉이 현대 무용에 접합되기도 한다. 개별성을 존중하는 한편, 기예에 가까운 상당한 고난이도의 동작들을 추구하기도 한다.

발레 테크닉은 가장 오랫동안 몸 훈련체계로 이어져 왔으며 현대 무용이 등장한 이후 다양한 테크닉이 등장했어도 기본적으로 무대 위에서 몸을 어떻게 세우고 펼쳐야 하는지 여전히 중요하게 다루어지고 있다. 일상 움직임 범위를 넘어선 동작, 조형성을 만들어 내는 동작, 공간을 이동하는 방법은 훈련 기간이 오래 걸리기에 어릴 때부터 춤을 시작하는 경우가 많고, 자라는 내내 무대 위에서 이상적으로 보일 수 있는 방법들을 배우고 익힌다. 그러면서 자연스럽게 명료성과 확장성을 위한 몸틀로 자신의 몸과 세계를 인식하게 된다. '몸틀schéma corporel(몸 스케마)'이란 메를로 퐁티 현상학에 나오는 개념으로, 내가 위치하고 있는 공간, 상황과 관계 맺는 내 몸의 의식을 말한다. 나의 몸이 세계를 향해 내적으로 존재하고 있다는 것을 표현하는 방식이자, 몸이 특정 감각을 축적하여 습관화, 구조화되는 것을 뜻한다. 자전거나 수영을 익혀 두면 시간이 지나도 몸이 기억하는 것처럼, '몸에 새겨진 움직임'은 쉽게 잊히지 않는다. 몸에 반복적으로 쌓인 감각을 바탕으로, 그와 관련하여 세계와 관계 맺는 것이다. 그래서 몸 도식, 몸 구조화라고 이야기되기도 한다. 무대 위 춤추는 몸은 그와 관련된 몸틀을 형성하게 된다. 따라서 전문 무용수는 일상에서도 무대 위에 서 있는 사람처럼 흐트러짐 없는 자세로 남다른 존재감이 느껴진다. 무대 위에 서 있는 몸과 관련된 인식이기에 무대 환경을 완전히 벗어나면 희미해지기도 한다.

타고난 신체적 조건과 재능, 인내심에 따라 무대화된 몸틀을 만드는 기간이 줄어들 수는 있다. 하지만 새로운 몸틀을 형성하기까지는 빠르면 2~3년, 대부분은 이보다 훨씬 길다. 세부 전공에 따라 약간 차이가 있지만 훈련 기간 동안 발레의 비중이 가장 높다. 발레 전공자가 아닌 대부분 무용 전공자들은 발레 클래스를 힘들어한다. 육체적 고통을 동반하는 데다 일정한 틀 안에서 정형화된 동작을 반복하기에 배우고 즐기는 재미가 적다. 누구나 발레 클래스의 중요성을 인정하지만, 재미있다고 생각하는 사람은 드물다. 전공자에게 춤추는 재미는 낯선 감각을 몸으로 받아들일 때, 혹은 내가 잘 하는 움직임을 능숙하게 해낼 때일 경우가 크다. 어릴 때부터 발레 작품들을 많이 봐 왔기에 색다른 레퍼토리가 아니면 그다지 궁금하지 않고, 그렇다보니 클래식 발레 공연은 잘 보려 하지 않는다. 창작 활동에 관심이 많은 사람들은 발레에 무관심하기 마련이다. 그러나 아무리 무관심하려 해도 발레는 테크닉의 토대이다. 무대 위에서 내가 어떻게 크고 뚜렷하게 보일 수 있는지, 효과적으로 움직일 수 있는지 발레 안에 녹아들어 있다. 극장 무대가 아닌 다른 무대에 서서 움직임으로 자신을 표현해야 하는 분야들, 이를테면 리듬 체조, 피겨 스케이팅, 아티스틱 스위밍에서도 토대 훈련으로 발레를 한다. 댄스 스포츠와 사교춤에서도 전문 선수들은 발레를 통해 더 아름다운 선을 만들고 효율적으로 동작을 연결하는 연습을 한다. 뮤지컬 배우들 역시 발레 테크닉에 익숙해야 작품에서 다양한 춤을 소화할 수 있다. 심지어 무대 위에서 좀 더 자연스럽고 존재감 있게 보이도록 발레를 배우는 연극배우들도 있다. 자신의 몸이 어떻게 보일지를 아는 것, 그것은 연기와도 직결되며, 무대 위에서 자신을 표현하는 몸은 결국 무대와 관련된 몸틀, 확장성, 명료성을 갖춘 훈련된 몸일 수밖에 없다.

Lori Belilove & The Isadora Duncan Dance Company가 보여주는 이사도라 던컨의 춤

마사 그레이엄 테크닉 클래스의 모습

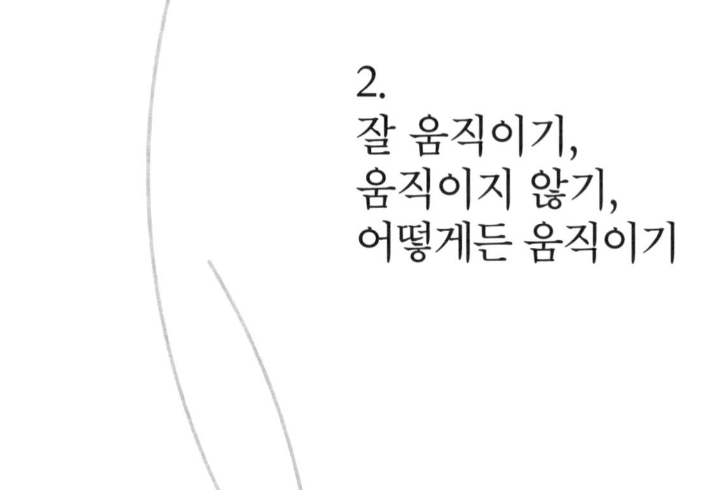

2.
잘 움직이기,
움직이지 않기,
어떻게든 움직이기

모던댄스
포스트모던 댄스
컨템퍼러리 댄스

현대 무용을 전공하고 오랫동안 춤을 추고 있는 사람들도 "현대 무용이 뭔가요?"라는 질문에는 선뜻 답하기 어렵다. 실제 현대 무용 공연을 관람하고 온 사람이 현대 무용이 무엇인지 물을 때는 더 그렇다. 요즘 현대 무용 작품에는 발레, 한국 전통춤, 스트리트 댄스, 사교춤 등이 전부 등장하기고 하고, 무용수가 말을 하거나 노래를 하기도 한다. 현대 무용이 어떤 형태와 특징을 띠는지 한정해서 말하기가 점점 불가능해진다. 심지어 아예 춤이 나오지 않는 작품도 있다. 무용수가 바닥에 앉아 무언가를 그리거나 물건을 쌓아 올리는가 하면, 걸어 다니거나, 강의 비슷한 것을 하기도 한다. 이게 다 현대 무용이다. 그러니 작품을 보고 난 관객이라면 더더욱 현대 무용이 무엇인지 난감해할 수밖에 없다. 이 폭넓은 현대 춤 세계를 일목요연하게 설명하는 게 불가능하다면 최선은 현대 무용이 왜 이렇게 설명하기 힘든, 넓은 스펙트럼을 가진 춤이 되었는지 차근차근 짚어 나가는 것일지 모른다.

20세기 전까지 서양 극장춤 역사에서 예술로서의 춤은 오로지 발레였다. 20세기 초 등장한 현대 무용은 '모던댄스'라는 이름대로 춤에서 모더니즘이 무엇인지 충실히 고민하며 진지한 예술로 자리매김해 갔다. 1960년대부터 70년대까지는 모던댄스의 한계를 넘어서는 포스트모던 댄스가 등장하여 춤의 범위와 가능성을 넓혔다. 모던이나 포스트모던이라는 용어의 사용이 더 이상 유효하지 않은 현재는 현대 무용을 그저 '컨템퍼러리 댄스'라고 말하는 경우가 많다. 포스트모던 시기에서도 한참이 지난 지금, 춤 예술은 '무엇이 춤이다, 아니다'를 정의할 수 없을 만큼 넓어졌다. 한 세기가 조금 지나는 사이에 춤 예술은 급격한 변화를 겪었다. 이 변화들을 하나로 꿰는 것은 '움직임'이라는 개념이다. 춤은 몸의 움직임을 매체로 삼는 예술이다. 인간의 몸, 몸의 움직임을 어떻게 생각했는가에 따라 춤은 변화했다. 현대 무용을 이야기하려면 먼저 그 변화 흐름을 따라가 봐야 한다.

퍼포먼스 이론가 안드레 레페키André Lepecki는 『코레오그래피란 무엇인가-퍼포먼스의 움직임과 정치학』에서 움직임, 즉 운동성을 근대적 주체의 핵심적 특성으로 보았다. 근대성은 근본적으로 운동적인 속성을 가지고 있으며, 근대적 주체는 지치지 않고 끊임없이 움직임을 전시함으로써, 존재론적 불안에 신체를 호명함으로써 자신을 주체화한다. 르네상스 이후 서양 예술사에서 춤은 멈추지 않는 운동성에 부합하는 몸과 주체성을 추구해 왔으며, 몸과 주체성은 디스플레이를 위해 조정되어 갔다. 움직이는 주체는 실재이기에 근대성의 핵심적 요소가 되며, 춤 예술은 이 운동성의 이상향과 스스로를 동일시하며 자율적인 예술 형태로 발전해 갔다. 발레 테크닉도 레페키가 설명하는 '근대성-운동성'이라는 측면에서 발전 양상을 이해할 수 있다. 프로시니엄 무대에서 전시되는 몸의 운동성을 극대화하기 위한 발레 테크닉의 특성을 떠올려보면 이해가 쉬울 것이다. 르네상스 이후 발레는 움직이는 주체의 스펙터클을 보여주는 데 집중했고, 20세기 초 현대 무용이 등장하면서 움직임을 춤의 본질로 인식하게 되었다. 드디어 자율적인 예술, 모더니즘 예술, 독립된 예술, 고급 예술로서 춤이 자리를 잡게 된 것이다. 그러다 포스트모던 댄스에 와서는 정지 행위를 통해 운동성, 근대성을 비판적으로 성찰하게 된다.

포스트모던 댄스 전까지 춤은 '연속적으로 흐르는 움직임'이었다. 정지 행위는 춤에 새로운 정의를 요구했다. '어떤 생각이나 정서를 보여주는 리드미컬한 움직임'이었던 춤은 '어떤 행위를 수행하는 몸과 그에 반응하는 몸' 정도로 느슨하게 재정의해야 할지 모르는 시대를 통과하고 있다. 인간의 몸이 사라진 움직임도 춤의 범주에서 보게 될지도 모르겠다. 연속적인 움직임의 스펙터클이라는 측면에서도(운동성), 인간의 몸이라는 측면에서도(몸) 춤이 무엇인가에 대한 질문은 계속 생겨나고 있다. 움직임이 없어도, 인간 몸이 없어도 춤이라 할 수 있을까? 최근 디지털 기술을 이용한 춤, 사이보그와 같은 포스트 휴먼, 공간 이동성 관리와 통제라는 측면에서 안무를 바라보는 시각 등 다양한 논의들이 생겨나고 있다. 그렇더라도 몸이 사라진 이후 춤까지는 이 책에서 다루지 않는다. 이 장에서는 움직임을 중심으로 지금까지의 변화를 살펴보고자 한다.

잘 움직이기

모더니즘은 대체로 예술 매체와 예술가의 자율성, 독립성과 관련한 개념이었다. 미술에서는 형과 색, 음악에서는 소리, 춤에서는 몸 움직임이 매체로서 자율성을 가졌는가, 예술가가 독립적이고 전문적인 작가인가 등이 주요한 관심이었다. 회화가 원근법을 이용한 재현 기능에서 벗어나 색채와 형태 자체를 고민하게 되고, 음악이 관습적 틀과 화성학을 벗어나 소리 자체를 주목하게 된 경향처럼, 춤에서는 움직임 자체를 탐구하고 표현하고자 했다. 또한 과거 후원자 취향에 맞춘 작품에서 벗어나 예술가 자신의 이야기를 펼쳐 보이며 독립적인 전업 작가가 등장하는 것도 모더니즘 시대였다.

춤에서의 모더니즘은 움직임이라는 매체의 자율성과 춤꾼의 자율성, 전문성 등을 전면에 내세운 현대 무용에서 본격적으로 실현되었다고 볼 수 있다. 낭만 발레 이후 발레가 동작 측면에서 발전하고 고도로 전문화된 길을 가긴 했으나, 그 움직임은 어느 정도 틀이 지워진 발레 테크닉 체계 안에 머물러 있었고, 주로 어떤 서사를 전달하고자 했다. 움직임 자체가 전면에 나서 예술적 가치를 보여주었다기보다 재현 기능에 불과했고, 이야기를 전달하기 위한 도구, 장식이었다. 전달하고자 하는 이야기는 제작자의 요구에서 왔다. 춤꾼 본인이 생각, 감정을 드러낼 여지가 매우 적었다. 몸의 기술 측면에서 큰 발전을 이루었지만, 20세기 이전 발레는 주로 이야기를 전달하는 스펙터클 쇼였다.

이사도라 던컨이 이야기춤의 한계를 넘어 춤꾼 자신의 몸짓과 작품 내용에 따른 동작 구성을 보여준 이후 '네 자신의 몸짓을 보여줘'라는 새로운 생각은 춤 분야를 매우 강력하게 자극했다. 던컨의 제안이야말로 모더니즘이 가야 할 길이었다. 던컨 이전까지는 동작 자체를 창작해야 된다는 생각이 없었다. 작품에 따라 구성과 형식을 매번 새로이 창조해야 한다는 생각 역시 빈약했다. 던컨에게 몸짓은 서사를 재현하는 도구가 아니었다. 춤은 움직임 그 자체였다.

던컨 이후 1910년대부터 미국과 독일에서 각각 다른 양상으로 나타났던 새로운 춤 활동들을 총칭하여 현대 무용이라 부른다. 이때부터 1950년대까지를 한정하여 현대 무용, '모던댄스' 라고 부르기도 하고, 지금 현재 일어나고 있는 춤 창작 활동을 현대 무용 즉 '컨템퍼러리 댄스'라고 부르기도 한다. 우리나라에서는 '모던'이나 '컨템퍼러리' 모두 '현대'로 번역되기 때문에 '현대 무용'이라는 말이 좀 모호하게 사용되는 면이 있다. 모던댄스라고 하면 주로 초기 미국과 유럽의 현대 무용을 지칭하는 경우가 많다. 현재의(모던댄스와 포스트모던 댄스 이후의) 창작물은 동시대 춤이라는 의미에서 컨템퍼러리로 부른다. 모던댄스와 컨템퍼러리 댄스는 양식적으로 중대한 차이가 있다기보다는 시대의 선후 정도로 이해하면 될 듯하다. 90년대 중반까지만 해도 모던댄스라는 용어를 더 많이 사용했으나, 2000년대 이후 갑자기 컨템퍼러리라는 용어가 널리 퍼졌다. 지금은 대부분 컨템퍼러리라는 말을 쓴다. 이 두 용어를 나름 엄격한 기준으로 구분해서 정의하는 학자들도 있지만 크게 중요한 문제는 아니다.

모던댄스 시대 안무가들은 발레와는 아주 다른 춤을 만들고 싶었다. 새롭고 참신하지만 움직임의 내재적 원리와 형식을 단단히 갖춰 독자적인 예술로서 인정받을 수 있는 춤이어야 했다. '움직임의 원리는 무엇인가?'와 같은 거대 담론을 다루었다는 점만 봐도 이들이 얼마나 원대한 포부를 가졌는지 짐작이 간다. 마사 그레이엄은 '수축과 이완', 도리스 험프리는 '낙하와 회복' 이라는 움직임 원리를 개념화하여 자신들의 테크닉에 반영하였다. 인간의 움직임이 주로 어떠한 과정 사이에서 이루어지는가에 집중하여 움직임 체계를 새로이 창조해 냈다. 움직임 자체에 대한 관심이 창작의 동기가 되었기에 발레가 가진 이야기 구조나 마임 같은 동작은 구시대적인 것으로 여겨졌다. 움직임 속에 이미 의미와 표현이 다 들어가 있는데, 문학이나 음악, 미술 같은 다른 예술에 기댈 필요가 없다고 생각했다. 발레라는 틀에 갇혀 동작 창작에 소홀했던 과거와 달리, 모던댄스 시대에는 춤 언어 자체를 탐구하려는 열망이 강했다. 그러다 보니 움직임 외에 다른 요소들은 약화되고 움직임 자체의 내재적 원리를 강조하는 추상적이고 개성적인 춤 언어를 구사하게 되었다. 추상적인 동작이 형식적으로 배열되면서 작품 이해도 점점 어려워졌다. 주제가 관념적이고 심오해지면서 그런 경향이 더욱 강해졌고, 그 덕분에 고급 예술로 자리를 잡게 되었다.

도리스 험프리Doris Humphrey 작품 〈물의 연구Water Study(1928)〉는 '춤으로 물을 연구했다'는 것을 암시하는 작품 제목처럼 상당히 학구적인 접근이 돋보인다. 이 작품에 내러티브는 없다. 오로지 물의 물리적 성질과 다양한 현상만 연구한다. 오직 몸짓으로, 어떤 이야기도 없이 물을 개별 동작과 군무 구도로 표현한다. 자연의 속성을 움직임으로 표현하는 것, 모던댄스 시대 춤꾼들은 이런 추상적인 관심에 몰두했다. 더 이상 눈요깃거리 발레리나는 없다. 자기 철학과 자의식에 가득 찬 현대인, 전문적인 예술가가 모더니즘 시대 춤꾼들의 이상이었다. 〈물의 연구〉에서 무용수들은 잔잔하게 몸을 꿀렁거리는 미니멀한 동작을 연속해서 보여주며, 전체 군무진이 거대한 물결을 만들며 미묘하게 변화해 나간다. 음악도 없다. 오로지 무용수들의 호흡으로 리듬이 만들어진다. 걱정과 달리 지루하지는 않다. 형식이 잘 짜여 있고, 참신한 움직임이 이목을 끈다. 현란한 움직임 없어도, 음악이 뒷받침되지 않아도, 몸짓만으로 무언가를 표현할 수 있는 시대가 되었다.

클래식 발레였다면 〈물의 연구〉를 어떻게 표현하였을까? 아마도 최소한 낭만 발레의 〈공기의 요정La Sylphide〉처럼 '물의 요정'들이 등장했을 것이다. 물의 요정과 인간이 사랑이 빠졌을지도 모르고, 아니면 인어공주 이야기가 삽입되었을지도 모른다. 포세이돈이 등장하여 비극을 향한 분탕질을 했을지도 모르고, 재현 캐릭터들이 발레 동작으로 이야기를 보여주다가 마지막에 다 함께 화려한 디베르티스망을 추면서 막을 내렸을 수도 있다. 반면 물성을 오로지 움직임으로 표현하겠다는 의도는 확실히 현대적인 발상이다. 음악 없이 자연스런 호흡에만 의지한다는 건 도무지 이전 시대에서는 생각할 수 없는 방식이었다.

음악을 배제하는 시도는 독일 표현주의 안무가들에게서도 나타나는 경향이었다. 춤의 독립성과 자율성을 확보하기 위한 이

도리스 험프리 〈물의 연구〉

런 실험을 '절대 무용'이라고 불렀다. 춤 외에 다른 요소들을 배제하려는 실험 한편에선 춤이 종합 예술 장르로 자리매김해 가기도 했다. 조명, 음향, 무대 미술, 분장, 의상, 공연 무대를 채우는 여러 요소들이 각각 크게 발전했고, 춤 분야에서도 이 발전 양상을 적극적으로 도입했다. 모든 무대 요소들이 전문성과 통일성을 갖추도록 안무가는 믿을 만한 제작팀과 오랫동안 함께 작품을 만들었다.

움직임 자체가 전면에 나서면서 춤 언어가 다양하게 발전했고, 테크닉은 더 능수능란해졌다. 반면, 추상화 경향 때문에 일반 관객들은 안무가가 무엇을 표현하는지 알기 힘들어졌다. 뭔가 있어 보이긴 하는데 무엇이 있는지는 알 수 없는 지경에 이르자 현대 무용은 완전하게 모더니즘을 성취했다. 언어든 예술이든 완전한 해석이 어려워질 때 권위가 생겨난다. 무용가들은 전문성을 추구하며 엘리트화되었고, 그들의 영감, 창조성, 천재성이 모던댄스 시대를 지배했다. 아무나 할 수 없는, 고차원적이고 형이상학적인 춤 세계가 구축되었다. 마치 재현이 사라지고 종국에 색면 추상만 남았던 회화의 한 경향처럼 모더니즘은 난해한 추상으로 일반인들과 거리를 만들어 냈다.

어릴 적 기억을 떠올려 보면, 현대 무용이 발레와 다른 현대적인 장르인 건 분명한데 아직 보편화되진 않았고, 무엇을 추구하는 춤인지 모르는 상태에서 연습을 했었다. 공연을 보고 나면 진보적이고 세련된 느낌이긴 한데, 그게 정확히 무엇을 말하는

지 알 수 없었다. 발레를 하기에는 몸집이 크고 개성적인 외모를 가진 사람들이 현대 무용을 택하는 경우가 많았고, 뭔가 심오한 걸 표현해야 한다는 강박이 있지 않았나 싶다. 90년대 한국 현대 무용은 모던댄스 시대를 지나고 있었으리라. 움직임 자체로 승부를 보기 위해 몸짓은 더 현란해지고, 내용은 점점 추상화되었다. 재현을 지양하는 경향 때문에 얼굴은 점점 무표정이 되었다. 나 역시 대학 시절까지도 현대 무용을 추면서 어떤 표정을 지어본 적이 없다. 웃는 표정으로 춤추는 것은 발레, 한국 무용에서나 가능한 일 같았다. 이유 없이 웃으면 현대적이지 못하다고 생각했던 것 같다.

그렇다고 모든 모던댄스가 난해하기만 한 것은 아니었다. 지금도 여전히 감동과 놀라움을 주는 명작들이 많았다. 사실 모던댄스 시기 작품들은 춤 세계를 확장하고 풍부하게 했던 중요한 활동들이었다. 이 시기가 없었다면 지금처럼 다양한 춤은 존재하지 못했을 것이다. 새로운 춤 역시 시간이 지나면 한계를 드러내기 마련이고, 이를 극복하려는 다양한 시도들이 이어지며 모던댄스는 계속해서 발전해 왔다. 어떤 면에서 현대 무용가는 모더니즘 예술가라고 볼 수 있다. 춤을 대하는 태도나 전문성에서 여전히 모더니즘 성향을 지니고 있다. 양식과 내용도 마찬가지다. 움직임 탐구, 무용가 고유 스타일 구축, 예술계의 인정 같은 모던 시기 특성은 지금까지 이어지고 있다. 기존에 없던 기법들, 포스트모던 댄스 시기에 나타난 실험적 활동들을 절충한 '모더니즘적' 작품들이 계속 발표되고 있다. 시기를 구분하는 용어로서 '모던댄스'는 유효하지만, 이런 의미에서는 지금의 현대 무용을 '모던댄스'로 불러도 틀린 것은 아니다.

현재는 춤에서 다루는 움직임의 스펙트럼은 무한히 확장되어 있고, 형식도 다양하기 때문에 대중 친화적인 작품들도 많다. 현대 무용이 무엇인지 최소한의 지식조차 없더라도 보는 순간 직관적으로 감상할 수 있는 감각적인 작품, 멋지고 놀라운 테크닉과 스타일로 관객의 탄성을 자아내는 작품, 관객과 상호작용하며 즐거운 춤판을 만들어 내는 작품, 이야기 구조를 따라가면서 내용을 이해할 수 있는 작품들까지, 관객에게 친절한 작품들이 상당히 많다. 그 한편에 어렵고 현학적인 설명을 요하는 작품들도 있다. 그런 작품들의 경우 모던댄스 시대의 추상화 경향은 비교도 안 될 정도로 난해하다. 전문가들조차 작품에 대한 배경지식 없이 춤만 봐서는 전혀 이해를 못한다. 아예 춤의 미학적, 개념적 실험을 전면에 내세운 '개념 무용'에는 춤을 즐길 여지가 없다.

모던댄스 시기 움직임 자체에 대한 집중, 전문성을 가진 움직임 예술이 되고자 했던 열망은 무용학이 생겨나는 데 힘을 보탰다. 무용의 역사, 철학, 사회학뿐 아니라 안무란 무엇인가, 동작은 어떻게 분석하고 기록할 수 있는가 같은 기술 요소들이 체계적으로 연구되었다. 몸에 대한 관심 역시 무용학의 범주를 넓혀 놓았다. 해부학, 심리학, 생리학적 관점에서 춤추는 몸을 탐구하기 시작했고, 다양한 학제적 연구가 쌓이며 무용학이 하나의 학문으로 자리매김하게 되었다.

움직이지 않기

1950년대 이후 모던댄스는 변화를 맞이한다. 앞서 안드레 레페키가 운동성을 특징으로 하는 근대성을 비판적으로 성찰하기 위해 포스트모더니즘에서 정지 행위를 실천하게 되었다는 이야기를 했다. 포스트모더니즘이 대두되는 시기와 맞물려 움직임을 본질로 삼는 춤에서도 모더니즘을 넘어서려는 시도가 일어났다.

포스트모더니즘은 보통 1960년대 이후 사회 문화 전반에서 나타난 '탈중심성', '다원주의' 중심의 새로운 경향으로 이야기된다. 건축, 미술, 음악, 연극, 개별 분야에서 매체 고유의 특성, 전문성을 해체하고 다양성을 추구하는 방식으로 펼쳐졌는데, 크게 볼 때 탈중심성과 다원주의로 수렴될 수 있는 흐름이었다. 거대한 담론, 확고한 중심이 아니라 주변부의 사소하고 다양한 이야기들이 전면에 드러났다. '이것이 예술이다', '이런 형식과 특성을 갖춰야 한다', '예술가는 특별한 재능을 타고난다', '권위와 전문성을 인정받는 과정을 거쳐야 한다' 같은 단단한 생각이 해체되고 이전에 예술이 아니었던 것들이 예술이 될 가능성을 었었다. 서로 다른 예술 매체들이 전보다 유연하게 융합되었다. 일상의 소리, 물건, 움직임이 적극적으로 예술 범주 안으로 들어왔다. 이런 현상은 '그렇다면 무엇이 예술일까?' 하는 질문이 거듭되며 나타난 결과라고도 할 수 있다. 모더니즘 예술에서 자율성과 전문성을 가진 예술이 중요했다면, 포스트모더니즘 예술에서는 '그렇게 갖춰진 것들만 예술일까?' 하는 질문이 던져졌다. 어떠한 것이 예술이라고 정해진 틀이 없고, 무엇이든 예술이 될 수 있는 시대였다.

포스트모더니즘 예술의 전개 양상은 니체에서 시작된 근대성 비판과 후기 구조주의 철학자들의 탈근대성 논의들을 떠올리게 하는데, 그중에서도 들뢰즈Gilles Deleuze의 철학에 맞닿아 있는 듯하다. 들뢰즈는 서양 철학이 근본적으로 초월성의 철학이었음을 비판하며 내재성의 사유를 추구하였다. 초월적이고 탈물질적인 세계(이데아, 신 같은)가 있고, 현실 세계는 그것을 표상하거나 재현한다고 보는 사고 패턴이 서양 철학에서 근대까지 이어져 왔다. 그러나 이 역동적이고 불안정한 세계의 존재 방식은 동일성의 표상이 아니라 오히려 차이의 반복으로 봐야 한다는 것이 들뢰즈의 논리이다. 생성은 차이들의 반복이며, 이 세계에서 영원히 되풀이되는 것은 오직 생성밖에 없다. 세계는 역능(힘) 의지와 잠재성으로 가득 차 있으며 끝없이 생성한다. 생성 중에 문화 속에서 계열화를 통해 의미를 가지게 되는 생성을 사건이라고 한다. 역능은 욕망으로도 볼 수 있다. 욕망과 코드는 대립하는데, 코드는 지층을, 욕망은 탈주선을 만들어 낸다. 권력화된 코드에 길들여지고 퇴락한 욕망이 아닌, 창조적이고 긍정적인 욕망의 잠재성을 발견하기 위해 끝없는 탈주의 유목론을 제안한다. 생성과 잠재성을 강조하기 위해 들뢰즈는 '기관들 없는 신체(신체의 질서에 따라 통합된 유기체를 거부하고 부분적으로 세계와 접합될 수 있는 카오스적 신체)', '분열증자(자아에 대한 어떤 고정된 규범이나 이미지에 종속된 자아라기보다는 유동과 생성 중에 있는 자아)'와 같은 개념들도 사용하였다.

물론 모든 예술은 역능과 욕망의 생성이다. 하지만 포스트모더니즘 예술이 차이, 자유로운 접합, 사건 등을 주요하게 다루었다는 점을 생각해 보면, 들뢰즈의 사유는 그 자체로 현대 예술론으로 읽힌다. 이미 주어진 틀이나 관념으로 예술, 예술가, 미적 대상, 관객을 보지 않고, 그 모든 것들을 새로이 바라보려 했던 움직임이 포스트모더니즘 예술이었다. 무엇보다 예술은 예술이라는 성 안에서만 존재하는 '작품'이 아니라, 이 세계에서 의미를 가진 '사건'이 되고자 했다. 예술이 특정 예술 언어(혹은 구조)로 세계를 재현하는 것에 머물지 않고, 끝없이 생성하는 차이의 반복, 사건이 되고자 했던 것이다. 그럼으로써 창조적 사유 방식으로서의 예술이 되고자 했다. 이런 경향은 포스트모더니즘 예술의 등장 이후 지금까지 이어지고 있다. 지금처럼 현대 무용의 양상이 다채로워진 이유이기도 하다.

포스트모던 댄스에서 가장 먼저 거론되는 인물은 머스 커닝햄Merce Cunningham이다. 자신의 작업을 '우연성', '미규정성'으로 개념화한 안무가답게 그는 춤에서 포스트모던이 어떤 방향성을 가질지 실천해 본 선구자였다. 머스 커닝햄 이야기를 하려면 먼저 폴 테일러Paul Taylor의 작품 〈듀엣(1957)〉을 이야기해야 한다. 존 케이지의 음악을 연주하는 피아니스트와 함께 등장한 폴 테일러는 그야말로 움직임을 정지했다. 무대에 등장해 가만히 있다가 들어가다니, 그 시대 관객들은 어떤 반응을 보였을까? 그가 뚱딴지같이 나타난 무용계 이단아라서 이런 행위를 했던 건 아니었다. 그는 오히려 모던댄스 시대를 착실히 살아간 인물이었다. 그는 마사 그레이엄, 도리스 험프리, 호세 리몽 등 기라성 같은 무용단에서 활동했던 엘리트 무용가였다. 그래서 이제 모든 움직임 끝에 움직임을 멈추는 일만 남았다고 생각했던 걸까? 이 작품은 모더니즘의 끝에, 포스트모더니즘의 시작에 있다고 말해진다.

이 작품을 극장에서 직접 보았다면 어떤 생각이 들었을까? '이게 뭐야?' 하고 화를 냈을까? 춤의 길을 돌고 돌아 닿은 곳이 정지라면 이로써 예술에 또 하나의 길이 열렸다고 생각했을까? 현장에서 어떤 느낌을 갖든, 개념을 넓히는 작업은 그 자체로 의미가 있다. 움직이지 않으면 춤이 아닌가? 몸이 무대 위에 서 있으면 그것만으로 춤이 될 수는 없는 건가? 그 공간에 함께 있었던 피아니스트와 관객의 작은 움직임들은 춤의 일부일 수 없는 건가? 이런 질문들이 쌓이며 춤의 새로운 지평이 열렸던 것이다.

머스 커닝햄은 1950년대부터 춤이 무엇일 수 있는지를 질문해 왔다. 그의 질문은 춤을 넘어 공연 예술 전반에 영향을 주었다. 무대 위 예술 작품들은 잘 짜인 구성물들로서 어떤 의도를 드러내는 창작물이며, 연희자는 그 의도가 잘 드러날 수 있게 반복 연습해서 내용을 숙달한다. 관객은 가상 경계 저편 객석에 앉아 일방적으로 그 구성물을 이해하려고 애쓴다. 그런데 여기서 의도, 구성, 이해 같은 개념을 빼 보자. 구성물을 만든 사람, 그것을 어떻게 표현할지 지시하는 사람, 몸으로 수행하는 사람. 텍스트가 만들어지는 작업 과정의 위계가 모호해진다. 커닝햄은 이런 새로운 예술 창작 과정을 위해 우연성과 미규정성 원리를 적용했다. 구성물에서 작품 의도를 빼 버린 것이다. 그래도 공연 예술일 수 있을까? 예를 들어 여러 개 동작으로 된 시퀀스를 만들어(물론 이 동작들 역시 어떤 감정이나 정서를 표현하는 것이 아니라 동작 그 자체만을 연결해 놓은 것이다) 무용수들을 연습시킨 뒤, 공연 당일 주사위를 던져 누가 어느 시퀀스를 출지 결정한다. 경우에 따라 그날 무대에 출연하지 못하는 무용수도 생기고, 추지 않는 시퀀스들도 있다. 정면이 따로 없어서 일방향으로 무대를 바라보는 관객에게 정확히 전시해야 할 몸의 움직임도 없다. 그러다 보니 결국 의도를 전달받을 관객도 없어진다. 앞뒤좌우, 기승전결이 없는 춤이라 움직임 자체만 남는다. 안무가가 내면세계를 담은 구성물도 아니고, 시작과 끝, 방향마저 정해져 있지 않은 순수한 동작들이다. 전달자로서의 춤 전문가라는 역할을 지우고 나니 더 많은 가능성이 생긴다. 잘 짜인 춤이 아니라면 그 무엇도 춤이 될 수 있고, 그 누구도 춤을 만들 수 있고 출 수 있다.

2004년 머스 커닝햄 무용단의 내한 공연이 있었다. 주사위 던지기로 시작되는, 우연성과 미규정성을 적용한 작품이었다. 감흥을 주려고 만든 공연이 아니었기에 개념이 탁월한 데 비해 재미를 느낄 수는 없고, 공연 내내 끊임없이 움직이는 무용수들만 보고 있느라 지루하기까지 한 작품이었다. 존 케이지의 작품 〈4분 33초〉를 떠올려보자. 4분 33초 동안 아무 소리도 내지 않고 앉아 있는 연주자는 무대에 등장해 피아노 뚜껑을 열고 닫을 뿐이다. 그러나 피아노 뚜껑 여는 소리, 닫는 소리, 관객이 조그맣게 만들어 내는 소음들은 음악 범주 안에서 새로운 가능성을 가진 소리가 되어 공연을 채운다. 개념상 그렇다는 것이다. 공연을 직접 보고 있는 사람들에게 이 4분 33초가 당황스러움 말고 다른 어떤 감흥을 줄 수 있었을까? 존 케이지 역시 우연성 실험을 했다. 카드나 주사위로 연주할 부분을 정하고, 악기도 택했

머스 커닝햄의 〈Events〉

다. 참신한 공연 방식이긴 했지만, 이런 식의 음악에 빠져들긴 어렵다. 음악에 감동하기보다 소리 자체에 집중하게 함으로써 음악 장르의 새로운 가능성을 실험하는 공연이었지만, 듣기 좋은 음악과는 거리가 먼 공연을 보는 게 쉬운 일은 아니었을 것이다. 동성 파트너였던 커닝햄과 케이지는 이 우연성 개념을 함께 다져 나가며 정해지지 않고 우연히 발견되는 즉흥의 결과들로 새로운 공연 예술 방향을 제시했다. 이런 실험이 '음악'과 '춤'이라는 개별 분야에 한정된 것도 아니었다. 백남준, 요제프 보이스를 포함해 많은 플럭서스Fluxus 그룹 예술가들이 이 흐름에 함께 있었다.

1960년대부터 본격적으로 '포스트모던 댄스'라 불릴 만한 작업들이 나오기 시작한다. 움직임 자체에 주목하는 다양한 흐름이 이어졌고, 주요 작품은 미국 안무가들에게서 나왔다. 모던댄스 역시 '움직임에 대한 주목'이 발전 동력이었지만, 성격이 달랐다. '전문적'이고 '잘 짜인 스펙터클'로서의 무용 작품에서 벗어나 춤이 가진 진정한 가치를 찾아보려는 열망이 포스트모던 댄스의 동력이었다. 커닝햄의 실험적인 작품들이 넓혀 놓은 가능성이 더욱 폭발적으로 가지를 뻗어나갔다. '움직임 정지'라는 성찰 과정을 거쳐 도달한 곳은 '어떻게든 움직인다'였다. 누구든, 어떤 움직임 재료로든, 어떤 형식, 어떤 공간에서든, 어떤 예술 장르와 접합해서든 움직임은 가능했다. 무엇이든 무용 작품이 될 수 있었다. 이런 새로운 열망을 느낄 수 있는 이본느 레이너Yvonne Rainer 「노 선언No Manifesto(1965)」은 포스트모던 댄스 역사를 소개할 때 자주 인용되는 글이다.

> 스펙터클의 부정, 기교의 부정, 변형과 신기함의 부정, 스타 이미지의 매력과 탁월함의 부정, 영웅주의의 부정, 반영웅주의의 부정, 잡동사니 이미지의 부정, 공연자나 관객의 몰입 부정, 스타일의 부정, 과장된 몸짓의 부정, 관객을 현혹하는 공연자의 잔꾀 부정, 기발함의 부정, 감동 주고받기 부정
>
> \- 이본느 레이너 「노 선언」

이본느 레이너는 무용 작품이라고 할 때 떠오르는 모든 이미지들을 부정하는 강력한 선언으로 춤이 정말로 추구해야 하는 가치가 무엇인지 다시 생각해 보게 했다. 스펙터클, 기교, 신기함, 탁월함, 스타일, 몰입, 감동. 이 모두가 무용 작품이 가진 일반적인 특징이다. 그는 이러한 특징들이 몸의 진실, 움직임의 힘을 보여주지 못한다고 생각한 것이다. 그는 일상으로 눈을 돌려 일상 공간, 일상을 살아가는 사람들, 일상적인 움직임에서 이미 존재하고 있었으나 발견하지 못했던 새로움을 찾고자 했다. 전문 무용수가 아닌 일반인이 무대에 함께 등장하고, 일상에서 즐기는 춤, 스포츠뿐 아니라 걷고 뛰는 일상적 행위까지 안무의 소재가 되었으며, 일상의 공간들이 공연 공간으로 탈바꿈하기도

했다. 이본느 레이너는 발레나 모던댄스 테크닉 동작들이 아닌 자연스러운 움직임들을 단초로 구성을 발전시켰고(〈트리오 A〉), 트리샤 브라운Trisha Brown은 건물 벽에서 수평으로 내려오는 무용수들이라든지 여러 빌딩 옥상에서 춤을 추는 무용수들을 도시 환경의 일부로 만드는 작업을 하였다(〈벽 위를 걷기〉, 〈지붕 작품〉). 루신다 차일드Lucinda Childs는 주방 도구들을 가지고 나와 춤은 추지 않고 가만히 앉아서 그것들을 다르게 배치하는 작업을 했는데(〈카네이션〉), 소쿠리를 머리에 뒤집어쓰거나 설거지할 때 쓰는 스펀지를 입에 무는 정도의 동작들이었다. 마르셀 뒤샹Marcel Duchamp이 변기에 서명만 해서 전시한 '샘' 같은 레디메이드 작업을 떠올리게 하는 작품들이었다. 뒤샹은 대량 생산된 물건을 재배치하여 본래 용도와 다른 효과를 만들어 내고, 예술가의 권위가 담긴 서명만으로 예술 작품이 되는 새로운 개념을 열어놓았다. 뒤샹의 작업을 '발견된 오브제'라 한다면, 루신다 차일드는 그 발견을 수행하는 과정이라고 할 수 있다.

춤에 관한 관점이 일상으로까지 넓혀지자 세상 다양한 움직임들이 적극적으로 춤 안으로 흡수되었다. 나이, 인종, 체형, 훈련 배경이 다른 몸들이 한 무대에 등장하고, 다른 예술과 융합된

트리샤 브라운의 초기 작품들

실험적인 작업들, 전통 예술이나 고전을 재해석하는 작업들이 나타났다. 대략 1970년대까지 이런 흐름이 이어졌다. 1980년대 무렵이 되면 포스트모던 관점은 더 이상 파격적인 실험이 아니라 무용 작품들 속에 녹아들어 다양한 스타일이나 형식이 되었다. 무용 예술의 보편적인 경향으로 안착했던 것이다.

어떻게든 움직이기

포스트모던 댄스라는 흐름이 활발했던 시기에서 한참이 지났다. 그 사이 딱히 새로운 사조는 나타나지 않았지만, 지나온 형식부터 미래 실험까지 그 어느 때보다 광범위한 춤 문화가 자리잡고 있다. 지금의 현대 무용을 동시대 감각의 창작 춤, '컨템퍼러리 댄스'라고 부른다. 과거 모던댄스와 포스트모더니즘 실험들과 구분하고 1980년대 이후의 혁신적 춤 경향을 일컫는 용어로 컨템퍼러리라는 말을 쓰는 사람들도 있지만, 사실 포스트모던 이후는 모두 컨템퍼러리라 보는 것이 적절하다.

포스트모던 댄스가 운동성 정지와 운동성 회복 모두를 보여

루신다 차일드의 〈카네이션〉

줬다면, 지금은 정지보다는 회복, 즉 새로운 운동성을 탐색해 나가는 시대에 가깝다. 무엇보다 해체와 융합이 거듭되며 너무나 다양한 춤들이 현대 무용이라는 이름으로 극장 무대에 오르는 까닭에 '현대 무용이란 무엇이다'라고 말하기가 매우 어려워졌다. 전통춤, 스트리트 댄스, 사교춤, 막춤, 발레, 모던댄스, 무엇이든 동시대 감수성으로 창작될 수 있다. 고전적인 무용학개론에서 현대 무용이란 당연히 정의될 수 있는 춤이었다. '현대 무용이란 인간의 사상이나 감정을 리드미컬하게 표현하는 창작춤이다'라는 무난한 정의도 있었고, '안무가 개인의 스타일을 드러내는 창조적 세계', '현대 무용 테크닉을 바탕으로 만들어진 춤'이라는 좀 더 구체적인 첨언도 있었다. 어찌되었건 그 안에는 공통적으로 '무엇을 표현하기 위해 구성한 동시대의 춤'이라는 인식이 있었다. 이제 그런 방식으로 현대 무용을 바라보기에는 놓치는 춤이 많아졌다. 움직임에 대한 더욱 통합적인 인식이 필요해졌다.

춤의 해체와 융합이 계속되고 있고, 무엇도 표현하지 않는 움직임들도 있다. 다양한 춤 장르를 버무린 작품만 해도 보고 즐기는 데에 어려움은 없었다. 최소한 춤이라는 건 알 수 있었다. 춤이라는 특성이 완전히 지워진 행위마저 움직임이라는 보편성에 모두 담아낼 수 있는가, 행위는 움직여야 발생하는 것이므로 움직임을 매체로 삼는 무용 예술에서 다뤄야 하는 것인가, 매우 어려운 질문을 마주하고 있다. 포스트모던 댄스 시대에 이미 작품의 의도, 구성, 관객의 감동 같은 것들을 지워보는 실험뿐 아니라, 아예 춤을 추지 않고 어떤 행위를 보여주는 실험도 있었다. 이런 흐름이 지금에 와선 더욱 적극적이고 다채롭고 모호해졌다. 한 마디로 정리되지 않는, 춤이라고 주장하는, 춤은 안 추면서 안무를 했다고는 하는 춤들이 다 '춤' 영역 안에 있다.

이런 경향이 강화된 데에는 연극의 변화도 한몫했다. 20세기에 들어 연극은 점점 텍스트 중심에서 퍼포먼스 중심으로 바뀌는데, 그러다 보니 재현에 대해 비판적인 입장을 취하며 배우의 행위 자체에 집중하는 방향으로 나아가기도 했다. 배우가 텍스트를 해석하고 재현하는 존재라기보다 그 자체로 연극의 매체가 된다는 생각이었다. 1960년대 일련의 혁신적 실험들은 '작품'보다는 '사건'의 구성에 초점을 두었다. 이때부터 대략 1990년대까지의 탈희곡적, 수행적 행위로서의 연극을 연극학자 한스-티스 레만Hans-Thies Lehmann은 '포스트드라마 연극'이라 부른다. 주요 개념들은 포스트모던 댄스와도 일면 겹쳐진다. 재현의 위기*, 사건의 구성은 포스트모더니즘이 대두되던 시기 미술,

* the crisis of representation. 오랫동안 예술의 구현 원리였던 재현은 19세기 중반 사진술의 발명으로 재현의 준거를 잃어버린 미술에서 가장 먼저 위기를 맞았으며, 20세기 후반에는 '재현이 불가능할 뿐 아니라 재현의 원본이 부재함'을 의미하는 시뮬라크르 개념이 대두되며 예술, 문학, 미디어 모든 분야에서 재현의 위기가 거론되었다.

음악, 춤 전반에서 나타났기 때문이다. 포스트드라마 연극은 드라마(희곡) 텍스트보다 퍼포먼스 텍스트를 더 중요하게 다루며, 재현보다 현전, 일방향적인 관람이 아닌 공유되는 경험, 결과보다 과정, 의미화보다는 현시, 정보보다 에너지 역학을 강조한다. 수행하는 행위를 지각하는 과정이 중요하며, 이 과정에서 관객은 행위자의 영향을 받고, 행위자는 관객의 반응에 다시 영향을 받으며 지속적으로 변화하는 자동 형성적 피드백 고리를 생성한다. 이를 통해 관객과 행위자의 에너지가 전이되며 공연의 공동 주체가 된다.

포스트드라마 역시 연극을 구성하는 요소들을 해체하고 새로이 융합하는 과정에서 기존 연극이 가졌던 틀을 깨고 다원성을 추구한다. 드라마 텍스트보다 배우의 체현에 비중을 두고, 작품을 구성하는 것이 아니라 사건을 구성한다. 어떤 행위를 수행하는 배우의 몸, 그것은 '움직이는 몸'이라는 면에서 춤의 기본 조건이라 할 수 있다. 수행성과 체현이라는 기본 조건이 겹쳐지다 보니 점점 연극과 춤의 경계가 모호해졌다. 실제로 포스트드라마 연극에서는 탄츠테아터Tanztheater를 연극적 해석 대상으로 삼고 연구하기도 한다. '사람이 사람에게 영향을 주고 변형을 일으키는 행위'라는 목표를 공유한다면 사실 춤과 연극이 크게 다를 게 없다. 심지어 미술 장르인 퍼포먼스 아트와도 다르지 않다. 연극은 이런 것이야, 춤은 이런 것이야 하는 틀에서 벗어나면, 문법에 맞게 구성된 작품이라는 틀에서 벗어나면, 공연이라는 사건에서 몸이 무엇을 수행하는가에 집중할 수 있다. 장르 구분은 불필요해진다. 보이는 건 오직 행위뿐, 차이라고는 수행을 어떤 배경의(춤꾼이든 배우든) 예술가가 이끌어 가느냐 하는 것뿐이다.

사실 세계 여러 나라 전통 예술에서 연극, 춤, 노래는 따로 분리되지 않는다. 예술의 기원인 제의부터가 그렇다. 노래, 춤, 말을 섞어 제의를 이끌어가는 사람을 연희자로 본다면, 그저 퍼포먼스라고 볼 수밖에 없는 통합된 형태의 예술 장르다. 제의에 참여한 공동체 구성원들이 집단으로 새로운 세계에 들어가는 경험은 사회를 통합하고 건강성을 회복해 주었다. 그것이 낱낱이 쪼개져 오랜 시간 각각 하나의 예술로 발전했을 뿐, 공연 예술은 결국 사람이 나와서 무언가를 하고, 보는 사람이 동참하고, 모두 어떤 변화를 경험하는 근본적이고 넓은 교집합, 토대를 지니고 있었다. 포스트모더니즘 공연 예술은 어쩌면 제의가 했던 역할을 현재에 되살려 내려는 활동일지도 모른다.

이런 관점에서 1960년대 이후 지금까지의 포스트모더니즘적인 공연 예술을 분석한 에리카 피셔-리히테Erika Fischer-Lichte는 바로 이 교집합, 토대를 '수행성의 미학'이라는 개념으로 설명한다. 수행성performativity은 자기 지시적이면서 특정 현실을 구성하는 행위로 이루어진다. 여기에서 다루는 것은 연극, 오페라, 춤, 퍼포먼스 아트 등 공연 예술뿐 아니라 제의, 축제, 스포츠 경기를 망라한 모든 문화적 공연에서의 수행성이다. 즉, 문화를 퍼포먼스로 보는 관점이다. 이런 공연에서 행위자와 관람자는 일종의 문지방, 경계 상태에 들어서게 되는데, 이때 일상에서 자신을 분리하고 또 다른 자신으로 변신하게 된다. 거듭나는 경험을 가능하게 하는 힘은 무엇인가? 그는 작품이 가진 의미가 아니라 공연 행위에 직접적인 영향력이 있다고 말한다. 행위를 수행하는 것, 그리고 행위자와 관객의 공동 현존, 이들의 피드백이 계속적인 변환을 만들어 낸다. 이 과정은 세계를 회복하고, 재구성하는 잠재성을 지닌 사건이 된다. 여기에서 텍스트, 의미, 기호보다 육체, 공간, 소리, 시간같이 몸으로 체험하는 물질성이 우선이다. 따라서 몸 자체는 공연 예술에서 더욱 중요해진다. 의미나 기호가 미리 정해져 있어서 공연자가 그것을 전달하는 것이 아니라, 몸이 일으키는 사건을 통해 그것들이 생성되는 것이다.

수행, 몸 자체, 체험, 현존. 이런 말들은 공연 예술이 전반적으로 가고 있는 방향을 말해 준다. 몸의 행위, 상호 작용. 어떤 방식으로든 움직이고, 긴밀하게 상호 작용 하고, 변화를 경험하려 한다. 어떤 움직임 재료를 썼는가, 어떤 예술 장르인가, 세부 장르가 무엇인가, 이런 것들은 크게 중요하지 않다. 움직임이 어떤 영향력을 일으킬 수만 있다면.

이런 경향이 공연 예술 전체에 나타남에 따라 춤 예술에서도 수행성이 강조되었다. 1960년대 포스트모던 댄스에서 많은 수행성 실험들이 나타났고, 한참이 지난 지금도 수행성은 여전히 중요한 화두이다. 행위를 수행하는 몸이 꼭 춤을 춰야 하는가,

춤성이 드러나야 하는가, 이런 질문은 이제 신선하지 않다. 과연 춤이라 할 수 있을까 싶은 작품이 너무나 많아졌다. 작품성을 갖춘 무용 작품 안에서도 움직임 종류가 많아졌다. 각종 춤, 일상적 움직임, 무술, 스포츠, 서커스, 종류를 가리지 않는다. 탄츠테아터 작품들을 보면 연극적 행위뿐 아니라 수행적 행위, 춤, 노래, 연주가 한 무대에서 콜라주된다. 이 모든 것들을 움직임이라는 면에서 무용 작품으로 볼 수도 있고, 수행성이라는 면에서 연극 작품으로 볼 수도 있다. 이런 방향성 때문에 점점 예술 장르의 구분은 허물어지고 공연 예술의 총체성을 새로이 되찾아가는 모습을 보게 된다.

아쉽게도 수행성 미학에서 다룰 수 있는 무용 작품들은 아직 개념 무용에서 더 많다. 진정 공동체성을 회복할 수 있는 행위보다는, 어떻게든 움직이면서 춤의 범위를 넓혀 나가려는 개념적 실험이 앞서 있다. 수행성과 관련된 작업들에는 그래서 '춤추는 몸'보다는 어떤 방식으로든 '움직이는 몸'이 등장하는 경우가 많다. 춤에서 기대하는 흥겨움, 아름다움, 감동, 즐거움은 느끼기 어렵다. 무엇을 질문했나, 어떤 기발한 발상을 보여주었나, 이런 질문에 답해 가야 한다. 그렇다고 춤이 무엇일 수 있는지 대답해 가는 과정의 흥미로움까지 부정하는 것은 아니다.

자주 언급되는 작품 중 자비에르 르 로이Xabier le Roy의 〈미완의 자아Self Unfinished〉가 있다. 그는 이 작품에서 몸이 어떻게 달라질 수 있는지 수행한다. 작품 내내 천천히 기괴한 형태로 몸을 계속 변형시키는데, 때로는 곤충이나 동물, 물체 혹은 외계 생명체 같아 보이기도 하고, 마지막 장면에서 맨살을 드러내고 상체를 구부린 뒷모습은 생닭 한 마리처럼 보이기도 한다. 사람 몸이 퍽 낯설어지는 순간이다. 춤에 대한 전통적인 관점에서 보면 이 작품에 나타나는 움직임은 춤이라기보다 그저 연속되는 움직임이다. 고안된 움직임이므로 이 역시 안무라고 볼 수 있다. 고안된 움직임들이 만들어 내는 효과, 이 정도 선에서 이 시대 수행 실천들을 아우를 수도 있을 것 같다. 이 작품에서 두드러지게 드러나는 점은 몸을 어떻게 보고 있는가 하는 관점이다. 자비에르 르 로이는 인간의 몸을 고정된 실체로 보지 않고 세계 속에서 다양한 외부와 끊임없이 접속하는 존재, 즉 '~되기' 관점에서 바라보는 듯하다. 태어나서 죽을 때까지 이 한정된 몸을 벗어날 수 없을 것 같지만, 사실 우리 몸은 끊임없이 변화한다. 몸이 무엇이든 될 수 있는 가능성은 움직임 또한 무엇으로든 이루어질 수 있다는 가능성으로 이어진다.

제롬 벨Jérôme Bel의 〈쇼는 계속되어야 한다The Show Must Go On〉는 움직임에 대한 질문이라고도 할 수 있다. 이 작품의 콘셉트는 간단하다. 잘 알려진 팝송에 맞춰 다양한 사람들이 나와 춤을 춘다. 일반인들이 대부분인 출연자들이 나와 그야말로 내키는 대로 막 춘다. 나오는 노래를 따라 부르기도 한다. 때로는 관객을 응시하거나 엉뚱한 행동을 하는데, 노래 가사나 분위기에 따라 이런 장면들이 연출된다. 출연자들은 안무된 작품을 열심히 연습한 것이 아니라, 어느 정도의 약속만 정해 놓고 즉흥적으로 움직이는 듯 보인다. 2005년 내한 공연 때는 한국 관객에게 익숙한 노래들이 흘러나왔다. 출연자들도 한국 사람들이었다. 대중음악에 맞춰 논다는 콘셉트대로 어느 나라에서든 그 나라 관객들에 맞게 연출된다. 작품은 상당히 느슨하게, 혹은 엉성하게 구성되어 있다. 그저 사람들이 음악을 즐기는 모습을 무대 위에 올려놓는다. 그런데 이런 평범한 놀이를 무대에서 보여주니 오히려 신선하고 재미있다. 테크닉과 형식을 갖춘 춤과는 전혀 상관없고, 무엇을 보여주겠다고 의도한 바가 없다. 그저 음악이 들리고 음악에 반응하는 평범한 사람들이 이렇게 저렇게 움직인다. 하지만 제롬 벨이 던지는 질문은 무겁다. 공연이라는 것이 어법을 갖춘 구성물, 공연자들이 숙달한 공연 텍스트, 예술성 추구를 넘어설 수는 없을까? 춤 바깥의 움직임들을 춤의 범주에서 다룰 수는 없을까? 지금껏 공연을 예술로 보이게 한 것은 고작 극장이라는 공간이나 안무가 이력이 아니었을까? 가벼운 즐거움을 주면서 개념적 질문을 수행하는 흔치 않은 작품이다.

자비에 르 로이의 〈미완의 자아〉

수행을 통해 변환되는 경험은 공공 예술인 커뮤니티 댄스에서도 나타난다. 커뮤니티 댄스는 2000년대 이후 서구에서 활발히 일어난 예술 운동으로, 공동체가 협력해 만들고 공연하는 일반 시민들의 춤이다. 극장이 아닌 공공장소, 야외에서 공연되는 경우가 많다. 우리나라에서도 활발히 만들어지고 있고, 인기도 높다. 여기에서는 공연자의 수행적 경험에 주목한다. 시민들이 자발적으로 모여 다함께 춤을 춰 보는 것 자체가 변화를 만들어 내는 것이고, 변화의 결과는 대체로 긍정적이다. 교육적인 면, 또는 치유적인 면에서.

한국에서 시작되어 전 세계를 휩쓸고 있는 케이팝 댄스도 커뮤니티, 변환 경험이라는 측면에서 일종의 커뮤니티 댄스라 볼 수 있다. 케이팝 댄스는 상업적 대중문화와 팬덤의 측면으로만 보기에는 그 현상이 매우 복잡하고 강력하다. 같은 안무를 따라 추면서 전 세계 젊은이들이 하나가 되고, 그들만의 세계관을 형성해 나간다. 특히 몇 년 전부터 유행한 '케이팝 랜덤 플레이 댄스'는 상당히 흥미롭다. 도심 공터에 모여 케이팝을 랜덤으로 틀고 그 노래 안무를 아는 사람들이 원 안으로 들어와 다 같이 춤추는 새로운 놀이 문화인데, 전 세계 대도시에서 흔히 볼 수 있는 광경이다. 이렇게 거대한 커뮤니티, 이런 폭발적인 댄스가 존재한 적이 있었던가. 레이브 문화가 전 세계를 휩쓸 때도 그것을 경험하는 사람들 간에 공동체 의식이나 결속력은 가지고 있지 않았다. 느슨하게 취향을 공유하는 여가 문화였다. 반면 케이팝 댄스는 매우 단단히 결속되어 있다. 아무래도 춤을 다 외우고 연습해서 공공장소에 나가 함께 추는 과정을 공유하기 때문인 듯하다. 각국 청소년들이 여기에 열광하는 모습을 보면, 그들의 근본적인 갈증이 무엇인가 질문하게 된다. 각자도생, 무한 경쟁 시대라지만, 공동체와 변환을 경험하는 몸은 그만큼 중요한 것이 아닐까?

'어떻게든 움직이는' 지금의 공연은 이제 디지털 기술, 사이보그 신체 등 더 다채로운 담론으로 나아가고 있다. 언젠가 사람 몸마저 등장하지 않을 가능성도 있으며, 그럴 경우 춤의 범위가 어디까지인지 확정하기가 굉장히 어렵게 된다. 춤꾼의 몸에 센서를 부착해서 디지털 신호로 바꾸고 여러 가지 프로그램에서 활용하는 방법들은 이미 상용화되어 있고, 움직임 신호를 영상 이미지나 사운드로 바꾸는 기술 역시 공연 무대에 자주 활용되고 있다. 더 나아가 디지털 안무 프로그램이 춤을 안무하는 경우도 있다. 극단적으로 인공지능이 안무한 결과를 디지털 이미지로 보여준다면 이것은 춤 예술에서 다루어야 할까, 영상 영역에서 다루어야 할까? 디지털 기술은 최근 예술가들에게 더욱 활용도가 높아졌다. 온라인을 이용한 작품 제작과 공연, 강습 등에 신경 쓰는 춤꾼들이 많아졌다. 춤은 어떤 예술보다 '지금 여기 있음', '만남과 만짐'을 강하게 전제하고 있어 디지털 기술과 가장 거리가 멀어 보이지만 비대면, 비접촉, 가상의 춤을 시도하는 사람들이 많아졌다. 디지털 기술을 학습한 춤꾼들이 어떤 새로운 춤을, 시대를 준비하고 있을지 기대해 본다.

이 장에서는 몸과 움직임에 대한 새로운 생각들로 인해 춤의 장이 넓어지는 과정을 시대적으로 살펴보았다. 우리는 클래식 발레부터 최첨단 기술과 개념을 앞세운 컨템퍼러리 댄스까지, 매우 다채로운 춤의 세계를 누리고 있다. 어떤 시기를 주도하는 스타일, 기법, 개념들이 있다고 해서 이전 시대의 춤들이 사라지는 것은 아니다. 여기에 디지털 기술까지 가세하면서 춤의 세계는 더 넓어지고 있다. 먼 미래에 춤을 무엇이라고 이해하게 될지 알 수는 없지만 춤추는 즐거움, 보는 즐거움은 결코 사라지지 않을 것이다. 체현, 현존의 가치 또한 여전히 공연 예술의 토대로 남아 있을 것이다.

3.
형식과 표현

작품 감상의
키워드

클래식 발레 애호가들을 제외하면 자발적으로 극장에 가서 춤 공연을 감상하는 사람은 많지 않다. 클래식 발레는 기교적이고 우아한 동작들이 주는 매력과 함께 이야기를 따라가며 감상할 수 있어서 전문 지식 없이도 어렵지 않게 다가갈 수 있다. 반면 현대 무용은 명확한 스토리가 드러나지 않는 경우가 많고, 갖가지 움직임이 뒤섞여 있으며, 뭔가 심각하기도, 심오하기도 해서 이해하기 어렵다. 그렇다고 감상을 위한 전문적인 소양을 갖추자는 생각이 들 정도로 흥미 있는 작품이 많지도 않다. 현대 무용은 이해하기 어렵다, 어떻게 감상해야 할지 모르겠다는 말은 사실 재미가 없다는 뜻이다.

관객을 다시 극장으로 불러들이지 못하는 원인은 기본적으로 작품을 만든 사람들에게 있다. 매력적인 요소를 던져주지 못한 것이다. 그러나 우리 문화 예술 교육이 춤을 소홀하게 다루어 온 측면도 간과해선 안 된다. 춤도 언어라 어릴 때부터 익숙하게 접하고 구사해 보아야 춤 언어를 감상할 소양이 갖춰지는데, 우리 공교육에서 춤은 낯선 언어이다. 미술, 음악과 달리 놀 때 흥에 겨워 즉흥적으로 몸을 흔드는 이상의, 문법을 갖춘 움직임 언어를 접할 수 있는 기회가 없다. 짜임새 있는 춤을 향유하는 층은 살사, 스윙, 탱고, 댄스 스포츠 같은 사교춤을 취미로 하는 사람들 정도이다. 극장에 가서 춤 공연을 보는 사람 다수가 무용 전공자이다. 전공자가 아니라고 감상 폭이 좁아지는 건 아니다. 춤을 추지 않아도 춤 언어를 이해하면 감상과 비평이 가능하다. 춤을 감상할 수 있을 만한 최소한의 문법, 뉘앙스를 갖추면 된다.

이 장에서는 동시대 춤, 컨템퍼러리 댄스로서의 현대 무용을 어떻게 감상하면 좋을지 살펴보려 한다. 우리 무용계가 한국 무용, 발레, 현대 무용 삼분법으로 지속되어 온 까닭에 장르로서 현대 무용을 지칭하는 것인지 혼란이 올 수 있는데, 한국 무용 춤사위로 만든 동시대 감각 작품이나 발레 기술이 중심이 된 컨템퍼러리 발레를 다 동시대 춤 작품으로 본다면 현대 무용 범주 안에 든다. 장르가 어찌 됐든 현대에 들어와서 창작된 춤 작품들은 특정 안무 기법을 통해 만들어지기 마련이므로 개별적인 기법을 아우르는 상위의 방식을 알면 감상 세계에 반은 발을 들인 셈이 된다.

일반적인 춤 이해 과정

현대 무용뿐 아니라 민족춤, 발레, 사교춤, 상업춤 등 모든 춤은 분석과 해석의 대상이 되며, 이를 통해 감상과 비평이 이루어진다. 춤을 대충 보아도 어떤 느낌을 가질 수 있지만, 섬세하게 살펴보면 감상의 폭이 더 넓어진다. 이를 위해 무용학자 자넷 애드쉐드Janet Adshead가 『무용 분석의 이론과 실제Dance Analysis: Theory and Practice』에서 소개한 분석틀을 사용할 것이다. 애드쉐드는 '무용 구성 요소 기술 - 형태 식별 - 해석 - 평가'에 이르는 무용 분석 과정을 세부 항목별로 기술할 수 있는 분석틀을 소개한다. 먼저 부분별로 뜯어서 보고, 그것을 덩어리로 종합하며 특성을 파악한 뒤 의미를 도출해 낸다. 무용 분석은 작품 감상에서도 유의미하지만, 움직임을 텍스트로 삼는 무용학 연구에서 갖추어야 할 기본 요건이기도 하다. 분석틀과 함께 그가 예시로 든 도리스 험프리의 〈물의 연구〉 분석을 살펴보겠다. 작품 〈물의 연구〉 동영상 자료를 보면서 이 분석 내용들을 비교해 보면 도움이 될 것이다.

춤은 움직임, 무용수, 시각적 요소, 청각적 요소로 구성된다. 이 네 가지 구성 요소를 하나씩 뜯어 살펴보는 것이 분석의 시작이다. 춤의 구성 요소들은 다음과 같은 특징이 있다. 첫째, 춤에 따라 사용하는 신체 부위와 범위에 차이가 있고, 초점을 두는 곳이 다르다. 둘째, 움직임의 공간적, 역학적 요소들은 신체의 특정한 사용을 더 분명하게 규정해 준다. 셋째, 동원된 무용수의 숫자, 성별, 역할은 춤의 기능을 반영한다. 넷째, 시각적 무대 장치는 춤의 분위기와 직접적인 배경을 제공한다. 다섯째, 춤은 음향, 또는 음향의 부재와 관계가 있다. 이에 따라 춤 구성 요소를 몇 가지 세부 항목으로 나누어 볼 수 있다.

1. 움직임: 주로 등장하는 특징적인 움직임
   1) 움직임의 공간적 요소: 동작의 크기, 진행 방향, 한 지점에서의 위치, 높낮이, 플로어 패턴 등
   2) 움직임의 역학적 요소: 강약, 속도의 역학적 변화, 강조점
2. 무용수: 성별, 연령, 인원, 역할, 솔로와 군무
3. 시각적 무대 장치: 무대미술, 조명, 의상, 소품, 메이크업
4. 청각적 요소: 악기 구성, 음향의 소리 구성, 무용수가 말이나 노래를 하는가, 아무 소리가 나지 않는 부분은 어디인가
5. 복합적 요소: 위의 요소들 중 두 가지 이상이 복합적으로 드러나는 전형적인 움직임은 무엇인가

도리스 험프리 〈물의 연구〉의 구성 요소를 데이비스와 슈마이스(1967), 케이간(1978)의 논문을 토대로 분석한 결과는 다음과 같다.

◈ 예시: '물의 연구' 구성 요소 분석

1.1 움직임

: 모든 움직임은 활처럼 휘어진 등을 한 몸 중심, 몸통 비틀기, 궁형 제스처, 점프 구르기, 미끄러지기와 관련됨.

: 과신전에서 완벽한 구부림에 이르기까지 전체 몸이 신장되고 수축됨.

: 연속적인 동작이 발가락에서 무릎, 엉덩이, 척추를 통과하며 머리 꼭대기에 이름.

1.11 공간적 요소

: 바닥에 납작 눕는 것부터 위로 점프하는 것까지 특징적인 여덟 가지 레벨을 사용함. 두 가지 특징적 디자인. 공중제비로 이어지는 휠wheel 패턴, 몸 주변에서 수평으로 이루어지는 원형 패턴. 집단의 임의적 분산과 집단의 밀착 형성.

1.12 역동적 요소

: 식별된 흐름의 연속적인 정도에 따른 여섯 단계. 뚜렷한 가속과 감속을 형성하는 속도의 역학적 변화.

1.2 무용수: 11명에서 16명에 이르는 인원. 모두 여성 무용수.

1.3 시각적 무대장치

: 공연에 따라 다양하지만 소품이나 특별한 의상이 사용되는 경우는 거의 없음. 대개 살색 레오타드 착용. 때때로 푸른 셀로판지의 배경막과 플로어 덮개 사용.

1.4 청각적 요소

: 처음에 징을 부드럽게 치고, 이후에는 어떤 박자도 수반되지 않

음.

1.5 복합적 요소

: 요소들의 전형적인 묶음은 명백한 공간적 긴장과 함께 측면으로 서 있는 무용수의 몸을 집단의 더 큰 디자인 일부로 포함.

이 구성 요소들을 중심으로 춤의 형태를 식별한다. 춤 구성 요소들이 어떻게 형식 구조 속에 통합하는가를 이해해야 하며 구성 요소와 형태를 식별하여 글로 묘사할 수 있어야 한다. 이후의 해석이나 평가 과정은 보는 사람이 무엇에 집중했느냐에 따라 주관적일 수 있지만, 구성 요소와 형태 식별 과정까지는 내용을 읽고 춤을 떠올릴 수 있도록 객관적이고 충실하게 기술해야 한다.

춤 형태 식별의 핵심 부분은 다음과 같다. 첫째, 움직임 구성 요소들 간의 관계와 범위는 춤 스타일마다 다르다. 둘째, 사진처럼 한 순간 포착된 이미지는 각 사례마다 특수한 관계 구조의 스타일을 보여준다. 셋째, 시간 속에서 춤 동작구와 단락이 배열되어 있는 것들을 통해 인식 가능한 패턴이 만들어진다. 넷째, 하나의 춤에서 여러 종류의 관계들이 나타날지라도, 그 관계들의 총체적 관련 구도에 놓인 단위, 동작구, 단락들은 좀 더 중요하게 인식된다. 이에 따라 춤의 형식을 파악하기 위한 항목들을 도식화하면 다음과 같다.

1. 관련 구성 요소: 어떤 춤 구성 요소들이 관련되어 특징적 움직임을 만들어 내는가?
2. 시간의 한 점에서: 특징적 동작구들을 분석.
3. 시간 속에서: 전체적으로 어떤 동작구들이 이어지는가?
4. 선형적 진행에서 중요한 시점들: 단락으로 구분된 구조에서의 주요 순간들, 관습화된 시작, 끝, 전이 동작들
5. 총체적 관련 구도: 주제를 드러내는 전형적인 관련 구도

◈ 예시: '물의 연구' 형태 분석

2.1 관련 구성 요소

: 무용수들이 단일 움직임들을 여러 다른 레벨과 다양한 공간 영역에서 사용한다. 단일 움직임이 서로 다르게 점차 역동성이 강조되도록 수행된다.

2.2 시간의 한 점에서

: 순간마다 각 패턴의 서로 다른 국면들이 드러나는 형태로 중복된다. 기본 패턴을 발전시킨 변형 패턴을 보여주는 무용수들도 있다. 한 개인이 움직일 수도, 작은 그룹이나 전체가 움직일 수도 있다.

2.3 시간 속에서

: 반복적이고 연속적인 움직임들이 있다. 세 가지 캐논 형식, 무용수들이 두 줄로 늘어서서 서로를 미러링(거울되기)한다. 평행 패턴들, 유니슨 동작(군무진이 모두 같은 동작 하는 것), 반복되

는 동작구 속에서 시간의 베리에이션 또한 부가되는 스텝들과 더불어 더욱 확대된다. 개인, 소그룹, 전체가 크고 작은 공간을 사용함에 따라 팽창과 수축이 일어난다.

2.4 선형적 진행에서의 중요 시점들

: 조용하고, 낮고, 율동적인 패턴에서 고도의 흥분된 패턴으로 진행되며, 프레이징에 의해 구축되는 점진적인 소규모 그룹 디자인들이 서로 일치한다. 춤 중간 부분에서의 클라이맥스. 밀물과 썰물의 리듬에 정확히 맞추어진 단락들. 그리고 움직임들 간의 '스윙' 프레이징.

2.5 총체적 관련구도

: 주제에 관한 전체적으로 대칭적 구조의 진술, 그 사이에 삽입된 팽창과 수축. 정적인 패턴에서 이동 패턴으로 그 다음 크레센도로 옮아가는 패턴. 구조의 반복, 후반부에 이르러서는 역순으로 이루어진다.

이런 형태 식별 과정을 염두에 두고 춤을 보면 무심코 볼 때보다 훨씬 많은 정보들이 들어온다. 물론 이 이후에 이 기본적인 정보들을 바탕으로 해석을 하는 과정이 남아 있지만, 형식을 이루는 구성 요소 파악이 전제되지 않으면 충분한 해석이 이루어지지 않는다. 예를 들어, 우리는 서양 클래식 음악이나 록 음악을 직관적이고 즉물적으로 받아들인다. 그렇게 들어도 좋다 나쁘다 정도의 감상은 할 수 있고, 어떤 느낌이나 심상이 떠오른다. 베토벤 교향곡 5번을 들으며 거친 운명을 마주하는 인간의 심정이 느껴진다거나, 메탈리카의 'Fight Fire With Fire'를 들으며 폭발할 듯한 분노가 느껴진다고 말할 수 있다. 하지만 음악 구성 요소들을 뜯어보면서, 악기들의 연주 기법이 어떠하다든지, 반복되거나 변주되는 구절을 어디이며, 강조되는 부분, 클라이맥스는 어디인지, 빠른지 느린지, 강약은 어떠한지, 연주자나 지휘자에 따라 연주가 어떻게 달라지는지 세심하게 구분하다 보면 감상과 해석에까지 이르게 된다. 어떤 예술이든 작품 구성 요소와 형태를 이해하려는 노력에서 애호가가 태어난다. 마찬가지로 무용 수업에서 다루는 '무용분석법'이나 '무용비평론'은 춤 구성 요소와 형태를 읽어 나가는 작업이다. 이런 수업들에서 구성 요소와 형식을 파악하고 말로 옮겨보는 훈련을 거듭하며 춤을 연구하고 비평할 수 있는 기본 토대를 다질 수 있다. 순식간에 지나가는 동작들을 기억해서 말로 표현한다는 게 쉬운 일은 아니지만 춤 동작과 무대 위 춤 이외의 요소들을 묘사하고 흐름을 서술하는 연습을 여러 번 반복하다 보면 춤에서 읽어내야 할 항목들이 어느덧 체화되고, 어떤 춤을 보더라도 전체와 부분을 함께 볼 수 있는 안목이 길러진다. '멋지다', '재미있다', '아름답다'와 같은 단순한 인상을 넘어 깊이 있는 감상이 가능해진다.

앞서 다룬 구성 요소와 형태를 근거로 작품을 해석하는 과정이 이어진다. 해석 과정은 크게 두 가지 개념으로 나뉜다. 첫째, 해석이 이루어지는 개념들로서, 사회 문화적 배경, 맥락, 장르와 스타일, 주제 등이다. 둘째, 특정 춤 해석과 관련된 개념들로, 특성, 미학적 특질, 의미와 의의 등이다. 춤의 내재적 특징과 의미, 그리고 외재적 맥락을 동시에 파악해 보는 단계이다.

◈ 예시: '물의 연구' 해석

3.13 장르

: 초기 현대 무용, 미국에서 만들어졌지만 마리 뷔그만의 영향을 받아 유럽 스타일에 가깝다.

3.131 스타일

: 음악 없이 비운율적 방식으로 무용수들을 이용하여 공연했던 최초의 현대 무용들 중 하나로, 중력의 끌어당김, 되튀기, 낙하, 회복의 원리, 표현의 비문자적 성질 등에서 험프리의 개성이 드러난다.

3.14 주제

: 파도, 바다와 물의 이미지는 문자적인 제시에 의해서가 아니라 움직임을 물의 에너지와 공간적 형태에 일치하게 하는 방식을 통해 처리된다. 추상의 방식이다.

3.22 특질들

: 반복되는 패턴 안에서 밀려오고 밀려가며, 부딪힌다. 높이 솟아올랐다가 가벼운 폭포로 잦아들고, 작은 파도로 부서져 점차 잔잔해지며, 해안가에 찰싹거리며 몰려들어 선회하며 부드럽게 일렁인다. 공간적 강조로부터 일어났다가 다시 수직적으로 떨

어지는 정지와 이동.

3.23 예술적 진술/의미

: 물에 내재하는 자연스런 힘을 연기한다. 물의 시적 이미지.

해석 과정은 완성된 작품을 감상하는 관객뿐 아니라 작품을 만드는 안무가, 연희자 모두에게 필요하다. 공연을 올리는 사람이 작품 내용을 타당하고 풍부하게 해석하고 있어야 관객의 해석 가능성이 넓어진다. 가령, 어느 전통춤꾼이 미소를 지으며 교태 어린 몸짓으로 이매방류 살풀이춤을 추었다고 하자. 살풀이춤이란 삶이 고통임을 알지만 그것마저 받아들인다는 의미(니체의 '아모르 파티'가 연상된다)를 담은 추상적인 춤이다. 쌩긋쌩긋 웃으면서 춘다는 것은 이 춤을 완전히 잘못 해석하고 있다는 뜻이다. 연희자뿐 아니라 안무가도 해석이 잘 이루어지지 않으면 자신이 표현하고 싶은 주제를 작품에 명확히 담을 수 없다. 그렇게 되면 무슨 이야기를 하고 싶은지 도무지 알 수 없는, 앞서 말한 부정적인 의미에서의 '난해함'만 관객에게 던져주고 만다.

해석 이후에는 평가가 이어진다. 어떤 춤의 주목할 만한 가치나 우수성을 평가한다. 사회문화적 배경, 장르와 스타일을 통해 드러나는 춤의 의도, 그 춤만의 특수성, 안무와 연기, 관객에게 주는 경험 등 춤의 다양한 가치들이 유효하고 적절한지를 판단하는 과정이다. 해석과 평가는 보는 사람에 따라 주관적이지만 객관적 개념과 근거를 통해 설명될 수 있어야 한다.

◈ 예시: '물의 연구' 평가

4.1 가치

: 전체성과 복잡성이 드러나도록 형식을 기하학적으로 조직했다. 그 진가에 대한 평가를 내리기에는 아직 시간이 더 필요하며, 험프리의 레퍼토리 안에 계속 남아 있으면서 험프리 사후에도 여러 번 재연된 작품이다.

4.2 안무와 연기

: 1928년 이래 오랫동안 "안무 예술에 있어서 하나의 걸작"(시겔, 1979, p.27)이라는 평과 같은 비평적 찬사를 받고 있다. 미묘하고 복잡한 문제에 대한 탁월하면서도 아름답고 조직적인 작업, "경쾌함과 장엄함으로 가득 찬 유려한 움직임으로 표현된 걸작"(킹, 1978, p.21). 연기 스타일은 독특한 험프리식 스타일을 산출하기 위해 무게감을 주는 것과 호흡의 흡입과 함께 되튀는 것을 요구한다. 움직임들은 보통 잘 숙련되지만 몇몇 연기들은 바로 그 해석적인 요구들에 있어서 독특한 스타일을 실현하는 데 실패하고 있다.

여기까지의 과정은 이처럼 모두 항목별로 서술할 수 있고, 이를 바탕으로 감상, 비평, 연구를 할 수 있다. 이 과정이 익숙해지는 데는 많은 연습이 필요해서, 굳이 이런 집중력을 발휘해서 춤을 봐야 하는가 의문이 들 수도 있다. 어차피 추상적인 예술 언어라 어렵고 불명확하기 마련인데, 자기가 느끼는 대로 감상하면 그만 아니냐고 생각할 수도 있다. 물론 감상에 정답은 없다. 보고 싶은 대로 보는 것도 방법이다. 그러나 춤을 감상하고 판단하는 근거는 결국 움직임이므로 공중에 흩어지는 찰나의 움직임들을 붙잡아 체에 걸러 내고 말로 표현하는 과정도 중요하다. 심미안이란 단순히 춤을 많이 보거나 많이 춘다고 해서 생겨나는 것이 아니다. 관찰하고 생각하는 데서 길러진다.

분석 과정은 춤 감상의 보편적인 도구로 볼 수 있다. 그러나 이 역시 춤 언어에 어느 정도는 익숙해야 쓸 수 있는 도구다. 춤을 한 번도 춰 본 적이 없다면 춤을 부분별로 떼어서 보는 것부터가 힘들다. 그럴 때는 세세하게 다 보지는 못하더라도 어디를 어떻게 보면 될지 단서를 찾아가야 한다. 단서는 춤이 진행되는 방식이다. 특히 추상적이고 형식이 다채로운 현대 무용은 진행 방식을 파악하고 보는 것이 감상에 도움이 된다.

춤의 방식은 크게 형식과 표현 중심으로 나누어 볼 수 있다. 구조가 만들어 내는 형식미는 추상적으로 느껴지며, 감정과 생각이 드러나는 표현성은 그보다 구체적으로 느껴지는 방식이다. 형식 중심의 작품은 무용수의 개별성을 드러내기보다는 움직임 자체와 구성에 더 초점을 둔다. 그래서 무용수의 몸이 중립적, 중성적으로 보이는 경우가 많다. 반면 표현 중심의 작품은 무용수 개인의 표현력과 인격이 드러나는 몇몇 인상적인 장면들을 중심으로 이해된다. 공연 도입부 5분 정도만 봐도 표현과 형식 양상이 드러나므로 어떻게 작품을 따라가면 될지 가늠이 된다. 이 두 가지가 확연히 구별되는 작품도 있지만, 하나의 작품 안에 이것들이 섞여 있는 경우도 있다. 많은 경우 두 가지 측면이 혼합되어 있는 듯하다. 형식미도 있고 표현성도 있는 것이 전달력 면에서는 유리하기 때문이다. 하지만 어디에 더 방점을 둔 작품인지는 분명 파악이 된다.

안무가들이 안무를 짤 때 항상 이 부분을 가장 먼저 생각하기에 공연을 감상할 때에도 형식성, 표현성을 파악하고 거기에 맞춰 작품을 읽어 나가야 한다. 형식을 강조하는 추상미를 포착할 것인가, 강렬한 표현성에서 나타나는 심리적 요소들을 읽어낼 것인가? 그 갈래에 따라 안무가가 어떤 계획을 가지고 작품을 구성했을지 상상해 보면 공감하고 감동하는 장면도 있고 아쉬운 장면도 있을 것이다. 도무지 무엇을 보여주는 것인지 알 수 없는 작품일 때는 심각하게 생각할 것 없이 안무가의 의도가 계획대로 드러나지 않았다고 결론을 내리는 수밖에 없다. 그러나 보통 안무가들은 항상 춤을 만들고 공연하고 평가받는 사람이기 때문에 예상 가능한 여러 해석들을 이미 파악하고 있고, 따라서 해석이 불가능한 작품을 만드는 경우는 거의 없다. 아무도 이해하지 못하는 작품을 만들었다면 실패작으로 보아야 한다. 간혹 후대에야 인정받을 전위적 작품일 수도 있겠다. 그렇더라도 춤 감상에 반 쯤 발을 디딘 이상 이해 못할 작품은 없다고 생각하는 게 좋다. 나머지 반은 작품을 보면서 차차 찾아갈 요소들이다.

형식

형식적인 면에 중점을 두는 작품을 접했을 때 이해 불능 상태에 빠지지 않으려면 일단 무대 위 움직임들이 무언가를 구체적으로 표현하고 있다고 여겨서는 안 된다. 이때 움직임은 일상에서 살아가기 위한 몸 테크닉(걷기, 뛰기, 숨쉬기, 일하는 데 필요한 움직임)이나 비언어적 커뮤니케이션을 할 때의 움직임과는 다르며, 연극처럼 상황을 보여주는 서술적 움직임도 아니다. 오히려 춤만이 할 수 있는 이야기, 말로는 번역될 수 없는 이야기를 추상적으로 보여주고 있다고 생각해야 한다. 심지어 일상 움직임을 동작화한 형식주의적 무용 작품이라 해도 그 움직임은 일상의 한 단면을 보여주는 게 아니라 일상성을 구조화한 것이다. 형식이 강조되는 춤 작품은 추상 표현주의 회화처럼 움직임 자체의 미학을 드러낸다. 연극이나 마임의 요소가 많은 춤이 소설에 가깝다고 한다면, 형식을 강조하는 춤은 몸으로 쓰는 시라 할 수 있다. 아예 음악 같은 추상 언어를 떠올려 봐도 좋겠다. 음악은 시간 흐름 안에서 소리들이 구조화된 것이지 음들 각각이 어떤 의미를 가지거나 무엇을 표현하는 것이 아니다. 형식적인 면에 치중한 춤 작품도 마찬가지다. 무대라는 공간에서 시간의 흐름을 타고 몸 움직임들이 구조화된 것이지 동작 하나하나가 어떤 의미를 가지고 있지 않다. 가령 클래식 발레 작품에 자주 등장하는 바트망battement(다리를 높게 차올리는 동작)이라든가, 그랑제테 같은 동작 자체에는 어떤 의미도 없다. 이런 개별 동작들이 흐름을 타고 쌓여 나가 어떤 효과, 심상을 만들어 내는 것이다.

형식적인 면에 중점을 둔다는 것은 춤의 구성 요소들을 내적 원리에 맞춰 배치하는 것에 강조점을 둔다는 말이다. 형식미가 강조되는 방식으로 진행되는 춤은 구성 요소들의 형식적 관계에 치중한다. 움직임의 주요 특질, 움직임들이 쌓여 단락을 이룬 동작구, 동작구들의 연결 방식, 주제부 반복, 변주, 축약, 작품 전체 구조, 군무 대형, 무용수 인원에 따라 달라지는 효과, 시각적 요소와 움직임 요소의 관계, 청각적 요소와 움직임 요소의 관계 등이 강조된다. 여기에서는 형식 구성의 통일감과 조화, 개성이 중요하다. 이런 방식의 작품들은 움직임 구성 자체에서 재미를 느끼게 되기 때문에 그 외 요소들은 좀 덜 중요해진다. 춤 내재적 논리가 중요하지 외재적 맥락은 부차적인 것이 된다. 형식미만 강조된 춤은 유미주의적으로 즐기게 되는 측면도 있어 작품의 주제마저도 덜 중요하게 느껴지기도 하고, 어떤 제목을 붙여도 상관없을 것 같은 작품으로 느껴지기도 한다. 하지만 형식만으로는 감탄을 자아낼 수는 있어도 감동을 주기가 어렵다. 적어도 어떤 정서는 전달되어야 감동도 따라갈 수 있다.

무용사에서 현대 형식주의의 대표 작품으로 자주 거론되는 것은 발레 안무가 조지 발란신George Balanchine의 신고전주의 발레 작품들이다. 발란신은 뉴욕시티발레단에서 안무가로 재직하는 동안 수많은 작품들을 만들었는데 가장 큰 특징은 클래식 발레의 이야기 구조를 빼고 오로지 움직임의 형식적 구조를 통해 동작의 배열을 보여주는 신고전주의 발레를 선보인 점이다. 여러 대표작들 중 〈아곤Agon〉, 〈세레나데Serenade〉, 〈네 가지 기질The Four Temperaments〉 같은 작품들이 특히 그 특징들을 잘 보여주는데, 1인무에서의 동작 구성, 그리고 2인무, 3인무, 더 많은 인원이 나오는 군무들에서 대열과 배치가 다양하게 나타나며, 장면마다 어떤 정서들은 드러나지만 무용수의 배역이 정해져 있기보다는 그 정서를 전달하는 매개체로서 몸으로 움직인다. 이야기가 없는 순수한 춤 동작이 계속 이어지는 이런 작품들에서 사람들은 컴퓨터의 정확하고 규칙적인 운영 시스템을 떠올리기도 하고, 현대 복잡한 도시 생활을 보여주는 것이 아닌가 생각하기도 한다. 2인무, 3인무, 혹은 그 이상의 인원이 등장하는 군무에서 어떤 다양한 방식의 파트너링과 배치가 가능한지를

발란신의 〈아곤〉

다채롭게 보여주기 때문에 클래식 발레에서의 파트너링과 다른 새로운 장면이 많이 등장한다. 무용학자 샐리 베인즈는 저서 『춤추는 여성Dancing Women:Female bodies on stage』에서 〈아곤〉의 장면들 속 젠더 이미지가 어떻게 전복되고 있는지를 분석하면서, 전통적인 결혼 연애 각본을 넘어선 새로운 파트너 관계를 암시하고 있다고 지적했다. 동작 역시 발레뿐 아니라 재즈 댄스의 동작과 리듬감을 적극 수용했다. 〈네 가지 기질〉은 우울, 다혈질, 무기력, 분노라는 인간의 네 가지 기질을 보여주는 작품으로 누가 보아도 쉽게 그 기질들의 차이를 느낄 수 있다. 하지만 〈보석〉이라는 작품의 경우 장면 제목부터 아예 에메랄드, 루비, 다이아몬드, 하는 식으로 나뉘어 있다. 에메랄드는 프랑스 낭만주의, 루비는 미국의 재즈, 다이아몬드는 러시아 제국 발레 분위기로 장면을 구성하고 있는데, 이런 배경 지식이 없다면 그저 각 보석이 주는 느낌을 표현한 것이 아닐까 짐작하는 정도다. 관객 입장에서는 심오하게만 보이고, 난해함을 걷어내고 단순하게 보자니 고작 보석을 발레로 만들었나 싶어 유치하게 느껴지기도 한다. 그럼에도 불구하고 거장의 작품으로 지금까지 사랑받고 있는 이유는 간단하다. 구성이 탄탄하기 때문이다. 동작구들의 배열과 변주, 동작의 매끄러운 연결, 흥미롭고 독창적인 동작. 춤을 보고 있는 것만으로 재미가 있다.

조화와 통일감이 느껴지는 형식미는 수학적이고 논리적인 계획으로 구성된다. 안무를 할 때에도 음악 시간에 배운 '캐논 형식'이라던가 '론도 형식', 'ABA 형식' 같은 다양한 형식을 사용한다. 'ABCDEF'처럼 나열할 수도 있고, 'AAAAB'처럼 동일 이미지를 중첩시키다가 새로운 단락으로 넘어갈 수도 있다. 안무 목표에 따라 형식과 구조는 얼마든지 다르게 창조될 수 있다. 동작을 만들고 이어 붙여서 동작구를 만든 다음, 이것을 변형, 반복하거나, 새로운 동작구를 붙여 대조나 강조의 효과를 만들어 내기도 하고, 이보다 더 큰 덩어리로 단락을 나누어 배치할 수도 있다. 단일 동작에서 동작구, 동작구에서 동작절로 사고 규모가 나아간다. 이런 과정을 거치지 않고 생각나는 대로, 느낌 가는 대로 동작을 이어 작품을 완성하는 경우가 있기는 하다. 하지만 구조화에 익숙해져야 오랜 기간 안무를 지속할 수 있다. 대학 무용과의 안무 수업도 주로 형식을 숙달하고 새로운 형식을 만들어 내는 훈련으로 이루어진다.

그중 가장 안정적인 방식은 음악 구조와 안무 구조를 일치시키는 것이다. 이럴 경우 형식과 내용이 음악과 춤 양쪽에서 잘 맞아떨어지므로 보기에 더 조화롭다. 발란신과 작곡가 스트라빈스키가 함께 만든 작품은 안무와 작곡이 동시에 이루어졌기 때문에 춤은 음악을, 음악은 춤을 더 잘 드러내 주고 형식적으로 탄탄하다. 〈아곤〉이라는 작품에서 개별 무용수들이 악기 소리 하나씩을 맡아서 춤을 추며 멜로디와 리듬을 몸으로 표현한다. 악기들이 합주를 하듯 무용수들이 무리를 이루기도 한다. 음악과 춤이 어색하거나 튀는 부분 없이 통일감 있고 깊이 있다. 이 작품처럼 음악을 몸으로 옮겨 오는, 혹은 대응시키는 안무 방식은 토대가 안정되어 있기에 실패 가능성이 낮다.

일반인들에게 가장 친숙한 작품으로는 모리스 베자르Maurice Bejart의 〈볼레로〉가 있다. '볼레로'는 라벨이 1928년 작곡한 곡으로, 베자르의 안무와 함께 만들어진 것은 아니지만, 음악과 춤이 너무나 잘 어우러져 마치 두 작가가 협업한 것처럼 느껴진다. 베자르는 이 곡을 섬세하게 분석하여 음악 형식에 안무를 대입했다. 음악은 두 개의 주제부와 하나의 리듬이 계속 반복되며, 악기 소리가 하나씩 더해져 점진적으로 풍성해지고, 종국에는 그 모든 소리가 폭발하며 끝난다. 안무도 처음에는 1인무로 시작하여 악기들이 더해질 때마다 군무진이 늘어난다. 주제부가 반복될수록 동작의 범위가 커지고, 주제부가 바뀔 때에는 동작 주제부도 다른 성질로 바뀐다. 모든 악기들이 총동원되는 후반부에는 군무팀들과 솔로가 모두 자신들의 주제 동작들을 열정적으로 보여준다. 시작부터 마지막까지 이어지는 솔로춤의 구성을 자세히 보면, 볼레로 리듬 부분을 표현하는 플리에plié 동작 시퀀스가 있고, 멜로디 부분을 표현하는 동작 시퀀스가 있다. 솔로춤이 멜로디 부분을 몸으로 표현하고 있을 때 군무진은 리듬 부분을 표현하면서 전체 음악 구성을 느끼게 해준다. 베자르의 〈볼레로〉는 1961년 초연된 이래 지금껏 계속 공연되고 있다. 이 작품이 성공한 이후 전 세계 유명 안무가들이 자신만의 '볼레로'를 창작해 왔고, 한국 안무가들의 작품도 많다. 하지만 이 음악이 가진 단단한 형식적 토대를 제대로 분석하고 움직임으로 형상화한 작품은 많지 않다. 그만큼 베자르의 〈볼레로〉가 구축한 완벽하게 아름다운 세계, 그 아성에 도전하기 어렵다. 생의 에너지를 이처럼 매혹적이고 역동적으로 그려낸 춤이 또 있을까 싶다.

형식미를 위해 음악 구조에 안무 구조를 대입하는 식의 안무를 주로 사용하는 안무가로는 네덜란드 댄스 시어터가 배출한 세계적인 안무가 지리 킬리안Jiri Kylian과 나초 두아토Nacho Duato가 대표적이다. 이들이 서양 클래식 음악에 접목한 안무들 중에는 특히 빼어난 작품들이 많다. 클래식 음악을 사용하지만 동작과 전체적인 구성은 매우 다채로우며, 때때로 구체적인 상황을 표현하는 장면들도 등장해 재미를 더한다. 지리 킬리안의 〈작은 죽음Petite Mort〉은 모차르트의 음악을, 나초 두아토의 〈멀티플리서티Multiplicity〉는 바흐의 음악을 춤으로 해석한 작품이다. 장면별 주제들은 있지만 구체적인 이야기를 보여주지는 않는다. 하지만 처음 춤을 접하는 사람이라도 보는 순간 매혹될 만큼 음악의 감동을 춤이 잘 전달하고 있다.

요즘 안무가들의 작품에는 음악 감독이 작곡한 음악이 주로 쓰인다. 컴퓨터 가상 악기로 만든 음악이 많고, 구체적인 멜로디나 리듬이 없는 앰비언트 뮤직Ambient music처럼 분위기를 만들어주는 음향으로만 구성되는 경우도 있다. 이런 음악으로도 형식미를 드러내는 안무를 할 수는 있지만, 클래식 음악의 익숙하고도 탄탄한 구조가 지지해 줄 때와는 다른 느낌일 수밖에 없다. 그렇다면 당연히 클래식 음악을 사용하는 안무가가 많을 것 같지만 실제는 그렇지 않다. 그 음악들을 충분히 해석할 만한 음악성을 갖추기 어렵기 때문이다. 한국 전통 음악도 마찬가지다. 전통 음악을 사용한 현대 무용 작품이 드문 이유는 그 음악을 이해하고 분석하기까지 또 지난한 과정이 놓여 있기 때문이다. 전통 음악 안에도 다양한 장르가 존재하기에 국악 교육을 제대로 받지 않고서는 각각의 구조를 파악하기가 어렵다. 게다가 음악과 춤이 통합적으로 교육되었던 옛날과는 달리 점점 무용 교육이 동작을 숙련하는 데에만 치중하다 보니 음악성을 기르기가 힘들어진다.

무엇을 표현하고자 하는지 정확히 판단이 서지 않은 채로 음악 구조만 춤으로 충실히 반영한 작품들에 대해서는 많은 비판이 가해진다. 안무가의 철학을 춤으로 드러내는 것이 아니라 음악을 시각화한 것에 불과하다는 비판이다. 이것은 춤의 자율성 문제로 이어진다. 춤은 항상 음악에 기댈 수밖에 없는 것인가, 춤 자체로 온전히 예술 작품이 될 수 없는 것인가? 그래서 작품에서 음악을 부분적으로 빼 버리거나, 아예 음악을 사용하지 않는 안무가도 더러 있다. 하지만 무음 부분이 길수록 오히려 관객들은 춤에 대한 집중력이 떨어지기도 한다. 음악을 배제하는 춤의 자율성보다는 음악에 종속되지 않으면서 음악을 적절하게 사용할 줄 아는 작품을 만드는 게 중요하지 않을까 싶다.

표현

표현이 중심이 되는 작품은 어떤 상황, 감정 상태를 표현하는 것인지 춤꾼의 몸짓에서 구체성을 읽어 나가야 한다. 연극적 행위처럼 분명히 읽힐 때도 있지만, 추상화된 행위라 상징이나 은유로 읽힐 수도 있다. 그런 때에도 움직임에는 어떤 의도와 의미가 있음을 이해하고 봐야 한다. 특히 춤꾼의 개성, 작품 속 역할의 심리 상태, 주제를 드러내려는 장면에서 나타나는 몸짓을 눈여겨보아야 한다.

춤과 표현성이 긴밀히 만난 것은 무용사에서 '표현주의'라는 말이 등장한 20세기 초 독일 표현주의 무용Ausdrucktanz에서였다. 그 이전까지 서양에서 극장춤이란 대부분 발레였기에, 표현이 춤의 핵심이 되는 사조는 현대 무용이 등장한 시기에 맞물릴 수밖에 없다. 발레는 정해진 상하체 동작들이 몸 방향과 박자에 따라 조합된 것에 가깝기에 춤꾼 자신의 감정을 강렬하게 표현하는 움직임과는 거리가 멀었다. 기하학적이고 인위적인 동작들로 체계화되어 있는 클래식 발레에서는 춤 자체가 감정을 표현한다기보다 중간 중간 등장하는 마임이 오히려 등장인물의 행위와 감정을 드러내는 부분이었다. 반복되는 이야기지만, 아라베스크는 그냥 아라베스크다. 아라베스크 자체가 슬프거나 기쁜 것은 아니다. 테크닉은 표현이 아니다. 발레처럼 정해진 기교를 보여주거나, 마임처럼 설명조로 행동을 묘사하는 것이 아닌, 인간의 생각과 감정을 드러내는 추상적인 움직임 언어가 춤이라는 새로운 시각은 현대에 와서야 생겨난 개념이다. 이사도라 던컨 돌풍이 이 개념을 광범위하게 퍼트리고 마침내 표현주의에까지 이르게 된다. 이 사조의 중심인물은 독일 무용가 마리 뷔그만Mary Wigman이다.

뷔그만의 1914년 작 〈마녀의 춤Hezentanz〉은 표현주의 무용의 대표적인 작품이다. 이 춤은 웅크려 앉은 자세로 진행된다. 얼굴에는 기괴한 가면을 쓰고, 시끄럽게 울려대는 징 소리에 맞춰 발을 구르고 팔을 신경질적으로 폈다 접었다 하면서 마녀 이미지를 만들어 낸다. 아름다운 동작이나 발레 기교 없이 그저 앉아서 쿵쾅거리다 끝나는 이 춤이 당시 사회에 얼마나 충격적이거나 혹은 신선하게 느껴졌을까? 당시 발레 음악은 대부분 관현악곡이었는데, 이 춤은 타악기 소리가 움직임의 리듬을 보충해 주는 선에서 매우 간략한 음향만 사용한다.

발레가 주도하던 춤의 세계가 이 작품 이후부터 새롭게 구상되기 시작한다. 기괴하고, 분노에 차 있고, 추하고, 무시무시한 이미지를 위해 움직임, 가면, 의상, 음악이 협력한다. 그러한 정서를 집중적으로 표현하기 위해 의도적으로 테크닉을 배제하고

마리 뷔그만의 〈마녀의 춤〉

강렬한 두드림과 각진 동작들을 배치했다. 움직임은 오직 정서와 감정을 표현하기 위해서만 만들어지고 구성된다. 장식적이고 기교적인 요소들은 모두 빼버렸다. 감정 표현과 관계없이 춤 내재적으로 존재하는 형식적 요소들 역시 덜 중요하다. 춤꾼의 감정을 관객에게 잘 전달하는 게 중요하다. 이를 위해 과장과 왜곡을 포함하는 강렬한 동작 표현, 특정 동작의 반복을 통한 이미지 축적, 클래식 발레의 형식적 구조와는 다른 자연적, 비대칭적 구도들이 많이 등장하게 된다. 아름답고 조화로운 발레 작품에서는 잘 드러나지 않았던 슬픔, 분노, 추함, 늙어감, 공포, 불안, 기괴함 같은 정서가 전면에 드러난다. 무대 위에서 이유 없이 예쁘게 보일 필요가 없어졌다.

감정의 흐름을 전달하기 위한 동작 구성, 어두운 감수성의 전면적 등장, 음악 형식을 따라가지 않는 안무 구조, 춤꾼 자신의 삶에서 느낀 것들을 움직임으로 보여주겠다는 생각. 이런 면모들이 표현주의 무용 시대를 이끌었다. 현대 무용이 등장한 20세기 초반 유럽과 미국에서 이런 기류가 공유되고 있었지만, 독일 표현주의 무용은 '춤으로 나를 표현하겠다'는 생각을 더 끝까지 밀어붙였다. 몸으로 표현한다는 사실이 중요하기에 형식은 크게 고려되지 않았다. 발레에서는 볼 수 없었던 격렬한 감정 표현, 심각하고 어두운 감수성은 왕과 귀족, 부르주아를 위해 스펙터클과 우아한 기교를 보여주던 시대에 마침표를 찍었다. 내가 하고 싶은 말을 내 몸짓으로 표현한다, 고통도 피해가지 않는다.

이런 점이 춤에서 현대성으로 이해되고 있었다.

표현주의 무용은 우리 근대 무용사와도 간접적으로 연관이 있다. 1920년대 중후반 등장한 최승희, 조택원 같은 춤꾼들이 일본 현대 무용가 이시이 바쿠에게서 현대 무용을 배워 왔다. 이시이 바쿠는 발레 교육을 받고 무용가로 활동하다 삼십 대 중반 4년간 유럽에서 유학을 하며 표현주의 무용을 접했다. 표현주의에 크게 감화 받은 바쿠는 일본으로 돌아와 표현주의 작품 세계를 펼쳐나갔다. 제자 최승희와 조택원은 스승의 작품에 참여하며 자신들의 춤 스타일에 점차 이 사조를 반영해 감정 표현에 방점을 두고 작품 활동을 시작한다. 하지만 우리나라에는 그때까지 서양식 극장춤 기반이 없었다. 이런 한계에서 서양식 극장춤과 표현주의 무용을 동시에 시도하며 착안하게 된 게 민족성(나의 정체성, 고유의 몸짓을 보여주기 위해 필요한), 한국 전통의 몸짓이었다. 이로써 서양식 극장춤 테크닉에 전통적 몸짓이 혼합된 신무용이 탄생하게 된다. 일제식민지 시기 엘리트 교육을 받은 춤꾼들이 많지 않았기 때문에 이들의 영향력은 대단했다. 게다가 최승희는 아시아를 대표하는 스타 춤꾼이었으니 그녀의 몸짓 하나하나가 세련된 현대성의 실현이었다. 그러나 드물게 남아 있는 최승희와 조택원의 짧은 춤 영상들을 보면, 초기 작품들의 경우 탄탄한 구성보다는 춤꾼 개인의 매력과 표현주의적 몸짓에 치중되어 있다. 그들이 형식적인 완성도와 개성적인 작품 세계를 성취한 것은 꽤 이후의 일로 보인다. 그러나 그들을 선망했을 그 시대 춤꾼들은 이런 초기 신무용 작품 경향에 영향을 받았다. 그러다 보니 우리나라에는 한동안, 그리고 꽤 오랫동안, 감정을 따라 동작이 논리 없이 진행되는 형태의 신무용이 많았다. 명료한 자기 어법이나 근대적인 움직임 메소드의 개발이 부진하고, 낭만적, 인상주의적, 유미적, 목가적 분위기의 단편적 작품 세계에 한정된 것은 신무용의 한계로 지적되기도 한다.* 내 몸짓, 내 몸짓의 근원이 되는 고유의 춤, 감정 표현, 현대성이라는 것, 서양식 극장에 맞는 외향적인 움직임, 이 모든 것이 뒤섞여 있다. 때로는 무엇을 표현하는지 추는 사람도 보는 사람도 알 수 없는 작품들이 양산되고, 때로는 고유 춤들마저 오리엔탈리즘 시선으로 재창조되는 등, 갖가지 시행착오와 뒤죽박죽된 상태가 신무용이라는 장르와 함께 상당 기간 지속되었다. 식민지, 전쟁, 그리고 근대화에 이르기까지 갖은 고난이 이어지면서, 춤을 추는 사람들도 적었고, 다른 나라 사람들은 무슨 춤을 추나 볼 기회도 적었고, 비판을 받기에도 관객이 한정되어 있었으니, 현대성의 맹아 형태인 신무용이 오래 득세할 수 있었던 것도 당연했다.

무용계가 지금보다 좁고 춤을 읽어낼 만한 관객층도 엷었던 90년대까지만 해도 아무 구상이나 계획 없이 동작을 막 이어 붙

* 『우리무용 100년』, 54~104p.

인 다음 춤을 추는 동안 웃었다 찡그렸다 하는 표정으로 감정을 표현하는 작품들이 더러 있었다. 시대를 막론하고 별다른 고민 없이 작품을 무대에 올리는 부류는 항상 있기 마련이다. 표현적인 요소에 집중된 작품은 쉽게 만들어지지 않는다. 관객을 의도된 감정과 감각들 속에 공명하게 만들기 위해서는 치밀한 계산이 필요하다. 작품 의미나 특정 동작을 하는 이유들을 명확히 설명하지 못하면서 마음 가는 대로 동작을 이어 붙였을 뿐인데도 간혹 훌륭한 작품이 있긴 하다. 일부러 계획을 세워서 작품을 구성하지 않아도 이미 많은 명작들을 배우고 공연하는 동안 적절하고 조화로운 안무 구조들이 체화, 내면화된 무용가들이 내재적으로 작동하는 논리로 춤을 만든 경우가 그렇다. 독일 표현주의 무용이 큰 반향을 일으켰던 것도 설득력 있는 안무 구조가 전제되어 있었기 때문이다. 발레 형식이나 음악 형식을 대입한 안무 형식, 형식미를 강조하는 형식을 취하지 않았을 뿐, 거기에는 표현을 극대화해 줄 형식이 분명 존재하고 있었다.

독일의 표현주의 무용은 나치 정권에서 열린 베를린 올림픽 개막 공연에서 대규모 집단 무용으로 선보여졌지만, 결국에는 나치의 억압으로 뿔뿔이 흩어지고 말았다. 다른 나라로 망명하여 활동을 지속한 몇몇 표현주의 무용가들이 있었지만, 대략 이 즈음에 독일 표현주의 무용은 막을 내리고 있었다. 테크닉과 안무법이 체계적으로 남아 있지 않았던 탓에 지속되기 어려운 측면이 있었다.

독일과 함께 2차 대전 추축국이었던 일본에서는 전후 이런 표현적 경향이 새로운 방향으로 전개되었다. 원자폭탄 투하로 패망한 뒤, 급격한 산업화와 전통의 파괴를 겪으며 전쟁의 혼돈과 공포를 드러내고자 하는 문화적 욕망이 일었고, 인간 삶이 무엇인가 회의하고 고민하는 예술 흐름이 생겨났다. 부토 댄스 Butoh舞踏도 그 속에서 탄생했다.

1959년 히지카타 타츠미와 오노 가즈오가 창시한 이 장르는, 흔히 얼굴과 전신에 흰 회칠을 하고 기괴한 몸짓과 표정을 보여주는 일본 아방가르드 무용으로 알려져 있다. 그러한 외양은 개별적 인간의 모습을 지우고 다른 존재가 되기 위한 장치이다. 춤꾼은 동물, 식물, 심지어 먼지나 연기와 같은, 일상적이지 않은 낯선 존재가 될 수 있다. 또한 하얗게 칠한 얼굴은 표정을 더 진하게 드러내고, 거의 벗은 상태의 흰 몸은 근육의 결을 더 생생하게 보여준다. 부토 춤은 개인 혹은 집단적 기억을 다룬다. 죽음, 섹스 같은 금기 주제들이 자주 등장하고, 어둡고 매혹적인 이미지를 갖기도 한다. 부조리하고 고통스럽고 극단적인 상황들을 보여주다가도, 때로는 장난기 어린 놀이 모습도 보여준다. 극도로 느리고 통제된 움직임, 눈알을 치켜뜨고 얼굴을 찌그러뜨리는 등의 기괴한 표정, 안으로 굽은 다리와 발, 태아와 같은 자세 혹은 움직이는 시체 같은 모습, 강렬한 표현성이 두드러진다. 이런 그로테스크한 이미지는 서양 극장춤이 지향해 온 완벽한 조화나 아름다움에 반한다. 처음 부토를 보면 무섭다, 기괴하다, 이상하다, 도대체 왜 저렇게 움직이는 것인지 이해할 수 없다는 느낌을 갖는다. 부토 춤꾼들은 대개 이해하지 말고 그냥 느끼고 받아들이라고 말한다. 이것은 표현성 강한 작품을 볼 때 대체로 적용되는 이야기이다. 강렬한 표현들 속에 그저 함께 몸을 맡기고 느껴보는 것이 가장 보편적이고 적절한 감상법이다.

부토 안무가의 수만큼 다양한 부토 스타일이 존재한다고 말할 정도로, 부토는 전체를 포괄하는 테크닉이나 형식은 없는 진행형 장르이자, 경향이다. 외양조차도 꼭 정해진 것이 아니어서, 흰 칠을 하지 않고 일상적인 모습으로 무대에 등장하기도 한다. 표현적인 면에 집중되어 있는 춤이다보니 작품마다 다 다른 개성적인 몸짓들을 보여준다. 움직이지 않는 것마저도 움직임으로 간주된다. 주제도 훨씬 폭넓어졌고 독무뿐 아니라 군무 형식을 추구하는 부토 무용단들도 있다. 그러니까 어쩌면 부토는 몸짓을 통해 순수한 존재에 다가가려는 정신적 경향이라고 할 수 있겠다. 실제로 부토 작품들을 보면 너무나 느리게 흘러가는 시간 속에서 한시도 근육의 긴장을 늦추지 않고 순간에 집중한다. 인간이 아닌 다른 존재가 되어 움직이는 것, 사지를 다 다르게 움직이는 것, 하체를 무겁게 눌러서 사용하는 것, 이런 움직임을 지속하기 위해서는 당연히 특별한 신체 훈련이 필요하다. 그러면서도 특정 테크닉이나 체형에 한정되어 있지 않다. 몸을 통한 정신성의 추구에 더 집중된 장르이다 보니, 연극, 음악 같은 예술장르에서뿐 아니라 일반인도 입문하는 경우가 많다. 일본인

뿐 아니라 서양인들도 부토를 배우고 공연한다. 지금은 서양에서도 인기가 있는 장르이다. 인간 감정과 감각을 넘어서서 존재의 근원, 우주의 시원까지 들어가는 부토의 표현성은 표현성 그 자체뿐 아니라 몸의 지평을 훨씬 넓혀 놓았다. 일반적인 춤에서 몸이 구체적인 체현을 가진다면, 부토에서는 완전히 비워진 몸에 다른 것을 채워 놓는, 신비롭고 불가해한 몸의 현존을 보여준다.

독일 표현주의 무용의 명맥은 1970년대부터 독일에서 나타난 신표현주의 무용 탄츠테아터Tanztheater로 다시 이어졌다. 탄츠와 테아터, 즉 춤과 연극, 무용극이다. 그러나 일관된 플롯과 시간적 흐름을 갖는 일반적인 무용극과 다르기 때문에 무용극으로 번역하지 않고 그냥 탄츠테아터라고 부른다. 하나의 이야기를 따라가는 무용극이 아니라 춤 요소와 연극적 요소뿐 아니라 음악, 미술, 영상이 결합된 독특하고 새로운 형식이다.

대표적인 안무가는 〈카페 뮐러Café Müller〉, 〈봄의 제전Frühlingsopfer〉 같은 작품들을 통해 2차 대전 이후 독일 사회의 불안과 소외, 분열을 표현한 피나 바우쉬Pina Bausch이다. 소통과 실존 문제를 다루기 위해 현실 사회 문제와 일상 인간관계들을 무대 위에 등장시켜 관객들의 큰 공감을 얻었다. 후기에는 세계 각국 도시 시리즈를 제작했는데, 각 도시의 독특한 문화와 생활상, 정치적인 문제들까지 아우르는 연작이었으며 한국을 소재로 한 작품 〈러프컷rough cut〉이 2005년 공연되기도 했다.

피나 바우쉬의 독특한 면은 이런 모습들을 하나의 서사로 풀어내지 않고 서로 관련 없는 장면들의 콜라주로 보여준다는 것이다. 그래서 보는 사람마다 나름의 인상적인 장면들을 떠올리며 각자 다른 감상을 이야기하게 된다. 인상적인 장면 조각은 사람마다 다르기 때문에 해석의 범위 또한 넓다. 무용수가 혼자 춤을 추거나 군무를 추는 장면, 일상 상황을 보여주는 연극적 장면, 말을 하거나 노래하는 장면, 음악이 주도하는 장면, 이 모든 게 파편적으로 모여 동시 진행되고 있는 장면들은 춤 작품이 아니라 종합 공연 예술을 본다는 느낌을 준다. 그렇다고 처음부터 끝까지 아무런 주제가 드러나지 않는 것도 아니다. 전체를 아우르는 이야기가 무엇인지 충분히 느껴지지만, 장면마다 상당히 복합적인 정서와 감각들을 깔아놓고서 곳곳에 강렬한 표현들을 배치해 놓았기에 이야기 하나에 끌려가지 않게 된다. 현대 무용 작품을 보는 것과는 다른 관점으로 볼 수밖에 없다. 이런 콜라주 기법은 현대 무용사에서 가장 앞서 있는 안무 기법이다. 공연 예술의 모든 요소들을 융합한 새로운 형식이기 때문이다. 춤의 경계를 넘어 몸이 하는 모든 일을 작품의 매체로 삼았다. 어찌 보면 모든 것이 몸짓이다. 몸의 수행성으로 춤의 범주가 더 넓어진

피나 바우쉬의 〈카페 뮐러〉

것이다. 춤뿐 아니라 포스트 드라마 연극도 인과관계가 없는 장면들과 여러 예술 매체가 콜라주 되는 형식을 보이는데, 이것은 콜라주가 해체와 융합이라는 면에서 포스트모더니즘 예술의 보편적인 현상이라는 것을 말해 주기도 한다. 피나 바우쉬에 대한 자료들은 글과 영상뿐 아니라 영화로도 볼 수 있다. 춤 공연을 본 적 없는 사람들이라도 피나 바우쉬 이름 정도는 들어 봤을 것이다. 한 번쯤 공연 영상을 찾아보길 권한다.

현대 무용 작품들은 형식이나 표현 어디에 더 중점을 두느냐에 따라 감상 포인트가 달라진다. 구조를 더 신경 써서 볼 수도 있고, 의미에 중점을 두면서 볼 수도 있다. 어떤 무용 작품이든 형식과 표현 모두 가지고 있다. 두 가지가 같이 존재하지 않는다면 춤이 성립되지 않는다. 심지어 형식이 없는, 움직이지 않는 무용 작품이 있다고 해도, 그것은 '무형식'이라는 형식을 가지고 있으며, 어떠한 의미를 담지 않은 순수한 움직임을 보여주는 작품이라고 해도 거기에는 '추상적 표현'이 들어 있다. 형식주의 작품 안에 표현적인 장면이 들어가기도 하고, 표현주의 작품 안에서 형식성을 갖춘 군무가 들어가기도 한다. 형식만 강조된 작품은 해석의 폭이 넓지 않고, 표현만 강조된 작품은 짜임새가 느껴지지 않는다. 둘을 완전히 구분하여 적용하는 게 아니라 어디에 더 비중을 두고 볼 것인지 파악하는 게 중요하다. 그런 다음 일반적인 춤 이해의 과정, 즉 춤의 구성 요소를 파악하고, 형태를 읽어내며, 내재적 의미와 외재적 맥락을 해석하고, 작품의 가치를 평가하는 과정을 거친다. 이런 감상 과정을 몇 번 거치다 보면 감상 능력, 안목이 생긴다. 처음에는 접하기 쉬운 매체를 통해 현대 무용을 감상하는 것도 좋은 방법이다. 춤을 소재로 하는 영화나 뮤지컬 영화, 댄스 경연 프로그램을 보는 것도 좋다. 한 번쯤 이름을 들어 본 유명한 안무가들의 영상을 검색해 보는 것도 좋은 방법이다. 하지만 춤 감상이 어느 정도에 이르면 결국 공연장에 가야 한다. 단 한 번밖에 없는 '그 순간의 춤'을 눈앞에서 보고 온몸으로 같이 감응하는 경험은 영상으로 보는 춤과 다르게 느껴질 수밖에 없다. 영상으로 작품에 대해 대략적으로 알아보고 특징적 성격을 파악한 뒤 극장에 가서 감상하는 것이 가장 좋다. 추고 나면 사라지는, 어떤 물질적인 형태도 남기지 않는 춤 예술의 순간을 붙잡는 방법이다.

4.
도제와 프로젝트

전통춤과 현대춤,
춤 교육 방식

극장에서 볼 수 있는 전문적인 춤은 크게 전통춤, 현대춤으로 구분할 수 있다. 전통이나 고전 레퍼토리인가, 동시대 창작물인가. 서구와 달리 아시아 각국에는 수준 높은 전통춤 레퍼토리가 많다. 우리나라 역시 전통춤의 종류가 많고, 주요 레퍼토리는 무형문화재로 지정하여 전승할 정도로 중요하게 여긴다. 우리 전통춤을 즐겨보는 마니아는 많지 않지만, 접할 기회가 많은 춤이기도 하다. 극장에 가지 않아도 텔레비전, 영화 같은 매체와 각종 야외 행사에서 의도치 않게 전통춤을 만날 수 있다. 전통춤은 오랫동안 이어져 내려온, 많은 춤꾼들이 공유하는 구성물이다. 현대 무용은 그 작품을 만들어 낸 작가와 작품 주제, 무용수가 대체로 명확하지만, 전통춤은 그렇지 않은 경우가 많다.

현대의 창작춤들은 그 전에 없던 세계를 어떠한 관점을 가지고 만들어 나간다. 반면 전통춤은 하나의 완성된 세계를 끊임없이 다르게 해석해 나간다. 창조와 해석이라는 다른 존재 방식을 취하고 있기에 전통춤과 현대춤을 같은 관점으로 감상할 수 없으며, 교육 방식에도 차이가 있다. 전통춤은 전통적으로 이어져 온 춤 페다고지를 어느 정도 유지하지만, 현대의 창작춤은 창조를 위한 대안적 교육 방법을 필요로 한다. 이 장에서는 과거에서 현재에 이르기까지, 춤꾼들은 춤을 어떻게 배우고 단련했는지 춤 교육이 이루어지는 방식을 다루어 보려 한다.

도제

내 몸인데 내 마음대로 움직이는 게 쉽지 않다. 몸을 의도대로 움직이려면 몸이 익숙해질 때까지 의식적, 무의식적으로 몸을 단련시켜야 한다. 춤을 배울 때 '자다가도 벌떡 일어나서 할 수 있을 때까지'라는 말을 자주 듣는다. 어떤 감각도 몸으로 수용하고 반응할 수 있는 예민한 몸 지각을 갖추려면 따로 노는 몸과 마음을 하나로 통합해야 한다. 춤의 기본 훈련 기간이 다른 예술에 비해 긴 이유이다. 발레는 보통 5~6세에 시작한다. 무대 위에서 그저 자세를 갖추고 서 있는 것만도 오래 연습해야 한다. 그렇다 보니 춤 훈련은 대체로 한 스승에게 오랫동안 받는 경우가 많다. 기초적인 훈련을 거쳐 무대에 나갈 수 있기 전까지는 익숙한 환경과 언어로 배워야 몸이 겪는 혼란을 줄일 수 있다. 이런 오랜 관습으로 전문 춤꾼이 된 이후에도 스승의 관리를 받는 경우가 많다. 전통춤 분야는 스승-제자 관계가 현대춤보다 더욱 공고하다. 전통춤 교육에서는 스승의 춤이 교본이다. 스승의 몸이 '교수자'이자 '학습 내용'이며 '학습 목표'이다.

전통춤 레퍼토리는 대부분 여러 사람들이 오랫동안 추었던 춤이 몇몇 대가들을 거치며 완성도가 높아지고 정교화된 결과물이다. 가령 '아무개류 살풀이'라는 춤은 아주 오래 전부터 기방에서 수건을 뿌리면서 추던 춤을 아무개라는 명인이 가장 어렵고 아름다운 동작들을 선별해 정리하고 구성해서 명무로 인정받은 것이다. 이 특정 스타일의 살풀이가 후대로 이어져서 전통춤 레퍼토리의 하나로 보급되었다. 수천, 수만 명 선조들이 추었던 춤이 시대 미감에 맞게 정리되어 현재에 이어졌던 것이다. 따라서 '아무개류 살풀이'라는 하나의 세계 안에서 그 춤사위들의 정수를 해석하는 건 매우 어려운 일이다. 사람마다 해석이 다르고, 한 사람 안에서도 세월이 흘러감에 따라 해석이 계속 달라진다.

물론 해석 이전에 살풀이에서 기본 테크닉이 되는 발 디딤새, 굴신, 호흡 맺고 풀기 같은 동작들을 소화할 수 있어야 한다. 그런 다음 전체 동작 크기와 연결부, 세부적인 몸 말단 부위의 각도와 처리 등을 계속해서 연습해 나간다. 이렇게 오랜 반복 연습으로 서서히 살풀이라는 세계를 인식해 나가게 되며, 해석은 이 이후에 따라온다. 해석을 어느 정도 갖춘 춤꾼은 어떤 동작을 어떤 식으로 강조하느냐에 따라 전체 분위기를 다르게 연출한다. 거기서 춤꾼의 인생관이 드러난다. 기품 있는 삶을 사는 춤꾼은 기품 있게 춤을 추고, 졸렬한 춤꾼은 춤도 졸렬하다. 명인들이 제자들을 교육할 때 '인간이 먼저 되어라'는 말을 하는 이유이다.

그러나 기술에 해당하는 것은 계속 연습하며 단련한다 치더라도, 인생관이 드러나는 부분은 춤꾼 스스로 어떻게 객관화할 수 있을까? 내가 시시해지고 있는 것은 거울을 아무리 봐도 잘 안 보인다. 기교는 완전한데 춤에 멋이 없을 때가 있다. 내가 인간이 덜 되어서 그런 건 아닌지, 춤꾼 스스로 거리를 두고 바라보려 할 때 비춰 보는 거울이 도제 스승이다. 그래서 중견 춤꾼으로서 입지를 굳힌 사람들도 스승 한 마디에 고심할 수밖에 없다. 스승은 예술 세계 부모이다. '또 다른 부모로서의 스승'을 인도에서는 '구루Guru'라고 부른다. 구루의 교육은 제자가 구루 집에 들어가 도제를 살면서 이루어지고는 했다. 스승 집에서 식모, 머슴을 살면서 춤을 배우고, 스승이 공연하는 곳에 따라다니며 일을 도왔다. 예술과 관련된 모든 것을 일상 속에서 자연스럽게 습득했다. 아시아 전통 예술의 전수는 대부분 강력한 권위를 가진 스승을 거친다. 과거 우리나라에서도 이런 형태의 전통 예술 교육은 흔한 일이었다.

그러나 스승 춤을 똑같이 따라한다는 건 매우 어려운 일이다.

아무리 똑같이 하려 해도, 뭔가 다른 점이 있다. 그래서 아비투스Habitus(부르디외의 개념으로, 개인이 사회화 과정을 통해 내재화, 구조화한 성향 체계를 뜻함)를 일치시켜 춤에 투영하고자 하는 것이다. 의식주를 함께하면서 생활 습관을 스승과 일치시켜 가는 것이다. 호흡, 표정, 말투, 세세한 몸짓은 점점 닮아가지만, 인격은 같아지지 않는다. 결국 스승의 완전한 복제품이 되는 건 불가능하다는 걸 알게 된다. 하지만 복제품으로서의 춤이 예술적으로 훌륭하다고 여겨지진 않는다. 모방으로 스승 발아래에 도달한 이후부터는 스승과 다른 미감을 드러내야 독립된 춤꾼으로 인정을 받을 수 있다.

의식주를 같이 하지는 않더라도 도제 학습은 일상을 최대한 공유하면서 이루어진다. 스승은 가르침을 주고 제자는 스승을 수발하는 도제 관계다 보니 문제도 생긴다. 지금도 전통춤 스승은 일반적인 춤 선생님과는 다른 권위가 있는데, 과거 도제적 스승은 얼마나 엄격하고 살벌하기까지 했을까? 제자들이 춤을 잘못 추면 장구를 집어 던졌다는 것은 흔한 이야기이다. 인신공격에 온갖 고난과 수모를 겪어도 항상 스승을 공경하며 오랜 세월을 견뎌야 했다. 그런데 이런 스승이 자신이 아닌 다른 제자를 으뜸으로 챙긴다면 어떤 일이 벌어질까? 스승과의 관계가 틀어지거나 제자들끼리 알력 다툼이 일어날 수밖에 없다. 다른 스승을 찾아 떠나기도 하지만 같은 세계에서 내내 욕을 먹을 일이라 한번 스승과 관계가 틀어지면 춤의 길을 끝내고 다른 인생을 찾는 사람이 많았다. 반대로 믿었던 제자가 스승을 배신하는 일도 있었다. 긴밀한 사제 관계가 가진 위험성이 바로 여기 있다. 서로 인생을 좌지우지할 정도로 영향력을 끼친다는 것은 열정적이고 헌신적인 교수-학습 관계이기도 하지만, 잘못되면 서로의 인생을 완전히 파탄 낼 수 있는 불안을 안고 있다.

춤만 따로 떨어져 나와 전문화되지 않았던 근대 초반까지만 해도 우리 공연 예술은 악가무일체였다. 악가무를 다 습득해야 하는 까닭에 그 방대한 콘텐츠를 전달해 주는 스승과 길고 단단한 도제 관계를 유지해야 했다.

전통 예술 연출가 진옥섭이 각 지역 명인들을 만나 인터뷰하고 그들의 예술을 소개한 책 『노름마치』에서 다양한 전통 예술 분야 예인들이 과거 어떻게 예술에 입문하고 수련했는지를 살펴볼 수 있다. 갑오개혁 이후 기생 조합인 권번이 생겼다. 십대 소녀들을 입적시켜 4년 정도 악가무를 엄격하게 교육했으며, 유명 예인들이 권번 선생을 겸업하며 자신들의 특기를 가르쳤다. 이 시기 기생은 가난을 벗어나기 위해 선택하는 직업인 경우가 많았으며, 혹독한 도제 교육 기간을 견디고 기생으로 정식 데뷔하여 실력 있는 인기인이 되고자 했다. 춤, 소리, 악기를 기본적으로 다 할 줄 알지만, 이중 자신만의 특기가 있었고, 근대 이후 악가무가 점차 분화되면서 이들의 각 특기가 무형 문화재로 지정되어 지금까지 전수되는 것들도 있다. 기생들은 자신의 특기를 더욱 계발하기 위해 독선생을 모셔오거나 스승이 계신 지역으로 가서 일정 기간 동안 여러 레퍼토리를 전수받기도 했다.

소리꾼은 대대로 소리꾼 집안에서 나왔지만, 어릴 때 재능을 발견하여 소리 선생을 찾아다니며 배우는 경우도 많았다. 구전으로밖에 전달할 수 없는 예술이었기에 판소리 다섯 마당을 각각 다른 스승들에게 사사하는 경우라던가, 여러 스승들의 가르침 속에서 자신의 목소리를 찾아가는 경우 교육 기간 내에 완전히 체화하려면 교수자와 학습자 모두 굉장한 집중력이 필요했다. 무속의 악가무는 무당 집안이나 신어머니를 통해 폐쇄적이고 체계적인 교육이 이루어졌다. 지역 놀이패들은 스승과 제자가 같은 지역에 거주하기 때문에 자연스럽고 밀접한 교육이 이루어질 수 있었다. 전반적으로 근대 초기의 예인들은 한정된 스승의 전면적이고 집중된 교육을 받았다. 현재는 전통 예술가들이 주로 예고, 대학의 전통 예술 전공자로 교육을 받는 경우가 많아 과거에 비해 다양한 스승에게서 다양한 수업을 받는다. 그러나 우리 전통 예술 대부분은 현재까지도 도제적인 교육 방식을 느슨하게나마 이어가고 있다.

일본의 경우 우리보다 더 엄격하고 폐쇄적인 도제를 유지해왔다. 가부키歌舞伎, 노能, 교겐狂言 같은 전통 공연 예술은 가계 전승으로 이어져 왔다. 이를 이에모토家元 제도라고 한다. 가문 안에서 교육이 이루어지면 형태가 거의 변형되지 않고 원형이 그대로 후대에 이어진다는 장점이 있다. 의식주를 함께하면서 아비투스를 일치시키는 노력을 넘어 아예 혈통으로 이어져 있으니 더 철저한 교육이 이루어졌다. 후대가 없을 경우엔 양자를 들여서 이에모토를 유지했다. 우리나라에도 대를 이어 전통 예술을 하는 유명한 가문들이 있긴 하지만, 일본처럼 아예 예술가 가문이 정해져 있지는 않다. 부모의 끼를 물려받아 자식이 자연스럽게 예술가가 되는 것과, 태어났더니 하필 춤을 추는 집안이어서 하는 수 없이 가계를 이어 장인이 되는 것은 다르다. 본인 적성에도 맞고 관객 찬사를 받을 만큼 성장하는 게 쉬운 일은 아니다.

연극학자 유제니오 바르바Eugenio Barba와 니콜라 사바레스Nicola Savarese의 『연극인류학 사전』은 20세기 초반 유럽의 연극 페다고지가 연극 학교 설립과 함께 체계화되었음을 보여준다. 그리고 이와 대조적으로 오리엔탈 세계에는 아주 오랫동안 엄격하고 체계화된 예술 도제 교육이 이루어져 왔다고 말한다. 인도 전통 예술에서 구루는 지식의 현현이며, 학생의 두 번째 부모로서 사랑과 헌신을 기본으로 하는 지속적이고 폐쇄적인 일대일 관계이다. 학생은 존경과 두려움을 가지고 구루에게 복종해야 하고 고마운 마음을 집안일이나 선물로 표현해야 한다. 그래서 구루 선택이 배우자 선택보다 중요하다. 구루에 관련한 다음과 같은 일화가 있다.

위대한 궁술 구루를 한 청년이 우연히 보게 되었다. 그 순간 두려움과 존경심을 갖게 되었지만, 그는 너무 가난해서 궁술을 배울 수가 없었다. 청년은 구루를 떠올리며 혼자 열심히 궁술을 연습했다. 어느 날 구루가 제자들과 숲에 갔다가 사납게 짖는 개를 보았는데, 갑자기 날아든 화살에 개가 주둥이를 맞고 짖기를 멈췄다. 구루는 누가 그렇게 놀라운 명중을 보여줬는지 알고 싶었다. 이때 청년이 나타나 자신이 한 것이며, 구루의 가르침이 없이 오로지 구루의 이미지를 떠올리며 연습하여 궁술을 익힐 수 있었다고 고백한다. 구루는 자신보다 더 훌륭한 궁술을 갖춘 청년을 보고 두려웠다. 그래서 청년에게 '어찌됐건 궁술을 다 익혔으니 스승에게 선물을 해야 한다, 수업료를 내라'고 요구했고, 청년이 기꺼이 무엇이든 선물하겠다고 하자 구루는 청년의 오른손 엄지손가락을 내놓으라고 했다.

이쯤 되면 구루의 권위라는 게 터무니없기마저 하다. 그러나 우리에게는 더 무서운 이야기가 있다. 영화 〈서편제〉에서 소리꾼 아버지는 수제자이자 양녀의 눈을 멀게 해 소리에 한을 심어주려고 한다. 그렇게 봉사가 된 딸은 영화 말미에 드디어 한이 담긴 깊은 소리를 할 수 있게 되지만, 그 한을 얻겠다고 고생하며 살아온 인생은 뭐가 되는 건가 싶기도 하다. 물론 이 이야기는 '예술의 완전성 추구, 스승과 제자의 서로에 대한 깊은 신뢰, 에고ego를 깨고 나와 진정한 자신을 완성하는 것'에 대한 은유일 수 있다. 그러나 이 정도 극단적이지는 않더라도 이에 준하는 일들이 예술 도제 교육이라 이름으로 미화되어 왔다.

전통 예술은 지식의 현현이라 할 수 있는 스승을 통해 하나의 세계를 해석하는 방식을 체득해 나가는 도제 교육으로 전승되고 있다. 그렇다면 여기서 하나의 질문이 생겨난다. 세계를 만드는 것이 아닌, 그저 전승된 세계를 다시 해석하는 것만으로도 예술이라 할 수 있는가? 부단한 반복 훈련을 통한 해석은 장인의 차원이지, 예술 창조의 차원은 아니지 않을까? 그런 면에서 서양 클래식 음악 연주자들을 예술가가 아닌 연주 장인으로 보는 사람들도 있다. 클래식 발레 역시 기교의 향연일 뿐이라 보는 관점도 있다. 근대 이후 예술에 대한 정의는 '예술 매체의 독립성과 예술가의 자기 세계 구축'이라는 개념으로 공감되어 왔다. 예술가 자신의 언어로 새로운 세계를 만든 게 아니라면 예술이 아니라는 입장이다. 작곡을 하지 않고 몇백 년 전 작곡된 음악을 연주만 한다면, 안무를 하지 않고 오래된 춤을 해석해서 추기만 한다면, 예술가가 아니라 전통을 계승하는 매개자라고 봐야 한다는 것이다. 이런 입장은 국가예술기금 수혜와 관련하여 더욱 첨예해진다. 당연히 세계를 매번 만들어야 하는 창작춤에 더 많은 노력과 제작비가 들 수밖에 없다. 대부분의 창작춤은 기금을 보조받아 작품을 만들더라도, 공연을 하고 난 뒤에는 적자인 경우가 많다. 그래서 예술 세계를 만들지 않는 전통춤꾼이 기금을 받는 것을 불공평한 처사로 생각하는 사람들도 있다. 무형 문화재 지정 역시 부정적으로 해석되기도 하는데, 왜 춤꾼이 문화재가 되어 지원금을 받느냐는 논란은 항상 있어 왔다. 전통춤꾼 입장에서는 국가가 전통 예술을 보호하고 계승하는 데에 관심과 지원을 해야 한다고 여기는 게 당연하다. 둘 다 수긍할 수 있는 이야기다. 예술인인가, 기능인인가, 쉽게 결론 내릴 수 없는 문제이다.

예술 교육 방식이 많이 달라진 현재에도 도제 시스템은 여전히 영향력을 행사한다. 춤 교육은 스승의 몸을 통해 학생의 몸으로 전달되는 것이 기본이기에 도제적인 관계가 자연스럽게 적용된다. 심지어 전통과 거리가 멀어 보이는 현대 무용 분야에서도 어느 선생님의 제자인가, 어느 선후배를 두었나를 거론할 때가 있다. 이런 관행이 파벌 형성과 세력 싸움의 원인이 되기도 한다. 스승에 대한 존경과 감사를 넘어선 금전이 요구되기도 한다. 가끔씩 뉴스에 등장하는 각종 무용계 비리, 이를 무마하려는 노력들은 도제 시스템과 무관하지 않다. 몇 년 전 사회적으로 큰 파장을 일으킨 '예술계 미투'는 도제적 스승-제자 관계의 위험성이 어떤 끔찍한 결과를 낳을 수 있는지 그 일면을 보여주었다. 이 사건 이후 예술가들은 창작 현장에서 권력 남용과 폭력이 발생하지 않도록 예방하고, 성인지 감수성을 반영하여 성평등한 공연 예술 생태계를 조성하기 위해 2020년 '한국공연 예술자치규약(KTS)'을 만들고 이를 소개하는 워크숍을 이어 나가고 있다. 배움과 창조의 과정에서 모두가 인간에 대한 이해와 예의를 갖추어야 그 결과물인 예술 작품도 아름답게 전달될 수 있다. '인간이 먼저 되어라.' 여러모로 되새겨 볼 만한 말이다.

춤 아카데미

서양의 춤 아카데미들은 또 다른 방식의 도제 교육 기관이다. 일단 폐쇄적인 일대일 도제가 아닌 학교 규모에서 이루어지는 교육이고, 여러 해 동안 주요 지도 교사 한두 명에게 집중 지도를 받긴 하지만 졸업 후 무용단에 입단하고 나면 도제 관계를 유지하지 않는다. 아카데미 교사들은 프로 춤꾼으로 무대에 서기 전, 기본 훈련 단계에서 효율적인 교육이 이루어지도록 돕는다. 동기들과 기숙사 생활을 하며 함께 성장하고, 교사들을 부모처럼 믿고 따른다는 점에서는 도제 교육 형태로 볼 수도 있지만, 일대일로 평생 이어지는 아시아 전통과는 다르다.

왕립 춤 아카데미Académie Royale de Danse는 태양왕 루이 14세가 1661년 처음 설립한 기관이다. 춤의 전문성을 확보하기 위한 전문가 배출이 설립 목표였다. 그러나 진정한 프랑스 발레와 기술 발전은 몇 년 뒤 설립된 제2의 춤 아카데미인 오페라 아카데미에서 이루어졌다. 이 아카데미는 왕립 발레단이 만들어지면서 생겨난 학교였다. 프랑스, 덴마크, 러시아 등 왕립 발레 아카데미는 왕립 발레단의 유지, 발전을 위해 설립된 기관이다. 발레단에 지속적으로 무용수를 공급하기 위한 교육 기관으로 발레단과 한 쌍이었다. 발레단이 추구하는 방향의 몸으로 훈련시키는 부설 아카데미를 거친 무용수는 혼란 없이 바로 발레단에 입단하여 적응할 수 있었다. 역사적 취지는 그렇지만, 지금은 딱히 그렇지도 않다. 발레단 부설 아카데미를 졸업하고 해당 발레단에 들어가기도 하지만, 다른 곳으로 가도 상관없다. 발레단 역시 여러 발레 학교 출신들을 오디션으로 뽑기도 한다. 어느 발레단이나 무용단에서도 활동할 수 있는 보편적인 무용수를 양성하는 무용 학교로 성격이 바뀌었다. 물론 파리 오페라 발레 아카데미나 영국 로열 발레 아카데미를 나왔으면 분명히 높은 기량을 갖춘 무용수로 인정받는다.

춤 전문학교의 역사가 이렇게 깊다 보니 이런 곳에서의 교육은 매우 체계적이며 전문적인 커리큘럼으로 운영된다. 세계 유수의 발레 아카데미 혹은 댄스 아카데미, 댄스 스쿨은 보통 10세 정도에 입학하여 8년 정도 교육받는다. 기숙사 생활을 하며 여러 가지 실기 수업, 일반 교과 수업을 받고 17~18세에 졸업하면 바로 전문 무용수로 활동한다. 발레는 기능적인 측면이 중요하다 보니 청소년기에 전문 교육을 받고 기량이 가장 좋은 10대 후반부터 20~30대에 활동한다. 이런 학교를 나와 현대 무용이나 민족춤 쪽으로 가면 좀 더 길게 활동하는 편이지만, 그래도 역시 신체 기능이 가장 좋을 때 무대에 가장 많이 선다. 세계적인 발레리나 강수진은 한국에서 예술중학교를 졸업하고 모나코 왕립 발레 학교에서 유학한 뒤 19세에 독일 슈투트가르트 발레단에 입단하여 30년간 활동하고 은퇴했다. 무용수로 활동하다가 무용학 연구자나 안무가가 되고 싶으면 나중에 대학 무용과나 공연 예술학과로 진학하기도 한다.

발레단 부설 아카데미라고 전부 학교 성격을 띠는 것도 아니다. 발레단의 자체 재정과 후원이 대규모라야 학교를 만들 수 있다. 우리나라 국립 발레단과 유니버설 발레단 부설 발레 아카데미는 정규 클래스가 운영되고 있는 학원 성격을 지닌다. 이외에도 콘서바토리 형태의 무용 학교들이 있으며, 이런 곳은 기숙 학교는 아니지만 발레 아카데미처럼 무용수 양성을 위한 전문 직업 학교라 볼 수 있다.

꼭 전문학교를 다녀야만 춤을 출 수 있는 것도 아니다. 사실 무용 학원에서도 어떤 선생님을 만나느냐에 따라 무용 학교 못지않게 집중적이고 다양한 교육을 받을 수 있다. 미국이나 일본에서는 이런 무용 학원들이 선호된다고 한다. 우리도 과거에는 무용 학원이 춤 교육에 중추적 역할을 했다. 지금처럼 대학에 무용과가 많지 않았을 때에는 유명 춤꾼이 운영하는 무용 학원에서 춤을 배워 무대에 데뷔했고, 예고가 많지 않았을 때에는 대학에 가기 위해 무용 학원에서 입시를 준비했다. 지금도 입시를 무용 학원에서 준비하는 학생들이 많은데, 예고 출신들보다 오히려 기본기가 잘 닦여 있는 경우가 많다. 예나 지금이나 중요한 것은 어느 기관에서 배우느냐보다는 어느 선생님에게 얼마나 집중적으로 지도를 받느냐, 본인이 얼마나 몰입하느냐에 달려 있다.

우리나라 예술중학교나 예술고등학교는 서양 발레 아카데미와 비슷한 기능의 교육기관이다. 그러나 특정 발레단과 연관된 스타일을 가르치는 것은 아니고, 입시를 위한 보편적인 춤 테크닉을 교육한다. 국립국악고등학교나 지방의 몇몇 예술고등학교 외에는 기숙사가 없다.

학교를 다니는 3년 동안은 지도 교사의 역할이 크다. 성장기에 무리 없이 기본 훈련이 이루어지려면 상당히 밀착된 교육이 진행될 수밖에 없다. 예술중학교의 경우 학생 대부분이 예술고등학교로 진학하기 때문에 부담이 덜하지만, 예고에서는 어느 대학을 들어가느냐가 결정되기 때문에 교사의 역할이 중요하다. 예고는 입시에 최적화된 커리큘럼을 운영하기에 무용과 진학을 위해서는 유리한 선택지일 수밖에 없는데, 반대로 밀착된 교육인 까닭에 감정적인 문제가 많이 생긴다. 학교 생활을 힘들어하는 학생, 입시 압박감에 스트레스 받는 교사, 입시 결과를 놓고 교사를 탓하는 학부모. 예술고등학교 춤 교육 목표는 전적으로 대학 진학에 있다. 하지만 실기 수업 위주라 학과 공부를 할 시간이 부족하고 과열된 경쟁과 엄격한 규율로 적응도 힘들다. 인문계 고등학교를 나와도 효율적으로 실기 연습을 하면 충분히 경쟁력이 있지만 학부모와 학생이 예고가 갖는 위상을 벗어나 생각하는 건 매우 드문 경우다.

서양 발레 아카데미 개념으로 생각해 본다면, 예고를 졸업하고 전문 무용수로 사회에 진출하는 게 맞다. 그러나 학벌 사회다 보니 예고 졸업 후 바로 무용단에 입단하지 못하고 다시 대학을 가야 한다. 무용단 입단 전 기본 훈련을 대학에서까지 받는 것이다. 몇십 년에 걸쳐 한국 춤 교육 체계가 이런 식으로 단단하게 뿌리를 내렸다. 안무가나 이론가, 교육자가 될 게 아니라면 대학 교육은 꼭 필요한 건 아니다. 서구에서도 무용 학원에서 배우다가 대학 무용과나 학부, 석사 수준의 커리큘럼을 제공하는 댄스스쿨로 진학하여 무용수가 되는 사람들이 많지만, 우리나라처럼 무용을 하려면 무조건 대학에서 전공을 해야 하는 분위기와는 다르다. 너도 나도 다 대학에 가야 하는 분위기 때문에 무용과가 있는 대학이 많아졌지만, 대학 무용과의 교육 목표는 오히려 모호해지고 말았다. 대학 수업이 전문인(예술인, 연구자, 교육자)으로 살기 위한 준비라기보다는, 예고 실기 수업의 연장인 경우가 많기 때문이다. 졸업 학년이 되어 허둥지둥 취업을 준비하는 모습은 일반 대학교 졸업생들과 다를 바 없다. 졸업을 하고 나면 별 수 없이 기나긴 실업 상태에 놓인다. 월급이 나오는 국립, 시립, 도립 무용단 외에는 생계가 가능한 직장이 거의 없다. 교사 자격증을 취득해도(무용과에서 취득할 수 있는 교사 자격증은 체육 중등 2급 정교사) 무용 과목이 있는 사립 여중이나 여고가 점점 사라지고 있고, 교사가 되려면 차라리 임용 고시를 보고 정식 체육 과목 교사가 되어야 한다. 무용 학원 강사는 학생 유무에 따라 레슨이 없어지기도 하기 때문에 안정적이지 못하다. 무용학자가 되려면 석·박사 학위까지 학업을 계획해야 한다. 안무가가 되고 싶어도 대학 커리큘럼 경험만으로는 부족하기에 공연 경험을 더 쌓아야 한다. 춤이 직업이 되기 위해서는 대학 졸업 이후에도 많은 시간과 노력이 들며, 하염없는 비정규 일용직 상태를 견뎌야 한다. 다수는 이 과정에서 다른 직업을 찾게 된다. 우리 예술 교육이 과정은 험난한 데 비해 보장된 결과가 없으니 10대 자녀를 유학 보내려는 학부모들도 많아진 듯하다. 그러나 이 역시 결과는 보장되지 않는다. 한국에서 활동하려면 한국 내 학연의 부재가 걸림돌이 될 수 있다.

춤 아카데미 과정이 대학교까지 연장되다 보니 전문 춤꾼으로서 데뷔가 늦어진다. 여자는 스물 서너 살, 남자는 군대 다녀와 더 늦게 데뷔를 한다. 그런 만큼 은퇴도 연장되어야 하는데, 설 수 있는 무대가 부족하다 보니 사실상 자유롭게 무대에서 설 수 있는 시간은 젊은 시절 고작 몇 년이다. 이 짧은 화양연화라도 봐주는 사람이 있으면 다행이지만, 무용 공연장을 찾는 일반인 관객은 별로 없다. 근본적으로 수요에 비해 대학 무용과가 많은 것이 문제라는 지적도 늘 나오는 이야기이다.

최근 몇 년 사이 학령 인구 감소에 따라 많은 대학에서 경쟁력이 부족한 비인기학과들을 통폐합하고 있다. 1990~2000년대 급격히 수가 늘어났던 무용과도 이 수순을 밟고 있다. 이러다 무용과가 모두 없어지는 건 아닐까 걱정하는 무용인들이 많다. 반대로 그 결과 오히려 정말 춤이 절실한 사람만 전공하게 될 것이고 교육의 질도 높아질 거라 낙관하는 사람들도 있다. 무엇보다 대학 중심 춤 교육이 문제라는 지적은 공통적으로 나오는 이야기이다. 한국의 무용 교육에 근본적인 변화가 요구되는 시점이다.

프로젝트

전통춤을 해석하는 과정에서 도제 관계가 중요하다면, 창작 과정에서는 작품 제작을 함께할 동료 관계가 중요하다. 어떻게 세계를 만드는지, 어떤 언어를 택할 것인지, 어떤 사람들과 만나 작업하고 탐구할 것인지. 지속적으로 경험을 쌓아 나가며 믿을 만한 동료 관계도 만들어 나가야 한다.

현재 컨템퍼러리 댄스라고 하는 것들은 모두 창작춤에 해당한다. 우리나라는 학제상 한국 무용, 발레, 현대 무용으로 춤 장르가 삼분화되어 있는데, 이중 컨템퍼러리가 아닌 춤만 추는 경우는, 어림잡아 4분의 1도 되지 않을 듯하다. 한국 무용 전공자 중 우리 전통춤을 추는 사람, 발레 전공자 중 클래식 발레 레퍼토리만 추는 발레단원은 고전을 해석하는 춤꾼이라 볼 수 있는데, 이들 역시 창작 작품을 병행하는 경우가 많다. 그리고 절대 다수의 무용가가 매번 새로운 작품을 만들기 위해, 동시대 창작물을 만들기 위해 춤을 춘다. 지속적으로 무대에 오르려면 작품을 제작하고 공연을 수행하는 모든 과정을 습득해야 한다. 공연 실무는 너무 방대한 내용이라 학교 교육 과정에서 세심히 다룰 수도 없고, 수업으로 접하고 이론적으로 안다고 해도 결국 현장에서 경험해 보지 않으면 아무 소용이 없다.

학교 교육 과정과 달리 창작 과정에서 중요한 것은 동료다. 스승 위치에 있는 사람이 안무와 감독을 한다고 해도, 나이 어린 무용수들을 동료로 대하지 학생으로 대하지 않는다. 창작 공간에서는 모두가 동등한 작가 입장으로 만난다. 어느 정도 위계는 있어도 일방적인 권위는 없다. 만약 후배를 제자처럼 다루는 안무자를 만나면 과도한 육체노동이 있을 뿐 춤이 남지 않는다. 춤추는 사람은 내 몸을 온전하게 지켜줄 동료를 만나야 한다.

작품이라는 새로운 세계를 만들기 위해서는 당연히 춤 구성에 대한 지식이 많을수록 좋다. 다양한 안무가들의 움직임 스타일을 경험해 보아야 한다. 대학 교육 과정 안에서도 이런 것들을 어느 정도 다루지만, 안무법이나 여러 춤 스타일에 한계가 있고, 학점을 위해 동기들과 작품을 만들어 보는 것과 실제 관객을 만나는 것은 다른 일이다. 습작 단계가 아니라 진정 작가로서 활동을 할 수 있는 단계로 나아가는 과정은 더 적극적이어야 한다. 기본 훈련만 끝난 상태, 즉 대학을 갓 졸업한 상태에서는 자신이 진정 어떤 작업을 해나가고 싶은지 알 수 없다. 내 몸을 알기 위한 모험을 감행해야 한다. 다양한 작업을 해보면서 선호하는 스타일, 취향을 서서히 알아 가고, 그러면서 예술관이 형성되어 나간다.

가장 보편적인 길은 무용단에 입단하는 것이다. 무용단원으로 활동하면서 안무가가 어떻게 작품을 구성하는지, 어떻게 하면 춤을 더 노련하게 잘 출 수 있는지, 공연 기획은 어떻게 이루어지는지, 무용단은 어떻게 운영되는지 경험하고 배운다. 무용단 막내에서 시작해 안무를 하는 중견이 될 때까지 계속 활동을 할 수도 있고, 어느 정도 무용단 생활을 경험한 뒤 다른 무용단에 입단하거나 자신만의 활동을 시작할 수도 있다. 무용단 스타일과 취향이 잘 맞거나 이해관계가 맞아 한 단체에서 오래 활동할 수도 있지만, 몇 개 무용단에서 각각 몇 년씩 활동해 보면서 서서히 자기 길을 찾는 것도 흔한 일이다. 잘 알려진 무용단에서는 그 속에서 배우고 적응해야 할 것들이 많고, 안정적이며, 중요한 경력이 되기 때문에 보통 오래 몸담는 편이지만, 규모가 작고 창단된 지 얼마 되지 않은 무용단에서는 한두 작품만 하고 나오는 경우가 많다. 대신 실험적인 소규모 무용단에서는 매번 혁신적인 작품을 시도해 볼 수 있다. 처음 들어간 무용단에서 은퇴할 때까지 활동하는 사람들은 다른 불필요한 고민 없이 충실히 춤에 집중할 수 있지만, 너무 일찍 자신의 길을 결정해 버린 것일 수도 있다. 몸의 모험을 떠나보지 않고 빨리 무용단에 들어가 소속감과 안정감을 가지고 싶은 사람이라도 막상 입단을 하면 적응하는 게 쉽지 않다. 특히 막 대학을 졸업하고 불안과 소속감 사이에서 별다른 고민 없이 지도 교수가 운영하는 대학 동문 무용단에 들어가는 경우가 그러하다. 모험을 해 보기 힘든 구조인데다, 스승과 업계 선배가 구별되지 않는 작업 분위기라 자기가 어떤 스타일을 정립해 갈 것인지 생각해 볼 여지가 적다. 지도 교수가 예술 감독일 때는 공연이 아니라 실기 수업을 받는 상황으로 흘러가기도 한다.

지금도 가장 보편적인 길이지만, 과거에는 거의 대부분이 무용단에 입단해서 전문 춤 세계에 입문했다. 처음부터 혼자서 자기 작품을 공연하는 사람은 드물었다. 공연 예술 시스템은 공연을 직접 해 봐야 이해할 수 있는데, 혼자 시작하는 사람은 이 과정에서 위험 부담이 크고 소비되는 시간도 많다. 무용단은 춤꾼에게 실무를 가르쳐 주는 직업 학교 역할을 한다. 처음 어떤 무용단에서 활동하느냐에 따라 동료, 춤 스타일, 예술 세계가 달라진다. 무용단에 소속되어 활동해야 한다는 관념이 지배적이었던 과거에는 개인의 자유가 그만큼 제한되기 마련이었다. 자신의 스타일은 무용단 작품 기조에서 벗어나지 않는 한에서만 가능했다. 춤추는 사람이 많지 않았기 때문에 특정 단체를 중심으로 활동하는 것이 보편적이었다. 예나 지금이나 무용수로 활동하는 모두가 안무가가 되는 것은 아니다. 무용수로만 활동하는 사람이 더 많다. 그러나 과거와 달라진 점이 있다. 무용수에게 더 많은 창조적 능력을 요구하는 안무가가 많아졌고, 무용수 스스로 어떤 스타일의 춤이 맞는가를 찾아가려는 욕구도 커졌다.

요새는 처음부터 독립적으로 활동해 보려는 젊은 춤꾼들이 많아졌다. 고정적인 단원을 유지하기보다 취향이 맞는 동료들을 그때그때 조직해서 프로젝트 그룹으로 활동한다. 이런 작업을 여러 번 거치다 보면 특별히 잘 통하는 동료가 생기기도 하고, 느슨한 연대 혹은 인력풀 안에서 다른 프로젝트로 만날 여지가 생긴다. 이게 가능하려면 오픈 클래스, 워크숍, 오디션, 해외연수, 국내외 레지던시, 해외 무용단 활동 등 몸으로 만나는 경험이 많아야 한다. 무용수의 취업과 재교육을 위해 2007년 설립된 '전문무용수지원센터'는 이런 교류 활동을 위한 인력풀을 관리, 지원하고 있다. 서울의 경우 무용 전용 레지던시 공간과 무용 창작 인프라를 제공하는 '서울무용센터'에서 여러 교류, 연구 프로그램을 운영한다. 춤꾼들은 이러한 공간과 각종 지원 사업들을 통해 부지런히 몸의 모험, 만남의 경험을 쌓고 있다.

사회 분위기에도 영향을 받는다. 신자유주의 체제의 청년 비정규직 문제를 다룬 『88만원 세대』는 2007년 출간되어 많은 공감을 일으켰다. 청년들이 자아실현을 하며 직업 활동을 할 일자리는 줄어들었고, 경쟁과 무력감이 공존하는 사회가 되었다. 지금의 청년 세대를 '건국 이래 부모보다 가난한 첫 세대'라 말하기도 한다. 춤꾼은 시대와 상관없이 항상 힘들고 불안정하게 살기 마련이지만, '88만원 세대론' 이후 젊은 춤꾼들은 확실히 달라진 세상을 다르게 감각하고 있다. 요즘은 더 확실하고 덜 불안정한 일자리를 찾는 젊은이들이 많아졌다. 월급이 나오는 소수의 무용단에 입단하려는 경쟁이 치열해졌고, 안정적인 자리에서 멀어졌다 여기면 일찌감치 다른 길을 찾기도 한다. 다른 사람에게 선택될 게 아니라면 적극적으로 자신의 동료를 찾고 예술 세계를 만들어 나가는 방향으로 길을 잡는 것이다. 최고가 되지 않으면 먹고 살기 힘들고, 자기 세계를 개척하지 않으면 그나마도 방법이 없다. 아무 의문 없이 예전 선배들이 선택했던 길을 따라가는 것이 아니라 스스로 길을 찾아본다. 그래서인지 요즘 젊은 춤꾼들은 어떤 스타일 춤에도 적응력과 유연성을 발휘하고, 테크닉도 매우 훌륭하다. 해외 무용단 오디션에도 적극적으로 참가하며, 자기 길을 자발적으로 찾아나간다.

이런 기회들을 신경 쓰면서 활동하고 있으니 유연하고 폭넓은 작업을 하고는 있지만, 그만큼 더 고되다. 뜻이 맞는 동료를 만나지 못해 계속 부유하듯 살아가는 사람도 많다. 하지만 이런 독립적이고 적극적인 창작 활동은 결국 춤 스펙트럼을 넓히는 과정이다.

춤의 역사에서 볼 때 창작을 위해 프로젝트로 작업하는 것이 본격화된 것은 1960년대 뉴욕의 저드슨Judson Dance Theater 그룹부터였다. 그 이전까지 미국에서 창작 세계 입문은 대개 무용단이었고, 한 무용단에 소속돼 오랫동안 활동하는 것이 보편적이었다. 그러나 저드슨 그룹은 소속 없이 작품에 따라 만났다. 본래 이 그룹은 뉴욕 저드슨 교회에서 실험적인 작품들을 선보여 온 춤꾼들의 모임이었다. 미술계 플럭서스 그룹과도 연계하여 해프닝과 이벤트를 선보였고, 플럭서스 그룹이 그러했던 것처럼 비슷한 예술 철학을 지닌 개별 작가들이 자발적으로 모였다. 이 그룹에는 춤 전공자와 비전공자가 섞여 있었고, 미술, 음악, 다른 예술 장르 예술가들도 있었다. 일반적인 무용단처럼 꽉 짜인 체계를 갖추기보다는 느슨한 연대 형태로 작업했다. 이들의 주제는 재현과 차이였다. 춤이 어떤 서사, 감정, 사상을 재현하지 않고 '몸의 움직임'이라는 춤 매체 본질에만 충실하다면, 어떤 춤이 가능해질까? 무용 학교에서 전문적인 교육을 받은 무용수들이 극장에서 춤을 추는 것이 아닌, 극장 밖에서 다른 여러 몸들의 차이를 드러내는 춤을 보여준다면 춤의 영역이 어떻게 확장될까? 이들 활동에 이르러 모던을 넘어서는 포스트모던 댄스 시대가 본격적으로 열렸다. 움직임이란 도대체 무엇인지, 어떤 움직임도 춤이 될 수 있는 것인지를 폭발적으로 질문했던 예술 운동이었다. 예술 실험에 더 방점이 찍혀 있다 보니 사안이 있을 때만 만나 작품을 만들고 헤어지는 형태가 적합했다. 실험이란 근본적으로 자기가 좋아서 하는 것이지, 수익 활동은 될 수 없기 때문이다. 저드슨 그룹 이후로 전통적인 무용단 체계 반대편 축에서 독립적인 작가들이 연대하는 프로젝트 작업이 자리를 잡아갔다.

서양에서는 20세기 중후반 자리를 잡은 흐름이 우리나라에서는 1990년대 후반에서 2000년대 초반이 되어서야 나타나기 시작했다. 서양의 체계적인 춤 페다고지가 우리에게 본격적으로 소개된 것이 1960년대 즈음부터였으니, 이런 교육을 받은 작가와 지도자를 배출하기까지, 그리고 무용계가 형성되는 데까지 시간이 꽤나 걸린 셈이다. 도제적인 교육이 익숙했기에 개별성이나 실험성을 담보해야 하는 포스트모던 댄스의 특성들이 무용계에 정착되기 어려웠다. 포스트모던 댄스의 겉모양을 따라할 수는 있어도 작업 방식까지 그렇게 하기는 힘들었던 것이다. 지금은 춤 저변이 많이 확대되어 무용단에서 체계적인 단계를 거쳐 가는 것부터 프로젝트로 만나 작품을 만들면서 동료를 사귀고 예술 철학을 갖추어 나가는 것까지, 여러 작업 방식이 다 가능해졌다. 누구든 만나서 함께 춤출 수 있는 개방적인 분위기가 보편화되면 더 다양한 작품들이 창작될 수 있다. 궁극적으로는 무용계뿐 아니라 모든 사람들이 춤을 통해 서로 다른 몸들과 만나고 서로의 스승이 되는 데까지 나아가야 한다.

지금까지 전통의 해석이냐, 동시대 창작이냐에 따라 달라지는 교육 방식에 대해 살펴보았다. 전자는 집중력을, 후자는 창의성을 요하는 과정이다. 그러나 근본적으로 춤 교육은 몸을 이해하고 몸으로 생각하는 방식을 배우는 것이다. 전통이냐 현대냐, 어떤 장르, 어떤 스타일이냐에 따라 수업 내용이 다르게 구성되지만, 해당되는 춤 테크닉들을 숙련하는 것을 넘어, 그 몸짓들로 세계를 이해할 수 있는 하나의 방식을 체화하는 것이 춤 수업의 목표라 하겠다.

5.
기호와 감각

전통춤

전통춤은 어떤 관객을 주 대상으로 했는가에 따라 다양한 양상을 띤다. 대상에 따라 공연하는 장소, 공연자, 의상, 무대 미술, 음악이 모두 달랐다. 지금 일반 관객들은 그 다양한 공연을 일률적으로 공연장에서만 보기 때문에 춤들 사이에 어떤 차이가 있는지, 의미가 무엇이고 감상 포인트가 어디에 있는지 알기 어렵다. 간혹 해설이 있는 전통춤 공연도 있지만, 그 역시 어느 정도 기본적인 소양을 갖추어야 이해할 수 있는 내용들이다. 보통은 많이 보이는 춤이 가장 핵심적인 전통춤이라고 여기기 쉽다. 하지만 우리가 자주 볼 수 있는 춤들은 지금 관객들에게 인기가 있는 춤들이지, 예전에도 많이 추었던 춤은 아니다. 지금 드물게 공연된다고 덜 중요한 춤이 아닌 것이다.

지금 우리가 흔히 볼 수 있는 춤들 중에는 근대에 와서 만들어진 춤도 많다. 전통춤하면 가장 먼저 부채춤을 떠올리는 사람들이 많다. 하지만 부채춤은 1940년대 최승희가 창작한 춤이며, 최승희 제자이자 동료였던 김백봉이 분단 이후 수십 년간 계속 다듬고 널리 알린 춤이다. 60년 넘게 사랑받아 왔으니 그 자체로 전통춤이라 생각할 수도 있지만, 엄밀하게는 우리 전통춤의 기본 움직임 요소를 담고 있는 춤이 아닌, 한국적인 것을 소재로 한 신무용(모더니즘으로 가기 위한 과도기적 형태의 장르)이며, 대상도 근대 서양식 극장 관객이었다. 그래서 부채춤은 무용 전공자들에게 전통춤이라기보다 유명한 무용 작품으로 인식되고 있다.

태평무는 20세기 초 우리 전통무악의 거장 한성준이 태평성대를 기원하는 왕과 왕비가 추는 춤을 상상하며 만든 작품이다. 이 춤 역시 서양식 극장 관객을 대상으로 했다. 왕과 왕비가 추었다고 하기엔 너무나 현란한, 창작이어서 가능한 춤이다. 사용되는 음악도 경기도 굿 장단인데, 왕과 왕비가 굿 장단에 춤을 춘다니 사실은 굉장히 이해하기 힘든 설정이다. 하지만 일제 식민지 시절 권번 선생으로서 우리 전통춤을 집대성하는 데에 일조한 한성준이 창작한 이 춤에는 우리 춤의 기본 움직임 요소들이 다채롭게 들어 있다. 그래서 태평무는 보통 우리 전통춤 레퍼토리로 간주되며 동아 무용 콩쿠르 같은 권위 있는 경연 대회에서 전통부문경연 레퍼토리로 정해져 있다.

이처럼 전통춤과 전통으로 생각되지만 전통춤이 아닌 춤을 가르는 기준은 모호하다. 이런 경향은 한국뿐 아니라 식민지와 내전을 겪었던 아시아 국가들에서 공통적으로 발견되는 특징이다. 전통춤은 정체성을 몸으로 드러내는 중요한 요소였다. 국민국가 형성 시기에 상상된 민족성을 고취시키기 위해 전통이 발명되는 경우가 전 세계적으로 많았다. 그 시기 민속 음악이나 민속춤이 집중적으로 수집, 성문화되었고, 새로 만들어진 것들이 전통으로 둔갑되기도 했다. 20세기 중반에 만들어져 지금껏 사랑 받는 춤들이 점차 전통춤 범주에 편입되는 추세다. 이 역시도 여러 나라들에서 공통적으로 나타나는 현상이다. 어디까지 전통춤으로 봐야 하는지 논란의 여지가 많지만, 여기서는 조선 후기부터 신무용 탄생 이전까지 춤들 중 지금까지 공연되는 전통춤들을 중심으로 살펴보려 한다.

우리 전통춤은 크게 궁중춤, 민중춤, 전문예인춤, 사찰춤으로 나뉜다. 무용학자마다 다른 기준으로 분류하고 있고, 더 세부적인 분류도 있지만, 대상과 장소로 보자면 이런 분류가 가장 무난하다. 궁중춤은 말 그대로 궁중 의례에서 추었던 춤이다. 민중춤은 일반 민중들이 일상이나 세시 풍속에 추었던 민속춤이다. 전문예인춤은 남사당패처럼 지역을 기반으로 공연을 하러 다니던 광대 집단과 갑오경장 이후 교방이 없어지면서 권번에서 활동하게 된 기생들의 춤이다. 사찰춤은 절에서 스님들이 불교 의식으로 추던 춤이다. 사찰춤은 소수 춤만 남아 있어 분류 기준이 명확하지만, 나머지 춤들은 종류가 많아서 또 다르게 분류할 수도 있다. 그 많은 춤들을 모두 소개할 수는 없고, 이 춤들을 읽어 낼 핵심 요소에 대해 이야기해 보고자 한다.

대학 입시를 준비하며 배우는 한국 무용이라는 것은 한국 전통춤의 기본 동작들에서 나온 것들이기는 하나 무대용 동작(확장성과 명료성이 전제된)으로 변형시킨 입시 한국 무용이어서 전통춤이라고 말하기 어렵다. 대학교 한국 무용사 강의에서 여러 전통춤들에 대한 구체적인 내용을 배우게 되지만 그것들 전부가 이 작은 나라 안에서 추어진 춤들이라고 보기에는 서로 결이 너무 다르다. 특히 궁중 정재라고 불리는 궁중춤이 그러하다. 춤사위와 양식이 보편적으로 생각하는 전통춤과 완전히 다르고, 재미도 없다. 작법이라고 불리는 사찰춤도 왜 저런 동작을 하는지 이해하기 어렵다. 정재와 작법에는 테크닉이라 할 만한 게 없고 간단한 동작을 반복하며, 느리다. 여기에 살풀이, 탈춤까지 하면 이 춤들 사이에 도무지 공통점이 찾아지지 않는다. 살풀이는 동작이 다채롭기는 하지만 어디가 주요 포인트인지 알기 어렵다. 탈춤은 그나마 쉽게 이해도 되고 추는 재미가 있는 춤이다. 각 춤들의 느낌과 특징을 제대로 이해하는 데는 시간과 노력이 필요해서 무엇이 잘 추는 춤인지도 처음에는 알기 어렵다. 한국 무용 전공자가 아니고서는 전통춤에 관심을 갖기가 어렵고, 보러 다니는 것을 즐길 정도가 되려면 어느 정도 지식까지 갖춰야 한다. 춤 자체를 일상에서 접하기 힘든 일반 관객들에게 무작정 '우리 것은 좋은 것'이라 말해 봤자 대체 어디가 좋은지 공감이 가지 않는다. 보라고 권할 수는 있지만, 즐거움은 보장할 수 없다. 하지만 우리 삶 곳곳에서 오랫동안 쌓여 온 몸짓들이기 때문에 관심을 가지고 어느 정도 시간을 들이다 보면 차츰 공감이 가기 시작한다. 세대와 문화가 많이 달라졌어도 우리 몸 어딘가에 저장되어 있는 기억은 사라지지 않는다.

그렇다면 왜 어떤 춤은 쉽게 이해되는데, 어떤 춤은 보고 있는 것 자체가 힘든 것일까? 전통춤을 배우는 과정에서는 이런 질문 자체가 가능하지 않다. 대부분의 춤 선생님들이 자신이 아주 오래 추어 왔고, 애정을 가지고 있는 춤을 제자들이 제대로 된 동작으로 해 내는 것에만 초점을 맞출 뿐 어떤 맥락과 범주에서 춤을 이해해야 하는지 설명해 주지 않는다. 사실 춤만 익히기에도 강습 시간이 빠듯하다.

처음부터 흥미가 일고, 쉽고 재미있어 보이는 춤은 주로 감각적 쾌락을 충족해 준다. 흥겨운 리듬으로 보는 사람의 근육 감각을 일깨워 '나도 춤추고 싶다'는 원초적 욕구를 일으킨다. 춤 공연을 한 번도 본 적 없는 사람도 방탄소년단 뮤직비디오라면 종일 볼 수 있다. 즉각적인 감각에 호소하는 측면이 크기 때문이다. 신명나게 춤추는 사람을 보면서 '나도 추고 싶다'라는 공감대를 갖거나, 나는 출 수 없는 현란하고 역동적이고 속도감 있는 춤을 보면서 감탄하는 것은 모두 감각 차원에서 이루어진다.

그러나 극장에서 보는 현대 무용은 멋있다거나 놀랍다는 감상은 할 수 있지만 즉각적으로 이해되지 않는 것들이 많다. 작품을 만든 안무가가 드러내고자 하는 세계가 감각적 차원을 넘어 복잡한 의미 다발을 구성하고 있기 때문이다. 그래서 보는 사람도 작품에 대한 지식이나 춤에 대한 포괄적인 심미안이 없다면, 그저 주관적 관점으로만 이해하게 된다. 그렇기 때문에 움직임으로 의미를 구성해 내는 차원부터는 춤 언어에 대해 알고 있어야 감상이 가능해진다. 여기서부터는 인식의 차원이 동원되는 것이다. 예술춤에 해당하는 전통춤 레퍼토리들 역시 마찬가지다. 같은 춤이라도 춤꾼의 세계관에 따라 해석이 달라진다. 보는 사람도 기본 소양이 있어야 나름의 해석을 할 수 있고 풍부한 감상이 가능하다.

그런데 궁중춤이나 사찰춤은 이런 인식 차원을 또 넘어서 버린다. 작가가 만든 개별적 의미 세계를 넘어선 기호와 상징의 세계를 보여준다. 이를테면 궁중춤은 음양과 팔괘를 담은 동작들이 주가 되며 구성 방식 역시 각 기호의 성질을 담고 있다. 기호를 움직임화한 것이기 때문에 테크닉을 보여주거나 스펙터클을 연출하는 게 목적이 아니다. 무엇보다 음양과 팔괘 개념을 알지 못하면 이 동작의 의미를 알 수 없다. 세세한 의미를 다 알고 보는 사람은 전문가 외에는 없다. 일반적으로는 장엄하고 우아하며 고급스러운 분위기만 느낄 수 있다. 물론 이러한 분위기 자체가 일상에서 볼 수 있는 춤과는 사뭇 다르고 압도적인 면도 있어 충분히 인상적이다. 하지만 안무가가 작품 속에 자신의 생각과 감정을 담아내는 것과는 달리, 이런 춤들은 그 자체가 기호이기 때문에 감각적 차원에서도, 해석의 차원에서도 그다지 즐거움을 얻을 수가 없다. 절대 왕권이나 종교 이념을 드러내는 도구로서의 춤은 일반적 의미의 춤 감상과는 다른 시각으로 봐야 한다.

민중춤

각종 민속놀이에 해당하는 민중춤은 기층민들 누구나 추던 춤이라 배우기도 쉽고 몇 번 보다 보면 금방 이해가 간다. 전문적인 훈련을 받지 않은 평범한 서민들이 추었던 춤이기에 뒤섞여 추다 보면 몸에 익는 동작들이다. 풀을 베는 동작, 그물을 걷어 올리는 동작 등 민중춤에는 노동 행위를 모방한 동작들이 많다. 동물을 흉내 내어 웃음을 유발하거나 다산과 풍요를 상징하기도 한다. 그런 동작들 사이사이 연결부, 그리고 자유롭게 즉흥춤을 추는 부분에서는, 호흡을 들이쉬고 내쉬는 데 따라 몸을 바로 세웠다가 무릎을 굽히는 '굴신'을 하면서 어깨춤을 춘다. 일상과 자연에서 나온 모방 춤사위, 그리고 호흡과 굴신으로 이루어진 허튼춤이 민중들의 춤이었다.

정해진 동작을 함께 춤추기도 하지만, 즉흥적으로 추는 허튼춤이 더 중심이 되었기 때문에, 많은 무용학자들은 우리 전통춤의 특성으로 '즉흥성'을 이야기하고는 한다. 기층민들뿐 아니라 전문예인들도 음악과 분위기에 따라 즉흥적으로 춤을 추는 능력을 중요하게 생각했다. 우리 춤에서 가장 핵심적인 춤사위를 하나 꼽으라면 바로 '굴신과 호흡과 어깻짓'이라고 할 수 있다. 이 핵심 춤사위를 토대로 하여 기분에 따라 팔 동작과 발디딤을 달리 하며 즉흥적으로 춤을 추는 것이다. 지금이야 이 모든 춤들이 다 정해진 동작과 순서에 따라 진행되는 식으로 정리되긴 했지만, 기본적으로 우리 춤은 다른 나라 전통춤에 비해 즉흥성이 강하다. 따라서 춤추는 사람의 개성과 멋, 더 나아가 인격이 강조된다.

80년대까지만 해도 마을 잔치나 놀이판이 벌어지면 동네 노인들이 이런 춤을 추었다. 장단에 신이 올라 팔을 너울너울 접었다 펴면서 어깨를 들썩거리고 무릎을 굽혔다 펴는 춤을 추었다. 이제는 시골 중장년층도 이런 몸짓들을 많이 잊었다. '전국노래자랑'이나 '6시 내고향'을 보면 시골 어르신들이 신나서 추는 춤들이 대부분 뽕짝 리듬에 맞춘 '관광버스춤'이다. 풍물 굿판에서도 신나는 감정을 표현할 때 가장 익숙한 뽕짝 리듬 막춤이 나온다. 뽕짝은 2박인데, 우리 장단은 1박을 3개로 쪼개서 보는 삼분박이라 리듬을 탈 수가 없다. 리듬이 안 맞으니 뭔가 어색하다. 놀고 싶은데 안 놀아진다. 과거에는 굿거리장단이 삶의 현장 여기저기에 유유히 흘렀는데, 이제는 트로트가 중장년층의 일상을 지배하다 보니 움직임 리듬이 빨라졌고, 굴신은 거의 사라졌다. 트로트를 '전통 가요'라고 부르자고 하는 사람들도 있는데, 트로트는 근본적으로 우리 전통 예술의 요소들에서 나온 음악이 아니기 때문에, 여기에 맞춰 너울너울 굴신하며 움직여 보면 뭔가 어색하다는 것을 금방 알게 된다.

전통 사회와 전통문화가 남아 있던 시절을 전혀 보지 못한 젊은 세대는 우리 전통의 몸짓에 대해 이런 중장년층보다도 경험해 본 바가 없다. 지금도 농악놀이가 벌어지는 곳에서는 항상 신명나는 기운이 있다. 옛날에는 풍물 소리가 나면 마을 사람들 모두 신나게 춤을 추었지만 지금 전통 민중 예술은 관람용이다. 직접 참여하고 즐기던 난장, 화합의 장이 손뼉만 칠 뿐, 신이 나도 섞여서 놀지 못하는 공연으로 변했다. 최소한 우리 기본 춤사위 몇 가지 정도는 몸에 장착되어 있어야 즉흥적으로 섞여서 대동놀이를 할 수 있는데, 성인이 될 때까지 가장 기본이 되는 '굴신, 호흡, 어깻짓'을 한 번도 목격한 적이 없다. 놀 줄 아는 게 교양이라는 세태는 사라진 지 오래다. 상황 분위기와 리듬을 몸에 입력해 두는 것, 노는 인간의 본질을 중요하게 들여다보는 것, 학교 교육과 평생 교육에서 전통춤을 꼭 다루어야 하는 이유다.

민중춤 중 가장 다채롭고 독특하며 잘 알려진 춤이 강강술래이다. 주로 전라도 해안 지방에서 명절 밤에 행해졌던 여성들의 민속놀이로 현재 유네스코 인류무형문화유산으로 등재되어 있다. 강강술래는 노래에 따라 놀이가 달라지는데, 청어엮기, 고사리꺾기, 개구리타령, 덕석말기, 기와밟기, 남생이놀이, 꼬리따기, 문지기놀이 등 열 가지 정도의 놀이가 이어져 있다. 노래 내용에 맞게 움직임이 변하는데, 청어를 엮자고 노래를 할 때는 줄

줄이 손을 잡은 사람들이 팔을 다음 사람 어깨에 올려 전체적으로 새끼줄에 청어가 줄줄이 엮인 모습을 만들어 낸다. 고사리꺾기에서는 잡고 있던 손을 끊어내고 제자리를 돌면서 고사리의 끝이 돌돌 말려 있는 모양을 표현한다. 덕석말기는 원무가 시작점과 끝점으로 끊겨 서서히 똬리를 틀었다가 푸는 모습을 보여준다. 기와밟기는 춤꾼 전체가 허리를 숙여 상체를 앞 사람 등에 대고 기와가 첩첩이 놓인 모습을 보여주고 단 한 사람이 그 위에 부축을 받고 올라가 사람들의 등을 밟고 지나간다. 남생이놀이는 원 안에 남생이 역할을 하는 사람이 들어와 남생이처럼 움직이거나 우스꽝스런 모습으로 춤을 춘다. 남생이놀이 같은 개인춤 외에는 전체 군무 구도가 노래의 내용을 표현해 준다. 군무대열로 일상과 자연의 모습을 표현하고 있다는 점이 흥미롭다. 강강술래를 그저 손에 손잡고 원무로 빙빙 도는 단순한 춤이라고 생각하기 쉽지만, 원무를 기본형으로 일상에서 만날 수 있는 여러 모습들에 축원의 의미를 담아 행하는 놀이이다.

강강술래의 놀라운 점은, 지극히 쉬운 놀이로 엮여 있지만 이 춤을 다 배우고 나면, 누구든지 우리 기본적인 춤사위 굴신, 호흡, 어깻짓을 할 수 있게 된다는 것이다. 개인춤이 거의 없지만,

---

강강술래

가장 기본적인 우리 전통춤 요소인 호흡, 굴신이 계속 이어지기 때문에 자연스럽게 우리 춤의 형태를 익힐 수 있다. 그뿐 아니라 노래를 따라 부르면서 춤을 추다 보면 노랫말이 지닌 문학성도 느낄 수 있다. 강강술래를 배워 보면 이 춤이 얼마나 훌륭한 문화유산인지 새삼 깨닫게 된다. 요즘 세상에 손을 마주잡고 뛰어볼 일이 얼마나 있을까? 어울려 나누는 몸의 평화, 즐거움, 우리 기본 춤사위는 덤이다.

전문가가 추는 춤이 아닌 민중춤은 멀찌감치 떨어져 구경만 하는 춤이 아니다. 민중춤을 감상하는 가장 좋은 방법은 직접 들어가서 함께 춰 보는 것이다. 핵심 춤사위는 배우고 이해해야 하지만, 즉흥적인 허튼춤에 어렵거나 복잡한 동작은 없다. 장단을 타다 보면 자연스럽게 춤추는 재미를 느낄 수 있다.

전문예인춤

전문예인들의 춤은 일반 민중들의 춤보다는 조금 더 넓은 관객을 대상으로 하였다. 평민들뿐 아니라 양반까지 이 춤을 즐겼다. 전문적인 기술을 갖춘 예인들이라는 점에서 오늘날 일반적인 예술가와 비슷하다.

사당패의 광대들이나 지역 탈춤 놀이꾼들은 어느 정도 넓은 지역을 아우르며 공연했는가의 차이가 있을 뿐 춤, 땅재주, 줄타기, 버나돌리기, 꼭두각시놀음, 농악, 민요 등 여러 가지 숙련된 예능 기술을 갖추고 있었다.

광대의 기원은 고려 시대부터 내려오던 나례와 산대에서 찾을 수 있다. 나례, 산대는 사신 영접이나 단옷날 국가가 주관하는 전문예인 공연이었다. 조선 인조 대에 비용 문제로 폐지되자 여기에 속했던 예인들이 흩어져서 지역 농악놀이와 탈춤패로 들어가게 되었고, 정부 주관 행사가 지역화, 민간화되자 조선 후기에 이르러 민속 예술은 오히려 더 전문화되고 풍성해졌다.

이들의 춤은 주로 탈춤의 형태로 남아 있다. 탈춤, 즉 전통 가면극은 악가무와 대사가 모두 포함된 것들이기에 전체 내용이 잘 보존되거나 복원된 것들 위주로 전수되고 있다. 춤이라는 측면에서 우리에게 가장 잘 알려진 것은 봉산탈춤이다. 탈춤을 접하고 배우게 될 때 가장 먼저 만나게 되는 춤이기도 하다. 황해도 지역에서 단오나 사신 영접 때에 행해지다 전쟁 이후 서울에 정착한 봉산탈춤 놀이꾼이 1960년대 지금 형태로 복원하였다.

봉산탈춤은 주로 장삼자락을 공중에 뿌리면서 활기차게 뛰어오르는 춤사위로 이루어져 있다. 긴 소매를 뿌리면서 춤을 추다 보니 그만큼 동작이 커 보이고, 온몸을 크게 쓰는 역동적인 동작이 많아 기층민들의 현실 비판과 저항 의식을 담고 있는 춤으로 여겨지기도 한다. 다리를 크고 높게 들었다 내렸다 하며, 소매는 거의 때리는 느낌으로 휘두르고, 고개를 숙였다가 드는 고개잡이 동작도 거칠고 격정적이다. 2과장 팔먹중(팔목중)과장은 춤이 집중되어 있는 부분이다. 봉산탈춤을 배울 때 주로 이 여덟 먹중 춤을 배운다. 일목부터 팔목까지 솔로로 등장해서 각각 자신의 대사를 하고 '낙양 동천 이화정'과 같은 '불림'으로 춤 시작을 알린다. 서로 다른 솔로 춤들을 차례대로 선보인 후 팔먹중 전체가 나와서 합동 춤을 춘다. 이 춤들 속에 있는 동작들을 보면, 동물을 모방하거나 일상 행위를 변형하기도 했지만, 대부분은 추상적인 움직임이다. 외사위, 겹사위 같은 동작들은 구체적인 것을 표현한다기보다는 그저 순수한 움직임에 가까우며, 장삼을 뿌리는 팔동작을 구나의식(역귀疫鬼를 쫓는 의식)의 의미로 해석하는 학자도 있다. 까치걸음도 동작 이름에 형태가 비슷한 동물 이름이 들어갔을 뿐 까치를 나타낸다기보다는 그저 멋있자고 하는 춤사위다. 연풍대 같은 동작도 예술적 기교를 보여주고자 하는 것이지 특정 의미를 드러내고자 하는 것은 아니다. 그러니까 민중들이 놀이를 즐길 때 즉흥적으로 추던 자기만족적인 허튼춤과는 달리 전문예인들의 춤은 기교와 멋을 감상할 수 있는 춤이었다고 볼 수 있다.

흔히 전통적으로 호남은 음악, 영남은 춤이 강세였다고 이야기된다. 영남 지역은 전문예인들의 춤이 다양하게 남아 있는데, 봉산탈춤과는 꽤 다른 느낌이다. 부드럽게 흐르는 선이 많이 나타나고 맺고 푸는 호흡이 섬세하게 이어진다. 봉산탈춤이 크고 역동적인 반면, 영남 춤들은 유려하고 춤사위가 다양하다. 그중 보편적으로 전수되고 있는 것이 고성오광대인데, 우리 전통가면극 중에서 춤 비중이 가장 크다. 춤사위 종류도 많고 춤이 극 상황을 이끌어가는 장면도 많다. 그래서 각 과장 배역마다 춤이 개성적이고, 문둥이춤이나 말뚝이춤 등은 솔로 레퍼토리로도 무대에 자주 올라간다. 소무가 중을 유혹하는 승무과장도 다른 지역 탈춤에 비해 춤의 기교를 보여주는 승무 춤사위들이 많이 등장한다.

한국 무용 전공자들도 영남 춤이라는 지역 카테고리에서 고성오광대춤을 배우고 연구해 왔다. 경상도에서 굿거리장단에 맞춰 추는 허튼춤을 덧배기춤이라고 하는데, 덧배기에서 가장 특징적인 춤사위가 배김새이다. 너울너울 날아오르거나 호흡을 서서히 올리다가 갑자기 땅으로 콱 내려 박는 동작을 뜻하는데, 한쪽 다리를 굽히고 다른 다리를 길게 펴서 배기기도 하고, 쭈그리고 앉은 자세로 배기기도 한다. 그랬다가 다시 언제 그랬냐는 듯 유려하고 관대한 디딤새를 이어가면서, 쥐었다 놨다 반복하는 것이 덧배기춤의 멋이다. 고성오광대춤에서도 배김새 춤사위가 핵심적으로 등장한다.

탈춤은 지역마다 춤사위 특징이 조금씩 다르다. 하지만 척박한 환경에서 춤이 더 역동적이 되고, 풍요로운 환경에서는 유연해진다는 식으로 이분화할 수는 없다. 아직 북한의 춤들이 다 알려지지 않아 단정하기 힘든 까닭이다. 북한과 문화 교류가 되더라도 그쪽 탈춤이 어느 정도 보존되어 있는지 미지수라, 지역별 특징을 뚜렷하게 정리할 수 있을지 모르겠다.

전문예인들이 발전시킨 춤은 탈춤 외에도 농악놀이의 개인춤이 있다. 농악은 조선시대에 노동 생산성을 높이고 다산과 안녕을 기원하는 공동체 의식이었으며, 공연 예술이기도 했다. 학자들은 조선후기 전문예인들이 민간에서 활동하며 판굿의 구성과 가락을 다듬고 세련화시켰으며, 개인놀이를 발전시켰을 것으로 추측한다. 농악의 개인무에는 상쇠춤(부포놀음), 설장고춤(설장고놀이), 북춤(북놀이), 소고춤(소고놀이, 법고놀이) 등이 있는데 기예와 멋을 한껏 보여주는 춤들이다. 악기를 치면서 추는 춤이라 장단과 춤사위 모두를 숙달해야 하는 고난이도의 춤이다. 이런 개인놀이는 농악놀이에서 관객의 박수를 한껏 끌어내는 마지막 부분에 나온다. 현대에 와서는 춤만 따로 떼어 전통춤 무대에서도 자주 공연된다.

다른 나라 전통춤들 중 전문예인의 기교적인 춤들을 떠올려 본다면, 우리 춤은 지역별 차이가 있긴 하지만 가시적으로 드러나는 테크닉은 많지 않은 편이다. 높이 뛰어오른다거나, 발 스텝이 빠르고 복잡하거나, 현란한 회전이 두드러진다거나, 발끝으로 서거나 뛰어올랐다 무릎으로 착지하는 등의 묘기를 보여주는 다른 나라 민속춤에 비해 우리 춤은 그런 식으로 신체의 한계를 극복하려는 테크닉은 거의 없다고 할 수 있다. 대신 우리 춤은 멋을 강조한다. 어깻짓 한 번, 발디딤 한 번으로 춤꾼 특유의 멋을 살려낸다. 그저 팔을 펴서 들어 올리거나 굴신 한 번 하는 단순한 동작에서도 삶의 희노애락이 느껴질 만큼 깊이가 있어야 한다. 어찌 보면 현란한 테크닉에 도달하는 것만큼, 혹은 그 이상으로 어려운 지평이다. 보편적인 테크닉을 따라가면서 몸의 능력을 최대치로 끌어올리거나 표준화된 이상적인 동작에 몸을 맞추는 것에 비해 멋이라는 것은 모호하고 주관적이다. 목표가 불분명해 도달하기가 더 힘들다. 그럼에도 불구하고 여러 사람이 멋있다고 느끼는 순간은 비슷하다. 그림의 여백이나 시의 행간이 중요하듯이, 우리 춤을 이야기할 때 꼭 등장하는 개념이 '정중동, 동중정'이다. 멈춤 속에 움직임이 있고, 움직임 속에 멈춤이 공존해야 한다. 도대체 움직이란 소리인가 움직이지 말라는 소리인가? 어떻게 추라는 것인지 명확한 기준이 없다. 춤추는 사람 본인 몸에서만 느껴지는 이 알 듯 말 듯한 느낌을 관객들도 느껴야 하는데, 비가시적이기에 기운으로, 분위기로 느낄 수밖에 없다. 드러내고 주장하고 현혹하지 않아도 보는 사람이 받아들이고 인정할 수밖에 없는, 그야말로 멋이 있어야 한다. 가만히 멈춰 있는 자세에서도 그 내부는 기운이 충만해 있으며, 반대로 격렬하게 움직이는 동작에서도 그 내면은 고요하게 비어 있어야 한다. 다리를 180도로 차 올려야 한다든가, 푸에테 fouetté 32회를 돌아야 한다는 것과 같은 뚜렷한 테크닉적 목표가 없이도 춤을 완성하기 위해서는 멋을 내기 위해 꾸준히 훈련해야 한다. 감상자도 멋이 뭔지 알아야 공감할 수 있다는 면에서, 우리 전통춤은 나이가 들수록 깊고 넓게 감상하게 된다.

기생들은 멋이라는 개념을 더욱 섬세하게 기교화시켰다. 교방(고려시대와 조선시대까지 기녀들을 중심으로 하여 가무를 관장하던 기관)이라는 국가 기관이 조선 말기 폐지되면서 여기에 몸담았던 관기들이 민간 기생 조합(권번)으로 활동하게 되었다. 교방의 관기들은 국가 공식 행사, 사신 영접, 지방 관아 행사에서 악가무를 수행했으므로, 지금으로 치면 국립무용단, 시립무용단 단원에 해당하는 예술가들이었다. 이들이 주로 추었던 춤도 궁중춤이나 지방 관아에서 추던 궁중춤 계열 춤이었다. 민속 계통 춤을 겸하게 된 것은 관기 제도가 없어지며 생계를 위해 민간 극장과 요릿집에서 공연료를 받고 춤을 추게 되면서부터이다. 처음에는 민간 공연에서도 궁중춤을 많이 췄다. 관기가 아니라 일반인 대상 기생이 되다 보니 어쩔 수 없이 점차 대중 구미에 맞는 춤을 추게 된 것이다. 근대식 극장에서 남성 재인광대들과 함께 공연하고, 권번에서 재인광대가 기생들에게 민속춤을 가르치기도 하면서 민속춤 요소가 자연스럽게 기생의 춤에 스며들게 되었다. 그러나 교방 소속 관기였을 때 민속 계통 춤을 전혀 추지 않았던 것인지, 지금의 기방춤이 정확히 언제 어디에서 시작된 것인지를 밝힌 자료는 없다. 조선시대 관기들은 국가와 지방정부의 공식 행사가 있을 때 외에는 사가에서 비공식적으로 활동했다고 하며, 19세기 중인층 중심으로 발달한 풍류방에서 자유롭게 춤을 췄다고 하지만, 무슨 춤을 췄는지는 알 수 없다. 대략 '관기시대(국가행사용 궁중춤)/권번시대(관람용 예술춤)'의 큰 구분을 지을 수 있을 뿐이다.

1960년대 이후 우리 전통 예술을 보존 발굴하기 시작하면서 과거 기생들의 증언이 기방춤 역사의 사료가 되었는데, 사실 이들도 20세기 사람들이었으므로 19세기의 춤 세계를 제대로 알지 못했고, 그나마도 기생이었던 과거를 숨겨야만 했던 사회 분위기 때문에 증언도 많지 않았다. 그래서 종종 교방춤과 기방춤(권번춤)이 같은 것으로 오해되기도 한다. 이 두 가지는 전혀 다른 춤으로, 앞에서 설명했듯이 교방춤은 정부 공식 행사에서 추던 의례에 가까운 춤이었고, 기방춤은 기생들이 갑오개혁 이후 권번에서 활동하며 추었던 춤으로 오늘날 예술춤에 가까웠다. 민간에서 활동한 기생의 민속 계통 춤인 기방춤은 이를테면 살풀이, 승무, 입춤, 산조춤, 한량무 같은 춤들이다. 기생이 이 춤들을 췄다는 기록은 20세기 초부터 등장한다. 흔히 살풀이는 굿에서, 승무는 불교 의식과 탈춤에서 유래했다고 하는데, 이 춤들이 본격적으로 기교화, 세련화된 것은 일제강점기 권번을 통해서이다. 관객이 공연자와 아주 가까이에 있는 요릿집의 방과 작은 특설 무대, 그리고 무대를 집중해서 관람하게 되는 근대 서양식 극장에서 감상용 춤을 추면서 기교가 더욱 섬세해지고 미묘한 멋을 강조하게 되었다. 작은 걸음걸이나 호흡까지도 감상의 대상이 되다 보니 연결부는 더욱 촘촘해지고 궁중춤과 민속춤의 다양한 테크닉들을 종합하여 더 고차원적인 춤 문화를 낳게 되었다. 높은 예술적 가치를 인정받아 현재까지 전승되고 있는 주요 전통춤 레퍼토리들은 근대 이후 기생들의 활동을 통해 창조되고 개량된 춤들이라고 보면 된다.

대표적인 전통춤 솔로 레퍼토리인 살풀이와 승무는 권번 시대가 끝난 이후에도 계속 발전되었고 현재 무형 문화재로 지정, 전승되고 있다. 매우 수준 높은 예술춤이긴 하나 이 역시도 다른 나라의 테크닉적 전통춤들과는 달리 비가시적이고 내재적인 테크닉을 가지고 있다. 그나마도 한복 치마에 가려서 다리 걸음과 중심 잡기가 보이지 않아 얼핏 어렵지 않은 춤으로 보이기도 한다. 하지만 실제로는 무척 어려운 춤들이다. 몇 달이면 어느 정도 형태를 흉내 낼 수는 있지만, 부드러운 연결은 되지 않는다. 여기에 멋을 만들어 내면서 자신만의 개성까지 갖추려면 아주 오랜 세월 지속적으로 배우고 추어야 한다. 짧게 배워서는 형태를 갖추기는커녕 춤 순서도 기억나지 않을 정도로 복잡하다. 지역 문화센터 한국 무용 교실에 가면 이런 춤을 평생 취미로 삼고 배우는 중장년층들이 많다. 오랜 시간 연습해도 항상 새로 깨우치는 춤들이라 취미로 삼고 심취하기에 좋을 듯하다.

광대, 기생과 함께 무속춤도 전문예인의 춤이라 볼 수 있다. 강신무가 아닌 세습무는 굿을 하는 동안 악가무를 계속 이어가는데 그 분량이 어마어마하다. 세습무의 굿은 강신무의 굿에서

이매방 살풀이

처럼 작두를 타거나 섬뜩한 순간들을 연출하는 것이 아니라 음악과 춤과 이야기가 계속 이어지는 그야말로 하나의 총체 공연 예술이다. 그래서 보통 세습무 굿을 전통 예술로 다루며, 최근에 와서는 세습무 집안 후손뿐 아니라 전통 연희 전공자도 전수받고 굿에 참여한다. 동해안 별신굿이나 남해안 별신굿은 음악이 상당히 독특하고 섬세하며, 경기도당굿은 춤이 두드러진다. 지역별 굿마다 음악, 노래, 춤, 의상, 무구 등의 특색이 다르지만 대체로 단순 동작 반복이 많고, 제자리 디딤새, 회전, 뛰기 등 무아지경에 다다르기 위한 신체적 고양에 초점이 맞춰져 있다. 그렇더라도 무속에서만 나오는 전형적인 춤사위와 특별한 질감이 있다. 굿판이라는 한정된 공간에서 춤을 추다 보니 동작이 크지는 않지만, 인간을 위로하고 축복을 빌어주는 굿의 본질이 전달되도록 춤사위에 풍부한 정서와 감정이 담겨 있다.

춤 비중이 크고 형태도 다채로운 경기도당굿은 춤 위주로 정리되어 경기도당굿시나위춤으로 무대 공연화되었고, 최근 경기도 무형 문화재로 지정되었다. 굿의 각 거리별로 등장하는 춤들이 경기도당굿시나위춤이라는 이름으로 정리되기까지는 故 김숙자 명인의 노력이 있었다. 세습무가의 딸이자 춤꾼으로서 경기도당굿의 춤사위들을 정리하고 예술춤으로 선보이는 시도를 했다. 그 여러 시나위춤 중 우리에게 가장 잘 알려진 것이 도살풀이춤이다. 원래 경기도당굿 뒤풀이에서 추던 춤을 김숙자 명인이 작품화하여 무대에 올렸다. 살풀이춤에서 쓰는 수건보다 훨씬 긴 수건을 뿌리면서 추는 춤으로, 굿 춤사위와 민속 계통 춤사위가 어우러져 담백하고도 깊이 있는 기교를 만들어 낸다. 긴 수건을 뿌리거나 어깨에 메거나 바닥에 끌면서 춤을 추기 때문에 드라마틱한 느낌이 난다. 긴 수건이 마치 짊어진 업보 같기도 하고, 일상의 여러 감정 같기도 하고, 떠나보내는 영혼 같기도 하다. 기방춤 계열의 살풀이춤이 잔 기교가 많고 휘어감아 도는 선들이 몸 여러 부위에서 만들어지는 반면, 도살풀이춤은 흙, 땅 같은 느낌에 가까워서 선이 굵고 묵직하며 잔 기교가 별로 없다. 호흡과 굴신도 더 거칠다. 살풀이춤처럼 촘촘하게 연결된 섬세한 기교로 이루어진 춤이 아니기 때문에 기교 없는 기교를 가지고 춰야 하는 어려운 춤이다.

무속춤에서 나온 춤들을 무대 공연화한 것 중 지전춤도 유명하다. 굿에 지전이 등장하는 지역이 많은데, 진도 씻김굿 지전춤이 가장 잘 알려져 있다. 진도 씻김굿뿐 아니라 동해안 별신굿에 나오는 지전춤 동작들은 특징이 뚜렷하고 정형화되어 있어 한국 무용 전공자들에게도 익숙하다. 그래서 굿에 나오는 지전춤 주요 동작을 주제 동작으로 삼아 살을 붙인 지전춤 작품들이 많이 나와 있다. 김진홍 명인의 지전춤은 개인 창작품이지만, 지전춤 고유 동작들과 민속춤 전반에서 뽑아낸 여러 동작들이 잘 구성되어 있어 명무로 인정받고 있으며 전수를 받는 사람들이 많다.

경기도당굿시나위춤이나 지전춤처럼, 과거에도 존재했으나

정리되지 않고 흩어져 있던 춤사위들이 현대에 와서 공연용 레퍼토리로 개발되고 다듬어지는 양상은 지금도 계속되고 있다. 이런 면에서 전통이란 과거 모습이 그대로 후대에 전승되는 것이 아니라 시대 상황과 미감에 맞게 재창조된다는 것을 알 수 있다.

사찰춤

불교 의식에서 추는 춤을 작법이라고 한다. 현재 남아 있는 작법춤은 나비춤, 법고춤, 바라춤이며 영산재라는 불교 의식에서 이 세 가지 춤을 모두 볼 수 있다. 영산재는 불교 49재 중 가장 규모가 큰 재의식으로 무형 문화재로 지정되어 있으며 유네스코 세계무형문화유산으로 등재되어 있다. 영산재에는 식당작법이라는 부분이 있는데 여기서 세 가지 춤을 모두 춘다. 나비춤은 나비 날개처럼 큰 소매 옷을 입고 천천히 걷거나 돌면서 추는 춤이다. 바라춤은 두 손에 바라를 쥐고 바라를 쳐서 소리를 내거나 바라를 들어 올리면서 추는 춤이다. 법고춤은 큰 북 앞에서 다리를 하나씩 들어 올리거나 팔로 크게 원을 그리면서 춤을 추다가 북을 치는 춤이다. 세 가지 춤 모두 동작이 많지 않고 격렬하지도 않으며 반복 동작이 많다. 종교 의식에서 추는 춤이라 경건하고 차분하다. 기교를 보여주고자 하는 춤은 아니며 불교 세계관과 신앙심을 표현하는 게 목적이다. 가령 나비춤에 나오는 비나비상이라는 동작은 양팔을 들어 옆으로 활짝 펴고 고개와 몸을 바로 잡아 정중한 자세를 취하는데, 향기로운 꽃내음이 나는 고장에 나비가 날아다니는 평화로운 모습을 보여주는 것이며, 이곳에서 부처님의 불법을 배우라는 의미이다. 바라춤에서는 바라 끝이 날카롭게 백팔번뇌를 끊어낸다는 의미로 회전 동작을 하며, 발동작은 고무래 정丁을 유지하여 정직함과 선행을 상징한다. 이처럼 작법은 잡념을 버리고 참회하는 것, 부처님에 대해 예의를 갖추고 찬양하는 것, 고통 받는 축생을 구제하는 것 등의 의미가 동작으로 표현되는 춤이다. 소수 승려들이 배우고 전승하며, 간혹 무용 연구자들이 연구 목적으로 배우기는 하지만 극장 무대에서는 거의 추지 않는다. 하지만 바라춤의 경우 독특한 춤사위 때문에 무용가들이 그 동작을 응용해서 창작 작품에 쓰기도 한다.

궁중춤

궁중춤은 국가 공식 행사, 궁궐 내 잔치, 외국 사신 환영 행사 등 여러 의례에서 추어졌던 춤이다. 궁중춤은 정재라고 부른다. 그중 가장 중요한 것은 유교 제례인 문묘 제례와 종묘 제례에서 추는 춤이다. 궁중 제례무는 줄을 지어 서서 추기 때문에 일무라고도 한다.

문묘 제례무는 공자와 맹자를 비롯한 유교 성현들을 제사 지낼 때 추는 춤이고, 종묘 제례무는 조선시대 왕들 제사에서 추는 춤이다. 열을 지어 서서 무구를 들고 추며, 문관과 무관을 상징하는 문무와 무무로 구성되어 있다. 문묘 제례는 고려 예종 때 송나라에서 전해졌다. 그래서 음악과 춤이 모두 송나라의 것이며, 그 옛날 예술 형식이 지금까지 잘 보존되어 있다. 이 음악을 대성아악이라고 하는데, 중국에서는 송나라 이후 나라가 여러 번 바뀌고, 결정적으로 문화 혁명까지 겪으면서 완전히 사라졌다. 유교 문화권 나라 중에서 유일하게 우리나라에만 남아 있다. 춤은 움직임이 흐름을 타고 연결되기보다는 포즈와 포즈가 나열되는 느낌이다.

종묘 제례는 중국에서 수입한 춤과 음악이 아니다. 조선조 초기 세종과 세조 때, 조상님들에게 우리 음악을 들려드리는 게 좋겠다는 취지에서 보태평과 정대업이라는 우리 음악과 춤을 새로 만들었다. 제례에 쓰이는 악이다보니 느낌은 문묘 제례와 비슷하다. 종묘 제례악은 종묘 제례에서만 쓰이지만 문묘 제례악은 여러 유교 제례에 두루 쓰인다.

일무는 제례의 일부가 되는 춤으로, 춤 자체만 봐서는 이해하기 어렵고 재미가 있는 것도 아니다. 종묘에서 종묘 제례를 할 때 일무를 보면 제례 전체 과정과 종묘라는 공간 속에서 이 춤이 어떤 분위기를 만들어 내는지 짐작할 수 있을 뿐이다. 일무 동작은 감정이나 생각을 표현하는 것이 아니기 때문에 보는 입장에서도 감흥을 갖기 어렵다. 간혹 무대 공연으로도 올리는데, 제례라는 맥락을 떼놓고 춤만 보면 느리고 기하학적인 동작들이기 때문에 졸리기까지 하다. 게다가 우리 춤 핵심 요소인 호흡, 굴신, 어깻짓은 거의 보이지 않는다. 호흡과 굴신이 없을 수는 없지만, 매우 절제하면서 추는 춤이라 민속 계통 춤에서 뚜렷하게 느껴지는 기본 움직임 요소가 눈에 띄지 않는다. 그래서 일반적인 춤들처럼 함께 즐기며 볼 수가 없다.

다른 정재들도 마찬가지다. 상당히 다양한 춤들이 있지만 처용무나 학연화대무처럼 몇몇 독특한 작품을 제외하고는 춤사위도, 구성도 거의 비슷하다. 어느 정도 한정된 춤사위들이 작품마다 다르게 조합된 정도로 보인다. 동작은 대개 절제되어 있고 가시적으로 드러나는 기교도 없다. 이를테면 선이 길어 보이게끔 몸을 뻗는다거나, 높이 혹은 멀리 뛰거나 걷는다거나, 현란하게 회전하는 동작은 없다. 호흡, 굴신, 디딤새, 팔동작 모두 매우 부드럽고 얌전한 느낌이다. 심지어 표정도 없다. 왕과 대신들이 지켜보는 국가 행사에서 이를 드러내고 웃으면서 춤을 춘다는 게 법도에 어긋나기도 했을 것이다. 사극 드라마가 펼쳐 온 상상력 때문에 우리는 흔히 왕 앞에서 온갖 교태를 부리며 활짝 웃는 궁중 춤꾼들을 자연스럽게 떠올리곤 하지만 실제는 전혀 그렇지 않다. 물론 비공식 연회에서 어떤 교태가 부려졌는지는 알 수 없지만, 기록에 남아 있는 행사 춤은 오로지 왕의 권위를 드러내는 이데올로기적 수단이었기 때문에 전혀 발랄하지 않았다.

엇비슷해 보이는 작품들을 구분하는 것은 춤이 시작되기 전에 부르는 노래시, 창사이다. 창사에서 왕의 업적을 드높이고 태평성대를 기원하는 시와 해당 춤의 내용이 노래로 소개된다. 무대에 등장하는 도구와 의상, 무대 미술, 군무 대열, 춤꾼의 수도 작품의 차이를 만들어 낸다. 그러나 춤만 감상하고자 만든 작품이 아니기 때문에 작품마다 개성이 두드러지지 않는다.

일제강점기와 한국 전쟁을 겪으면서 많은 정재가 사라졌다. 그것을 복원하는 데는 정재에 참여해 본 아악원 단원들의 기억이 중요했다. 그러나 복원 시점이 1960년대라 그때껏 살아 있던 단원들이 마지막 춤을 추고 많은 시간이 지난 뒤였고, 그들이 추어 보지 못한 정재들도 많았다. 이런 어려움에도 불구하고 정재 복원에 평생을 바친 이가 故 김천흥 명인이다. 그는 1922년 이왕직 아악부에 들어가 1923년 순종 오순 행사에서 무동으로 뽑혀 정재를 췄다. 조선의 마지막 공식 왕실 연회에서 직접 춤을 춰 본 증언자인 그는 식민지와 전쟁을 겪은 후 아악부 악사들과 다시 모여 정재를 복원하는 데 힘썼다. 정재는 무보를 갖추고 있어서 진행 대열을 그림으로 그려 놓은 의궤도 있고 악보에 따라 춤이 어떻게 진행되는지 동작을 한자로 써놓은 책 『정재무도홀기』도 있다. 하지만 의궤는 춤추는 어느 한 시점의 장면을 기록한 것이라 영상처럼 흐름을 알려주지는 않으며, 홀기에 기록된 한자가 지시하는 동작이 정확히 어떤 동작인지(예를 들어 회전이라고 적혀 있다면 어떤 식으로 돌아야 하는지), 동작과 동작 사이 연결부는 어떻게 해야 하는지 알 수 없다. 그래서 여전히 복원된 정재들의 정통성을 의심하는 사람들이 있다.

그러나 한편으로 정재들을 복원하는 것은 가능하기도 하고 당연한 일이라는 의견도 있는데, 동작이 다양하지 않기 때문이다. 그러나 동작 가짓수가 가장 다양한 작품으로 알려진 〈춘앵전〉 안에 정재 동작들의 백미가 들어가 있어 한자로 기록된 동작 이름이 지시하는 형태가 여러 가지로 해석될 여지가 별로 없기도 하다. 2000년대에 들어서도 정재 복원은 꾸준히 이어지고 있다.

궁중 정재라고 해서 궁중에서만 이루어진 것은 아니었다. 지방 관아에서 악가무를 담당하는 교방청의 관기들도 각종 지역 행사에서 궁중 정재 일부를 추었다. 대신 지방 정부 형편에 맞게 인원과 규모를 줄였던 것으로 보인다. 궁중에서는 장악원이, 지방에서는 교방이 정재를 담당했으며, 궁중에서 큰 잔치가 있을 때는 각 지역 관기들이 서울로 뽑혀 올라가 정재를 추고 다시 지역으로 돌아갔기 때문에 중앙과 지방의 춤이 서로 교류하고 영향을 끼쳤을 것으로 보인다. 궁중에서도 추고 지방 관아에서도

〈춘앵전〉

추었던 몇몇 정재 작품 외에 지역 교방에서 추어졌던 춤들도 있다. 기본적으로는 정재의 우아하고 위엄 있는 분위기와 춤사위를 공유하지만 좀 더 지방색이 들어가 있고 민속적인 색채도 엿볼 수 있다. 궁중 정재에 비해 대부분 소규모 작품들이다. 잘 알려진 교방춤으로는 진주검무, 동래고무, 통영승전무가 있다.

기호와 감각

세계 여러 나라 전통춤을 공부해 보면 한국에는 유독 여러 종류 전통춤이 있다는 걸 알게 된다. 국토 면적과 인구에 비해 춤이 너무나 다양하다. 음주가무에 특화된 민족이라는 말이 수긍이 된다. 모든 나라들이 여러 종류의 전통춤을 갖고 있는 것은 아니며, 하나의 민족적 색채가 깃들어 있는 전통춤이 존재하지 않는 나라들도 있다. 민중춤 차원에서는 전통춤들이 남아 있는 나라가 많다. 그러나 전통예인춤에 궁중춤까지 다 남아 있는 나라는 많지 않다. 피지배 계층부터 지배 계층의 춤까지 모두 남아 있는 나라들은 주로 아시아에 많은데, 특히 우리나라는 춤도 다양하지만 춤추는 사람도 많다. 전문예인들과 달리 민중들 대부분은 전승 체계가 갖추어져 있지 않고 유형적, 일상적, 반복적, 비전문적 성격을 가진 춤을 췄다. 민족 무용학에서는 이런 춤을 대체로 민속 무용folk dance이라고 한다. 즉 오랜 기간 배우지 않아도 출 수 있는 춤이며 민중들이 흔히 추었던 집단적인 춤이다. 예술적 양식성을 보존하고 전승 체계가 갖추어져 있는 전통춤은 민족 무용ethnic dance이라고 분류하는 경우가 많다. 전통예인 춤과 궁중춤은 민족 무용으로 볼 수 있다.

친숙하건 아니건 우리는 전통춤 토대가 넓고 탄탄한 문화에서 태어나서 살아 왔다. 그래서 이 정도에도 미치지 않은 나라가 있다는 사실에 쉽게 공감하지 못한다. 내가 보거나 추지 않더라도 전통춤을 '당연하게 있는' 춤이라 생각한다. 전통춤 문화를 누리며 산다는 것은 돌아볼 몸짓들과 레퍼런스가 있다는 점에서 긍정적이다. 물론 전통이라는 틀 안에 매몰되어 동시대 감각으로 창작을 해내지 못하는 한국 무용 안무가들이 많다는 점은 안타깝다. 그래도 전통춤 자체는 이 나라의 특수하고 풍부한 문화 자본이다. 전통춤을 통해 과거 사람들이 어떤 생각을 하며 살아왔는지 가늠해 볼 수 있다는 점에서도 흥미롭다.

민중들이 추던 춤은 지금 대중들도 편안하게 받아들인다. 복잡하지 않고 감각적인 즐거움에 충실하기 때문이다. 이런 저런 전쟁과 단절, 이동이 있었으나 몸 속 유전자에 저장된 몸의 기억은 쉽게 사라지지 않았다. 일제 공교육과 문화 정책이 몸짓에 어느 정도 영향을 주었을지 모르지만, 그 기나긴 기억이 단숨에 바뀔 수는 없었다. 지금은 시대가 많이 바뀌었어도 조금만 익히면 금세 공감하고 즐길 만큼 익숙해진다.

민중춤은 사회에서 가장 보편적인 감각의 교집합을 보여준다. 우리 기본 춤사위인 호흡, 굴신, 어깻짓은 농경 사회에서 살아가는 사람들이 움직이는 몸과 연관된다. 경작하는 삶은 무릎을 살짝살짝 굽히며 땅을 밟는 움직임, 굴신과 연결된다. 호흡과 어깻짓은 우리가 자연의 흐름에 맞춰 세상을 인식하는 방식과 연결된다. 험준한 산악 지역에 사는 민족들의 춤에는 높이 뛰고 현란하게 도는 기교가 포함된 것들이 많은데, 이 역시 환경을 이겨내며 살아야 하는 몸의 감각과 관련되어 있다. 유목민들에게는 말 타는 자세와 관련된 춤사위가 많다. 태평양 섬나라에 사는 사람들의 춤사위에는 물결 모양의 연속적인 움직임이 많이 나온다. 요컨대 살아가는 조건이 몸으로 나오는 것이다.

보통 서양식의 민속춤, 포크 댄스folk dance는 쉽고 일정하게 반복되는 음악에 맞춰 추는 춤이다. 그래서 음악 한 단위가 지나가고 다시 반복될 때 춤도 같은 식으로 반복된다. 그런데 우리 민중춤에는 이런 포크 댄스가 없다. 원래 있었는데 사라진 것인지 원래부터 없던 것인지는 알 수 없지만, 일정한 동작구가 반복되는 민속춤은 남아 있지 않다. 커플 댄스도 마찬가지다. 유럽 민속춤들과 유럽 식민 지배를 받은 나라들의 민속춤에는 커플 댄스가 많다. 커플이 일정한 동작구를 반복하며 추기도 하고(세트 댄스 등), 즉흥적으로 진행을 조합해서 추기도 한다(탱고와 룸바 등). 우리에게는 커플 댄스도 없다. 이렇게 춤 종류가 많고 춤추기를 좋아하는 민족에게 왜 그런 형태의 춤은 없었을까? 구조화된 시퀀스를 추기보다는 개별적인 즉흥춤, 허튼춤을 보편적으로 취 왔던 문화 때문이 아닐까 싶다. 그런데 흥미롭게도 북한에서 조선식 커플 포크 댄스를 만들어 인민들에게 보급했는데, 이를 군중 무용이라 부른다. 서양식의, 일정한 동작구가 반복되는, 커플 댄스이면서 우리 춤사위로 되어 있는 포크 댄스이다. 여기서도 가장 핵심적인 요소는 춤추는 사람 자신의 감각적 즐거움이다.

전문예인춤에도 보는 사람들의 감각적 즐거움이 포함된다. 직접 추는 예인들의 즐거움도 있겠지만, 보이는 것이 우선이다. 감각적 즐거움을 극대화할 수 있는 흥미롭고 멋있는 동작들을 보여주어야 하며, 그것들을 포함한 형식과 내용을 갖추어야 한다. 그러나 형식과 내용이 다채롭고 복잡할수록 관객이 그것을 즉각적으로 받아들이는 게 힘들어진다. 해석에는 정보와 소양이 필요하기 때문이다. 개별 테크닉에 관해서도 마찬가지다. 그 테크닉을 실행하기에 어떤 어려움이 있고 어떤 훈련이 필요한지, 그 테크닉이 나타난 배경은 어디에 있는지, 핵심 감상 포인트는 어디인지를 어느 정도 알아야 한다.

전문예인춤인 살풀이는 무속 음악에서 나와서 기방춤으로 발전한 춤이다. 무속춤의 종교적 느낌과 기방춤의 섬세한 느낌, 민중의 보편적 감수성이 합쳐져 있다. 초반에는 기생들이 손수건만 한 수건을 들고 추었다고 전해진다. 그것이 계속 발전하며 무대화되는 과정에서 극적 효과를 높이기 위해 수건 길이가 길어졌다. 이 춤은 기본적으로 단전과 무릎을 단단하게 조이는 게 특징이다. 몸통이 하나의 굳건한 덩어리처럼 움직여야 하며 팔다리가 이 덩어리를 큰 구로 확장한다. 마치 몸 주변을 큰 풍선이 에워싸고 있는 것처럼 에너지의 파장이 형성되는 모습을 상상하면 된다. 호흡을 할 때에도 몸을 따라 숨이 크고 둥글게 순환하고 있다고 상상해야 한다. 그러나 과신전을 통한 확장성, 수직 상승에 대한 의지는 없다. 타고난 자연스러운 몸의 움직임으로 대지와 공명하는 것에 초점을 둔다. 사지를 가능한 한 길게 뻗어 키네스피어kinesphere(라반 움직임 분석에서 개인의 움직임 공간을 일컫는 용어)를 최대한 확장하고 자신을 무대 위에 전시하는 발레에 익숙한 춤꾼이라면 아마 이런 몸 태도를 갖추기 어려울 것이다. 우리 춤은 몸을 둘러싼 구 안에서 에너지를 순환시키기 때문에 자신의 몸통을 단단하게 만드는 것이 중요하다. 몸통의 단단함에 비해 팔다리와 각 관절은 미묘하게 각기 다른 방향으로 휘어져 있다. 이 '정도'를 잘 조절하는 것이 테크닉이다. 끊임없이 생성되는 태극 문양의 휘어짐이 필요 이상으로 크게 드러나거나 몸통까지 크게 앞, 뒤, 옆으로 젖혀지면 춤이 천박하게 보인다. 호흡이나 어깻짓도 절제가 필요하다. 호흡을 올렸다 내릴 때도 단전의 힘을 다 빼는 것이 아니라 몸통은 유지하고 호흡만 빼는데, 동작에 따라 몇 퍼센트로 호흡을 올리거나 뺄 것인가를 잘 계산해야 한다. 호흡의 크기와 태극의 휘어지는 각도는 춤마다 요구되는 적정 수준이 있다. 이 모든 것을 다 반영하여 추는 것은 매우 어렵다.

발레나 현대 무용 전공자는 끊임없이 거울을 보면서 내 몸의 원래 크기를 벗어나서 무대를 장악할 수 있도록 길게 늘이고 역동적으로 공간을 가로지르는 연습을 한다. 우리 전통춤과는 전혀 다른 몸 태도를 갖추고 있기 때문에 발레나 현대 무용 전공자가 살풀이를 접하면 굉장히 답답한 느낌을 받는다. 오금에 엄청나게 힘을 주고 있지만 몸이 공간을 시원하게 뚫고 나갈 수가 없다. 동작을 하고 있긴 한데, 아무것도 하고 있지 않는 느낌이다. 오랫동안 익숙한 몸 태도를 바꾸는 것도 어려운 일이지만 세부적인 요소들을 몸 안으로 들어오게 하는 데 오랜 시간이 걸린다. 크게 움직였다가 갑자기 방향을 바꿔 멈춘다든지, 정적인 것과 동적인 것의 비율을 잘 배분해서 움직인다든지, 힘의 강약에 어느 정도 리듬을 준다든지 하는 동작들은 희로애락을 담고 있기 때문이다. 말로는 표현할 수 없는, 춤이 아니면 표현할 수 없는 삶의 은유이다.

탈춤은 이에 비해 좀 더 가시적이고 거친 굴신과 호흡, 어깻짓을 가지고 있다. 하지만 역시 내 몸을 둘러싸는 원 안에서 호흡이 순환하고 있는 느낌을 가지고 춰야 하는 춤이며 개별 동작에서 멋을 낼 수 있는 부분들을 살려서 추는 것이 중요하다. 그러나 멋을 내는 부분이 딱히 정해져 있는 것도 아니어서, 꾸준히 연습하며 멋을 만들어 내는 수밖에 없다.

궁중춤이나 사찰춤은 이런 멋내기와 인생 희로애락과도 별 상관이 없다. 애초에 감정이나 생각을 표현하려는 춤이 아니며,

감각적 즐거움에 호소하지도 않는다. 마치 바람에 흔들리는 깃발처럼, 그 자체가 움직이는 기호이다. 유교에서 예악 사상은 '예와 악(여기서 악은 음악만을 뜻하는 것이 아니라 악가무를 아우르는 개념이다)을 통해 덕을 완성한다'는 것으로, 조선시대 정재춤은 주로 덕을 완성하기 위한 통치 수단이었다. 주역에 나오는 팔괘八卦, 팔풍八風, 팔절기八節氣, 팔음八音, 음양오행 개념으로 우주 질서를 보여주고자 했다. 오른손이 음이라면 손에 든 소도구는 양이고, 몸 방향이 팔방위 중 어느 방향인지, 도는 동작인지 걷는 동작인지에 따라 각기 다른 성질을 표현했다. 직접 춤을 추거나 안무에 참여한 왕도 있지만, 정재를 보는 궁중 모든 사람들이 이 움직임의 의미를 다 알고 있지는 않았을 것이다. 왕의 권위를 드러내는 기품 있는 춤 이상의 복잡한 감상은 없었을 것이다. 지금 관객 역시 세부적 의미를 다 따져가며 보기보다는 전체 분위기를 보면 된다.

다른 나라의 궁중춤도 이런 기호적 특성을 지닌다. 발레 발생 초기 루이 14세도 프랑스 궁정의 권위를 드러내고자 직접 발레를 추었다. 대형과 동작을 통해 별의 운행이나 그리스 신들을 표현하고, 루이 14세 본인은 태양 역할을 맡거나 아폴론신을 연기하면서 절대 왕정의 권위를 드러냈다.

인도와 태국, 캄보디아, 라오스의 궁중춤에도 기호적 특성이 있다. 손동작으로 기호를 만들어 내는 '무드라'가 춤동작에 들어 있으며, 기하학적 형태의 동작들 속에도 이런 기호적 원리가 들어가 있다. 대개는 종교적인 내용을 표현하는데 이 나라들이 공유하는 종교 서사시로는 인도의 '라마야나'와 '마하바라타'가 있다. 인도춤에는 무드라 종류가 많아 거의 문장을 만들어 낼 수 있는 수준이지만, 인도차이나의 무드라는 중요한 기호 몇 가지만 표현하는 정도이다. 이런 춤들은 감각적 즐거움보다는 기호와 상징을 몸으로 그려 내는 것에 충실하지만, 우리 정재와 비교하면 그래도 좀 더 서사를 갖추고 있다. 우리 궁중춤은 철저하게 음악에 맞춰 기호들을 구조화하고 있다.

지배 계층의 춤들은 춤을 추고 싶다는 원초적인 욕구를 반영하는 춤들 완전히 반대편 끝에 놓여 있다. 화려함과 장중함, 우아함으로 보는 사람을 압도하며, 배우지 못한 사람은 알 수 없는 복잡한 기호들을 다룬다. 여기에서 계급 의식이 확실하게 드러난다. 민중춤이 무언가를 마구 끄집어내고 호소하는 반면, 지배 계급은 직접적인 표현을 상당히 꺼렸다. 이러한 특성은 우리 전통춤뿐 아니라 세계 여러 나라의 전통춤들에서 보편적으로 드러난다.

상류층의 기호적이고 상징적인 움직임, 전문예인의 양식화되고 기교적인 움직임, 기층민의 감각적이고 일상적인 움직임. 거침없이 표현하는 민중들과 춤이 몸의 태도를 규정하고 품성을 만들어 준다고 여기는 지배 계층. 그렇게 나름의 이유들로 다양한 춤이 존재해 왔다.

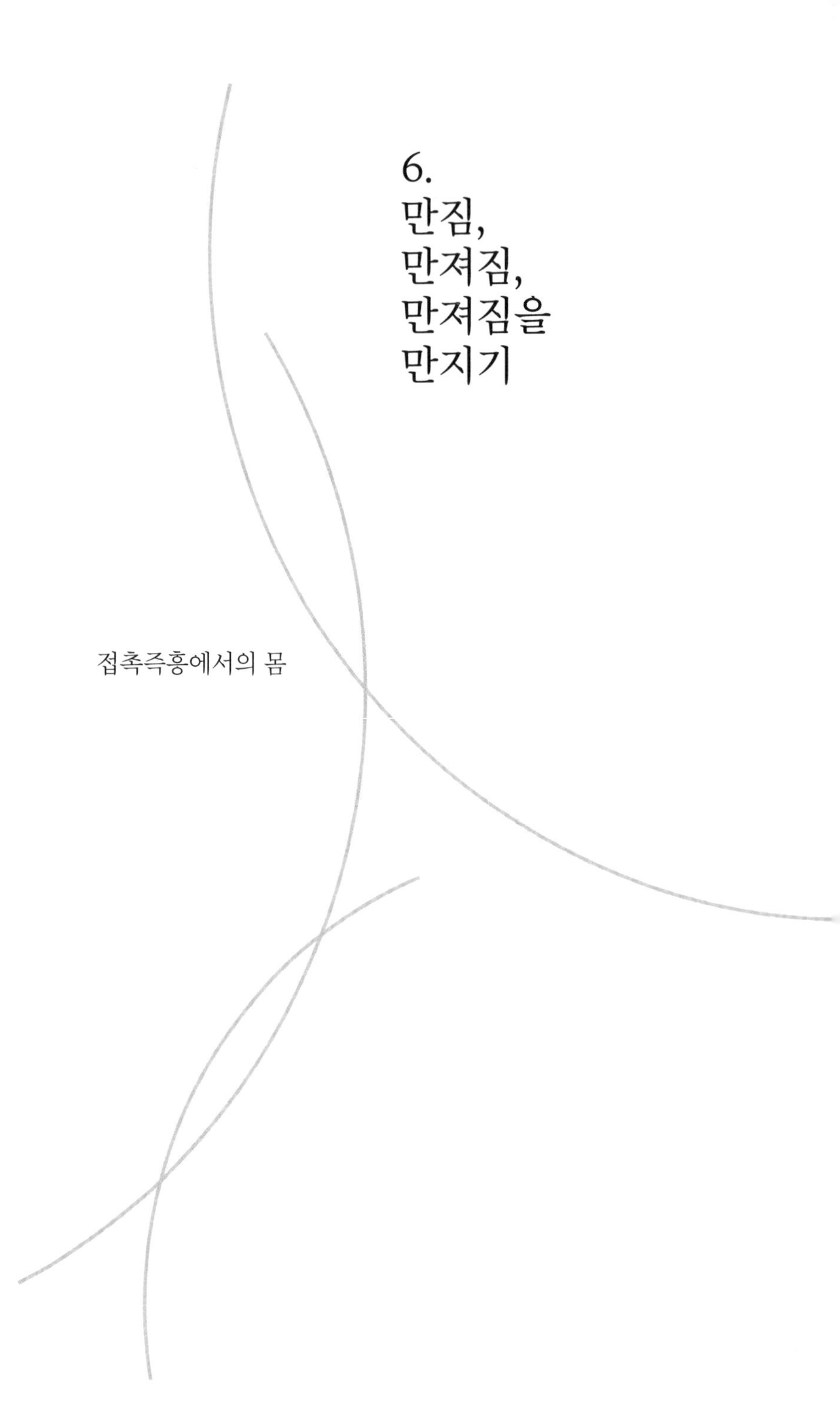

6.
만짐,
만져짐,
만져짐을
만지기

접촉즉흥에서의 몸

사람은 세계와 접촉하며 살아간다. 아침에 일어나 핸드폰 알람을 끄는 것부터 출근 시간 복잡한 지하철 안에서 다른 사람과 부대끼거나 길을 걸으며 계절의 공기를 피부로 느끼는 것까지, 우리는 항상 물건, 사람, 공간에 닿아 있다. 어느 정도 떨어져 있는가, 강도가 어떠한가 차이는 있지만 우리 몸은 항상 세계와 맞닿아 있다. 세계에 속해 있으면서 세계로 나아가는 몸, 그러니까 몸-주체는 그 존재 조건으로 인해 무언가에 닿아 있다. 아무것도 없는 진공 상태에 두둥실 떠 있는 몸을 상상해 보면 삶 자체가 세계와 접촉하는 일이라고도 할 수 있다.

그런데 그 반대 상황들이 떠오르긴 한다. 어쩔 수 없이 사물과 닿거나 타인과 부대끼는 정도 말고 별다른 접촉이 있던가? 의도를 가진 접촉이 일상에서 얼마나 있을까, 그중에 긍정적인 접촉은 또 얼마나 될까? 부모님이 따뜻하게 안아주던 때, 친구, 연인과 손을 잡고 걸어 갈 때, 오랜만에 만난 친구와 반갑게 포옹할 때. 우리는 온화하고 부드러운 접촉을 얼마나 자주 경험하고 사는 걸까? 직장에서도, 동네에서도, 가족 안에서도 같은 공간에 있을 뿐 몸은 지극히 개인적이다. 그러나 직접적인 접촉이 아니라도, 타인과 다양한 감각을 공유하는 것은 넓게 보아 세계와 접촉하고 있는 것이다. 서로의 시선이 맞닿고 이야기를 나누고 함께 호흡하는 공간은 우리의 몸을 감싸고 만진다. 동시에 우리 서로의 시선은 만짐을 품고 있다.

만짐과 만져짐, 그리고 그 만져짐을 다시 만지는 것은 내가 세계에 속해 있고, 그 속으로 더 깊이 들어간다는 것을 실감하는 행위이다. 아기가 태어나면 쓰다듬고 보듬어 키운다. 만짐 없이 인간은 자랄 수도, 사회화될 수도 없다. 방 속에 스스로를 가둔 은둔자는 접촉을 단절함으로써 세계에 자기 존재를 드러낸다. 그것은 의식적인 거부 표현이다. 만짐과 만져짐이 없다는 것을 의식하는 순간 인간은 고립되었다고 느낀다. 고립되거나 폭력적인 접촉 상황 속에 놓이지 않고, 전 생애를 통해 만짐과 만져짐을 이어나갈 수 있다면 타자를 내 피부로 만나고 내 존재가 타자와 세계와 관계하며 살고 있다는 것을 실감하면서 삶을 건강하게 유지할 수 있을 것이다.

춤을 추는 사람들은 수업이건, 연습이건, 공연이건 몸을 부대낀다. 몸을 스치는 것이 업무이다. 춤 안에서도 만짐의 층위는 다양하다. 테크닉이 엄격해서 신체 정렬을 계속 교정 받아야 하는 춤은 교사의 만짐이 빈번하고, 개성을 발휘해 추어야 하는 춤은 덜하다. 독무를 추는 사람은 타인과 몸으로 부대낄 일이 적고, 듀엣이나 군무를 추는 사람은 계속 부대낀다. 군무를 추더라도 접촉보다는 일정한 동작 시퀀스를 전원이 똑같이 해내야 하는 경우에는 리듬과 호흡을 일치시키는 것에 초점을 두고 자기 몸에 집중한다. 춤 안에서도 오롯이 자기 몸만 책임져야 하는 춤이 있는 반면, 타인과 접촉하여 힘을 주고받는 호흡에 집중해야 하는 춤이 있다.

타인과 접촉하는 춤 안에도 여러 양상이 있다. 민속춤이나 사교춤은 손이나 등, 허리를 잡는 경우가 많고, 클래식 발레의 경우도 어느 정도 한정된 틀 안에서 파드되가 이루어지기 때문에 잡는 곳이 관습화되어 있다. 현대 무용은 움직임을 만들어서 구성하기 나름이므로 작품마다 어떠한 접촉이 일어날지 무한히 다채롭다.

아카데믹한 춤 교육에서는 주로 자신의 몸 기술을 향상시키고 통제하는 능력을 키우는 데에 중점을 둔다. 적어도 대학 입시 전까지는 접촉을 하며 동작을 연습할 일이 별로 없다. 대학에서도 별반 다르지 않다. 본격적으로 전문 춤꾼의 세계에 들어가야 접촉의 여러 층위를 경험하게 된다. 그러나 아무리 전문 무용수라 하더라도 줄곧 내 몸 하나만 책임지고 춤을 추다가 처음 타인의 몸과 부대끼면 부담스럽고 자연스럽지 않다. 많은 춤을 경험했다고 모든 춤꾼들이 접촉을 편안하게 여기는 것도 아니다. 평생 접촉이 거의 없는 춤만을 추는 사람들도 많다. 춤을 춘다고 해서 타인의 몸과 더 스스럼없이, 더 빈번하게 접촉하게 되는 건 아니다. 현대 무용을 하는 사람들이라면 공연을 마치고 동료와 포옹을 하며 인사하는 모습을 상상하기가 쉬운데, 전통춤을 추고 나서 그런 식으로 인사 나누는 모습은 잘 그려지지 않는다.

1970년대 미국에서 접촉을 전면에 내세운 새로운 춤이 탄생하였다. '접촉즉흥contact improvisation'이란 이름 그대로 두 사람 이상이 접촉을 하면서 즉흥적으로 추는 춤이다. 현대 무용 전공자라면 안무 수업 시간에 다양한 즉흥춤을 추게 된다. 평소에 연습하던 익숙한 동작들이 아닌 새로운 동작들을 이 과정에서 만들어 낼 수 있고, 구성 방식을 새롭게 발견하기도 한다. 즉흥으로 움직이다 보면 의외의 것을 찾아낼 수 있다는 장점 때문에 전문가 세계에서도 작품 창작 과정에서 즉흥을 해보는 경우가 많다. 즉흥춤 자체를 무대에 올리기도 하고, 즉흥춤 위주로만 활동하는 사람들도 있다. 주어진 시공간을 어떻게 순간적으로 인식해서 즉흥적인 움직임으로 풀어낼지 흥미롭기 때문이다. 하지만 짜 놓은 작품이 아니므로 비평 대상이 되지는 않으며, 즉흥 연주를 감상하듯 순간을 재미있게 즐기면 그만이다. 즉흥춤은 여러 상황에서 생겨나고 많은 사람들이 시도하지만, 과정으로서의 춤이지 결과물은 아닌 셈이다.

제도권에서는 즉흥춤을 아무리 잘 춰도 최고 춤꾼으로 인정해 주지 않는다. 제도권의 인정을 받는 춤꾼은 구성된 작품에서 보여 준 기량과 해석 능력으로 평가받는다. 즉흥춤으로서 상대방과 경쟁을 벌이는 스트리트 댄스 문화가 아카데믹한 춤 문화에서는 받아들여지지 않는다. 사교춤에서도 즉흥성은 핵심이지만, 전문가 세계로 들어가는 순간 구성된 루틴과 반복 연습이 요구된다. 순수 무용계에서는 잘 짜인 몸짓에만 가치를 두지 즉흥 자체에는 관심이 없다. 그러나 즉흥은 어디에나 존재하며, 또 필요하다.

그렇다면 '즉흥'과 '접촉'은 어떻게 만나는 것일까? 즉흥춤을 출 때 춤꾼들 사이에 접촉이 일어나고 그러다 우연히 재미있는 장면이 만들어진다는 뜻은 아니다. 즉흥춤에 접촉이 전면에 나와 있는, 접촉이 기본 전제가 된 상태에서의 즉흥이다. 옥스퍼드 무용 사전은 접촉즉흥을 이렇게 정의한다.

> 움직이는 두 몸, 그리고 그들 움직임에서의 중력, 탄력, 마찰력, 관성의 법칙 효과 사이의 관계성에 기초한 즉흥 움직임 체계를 이르는 용어이다. 이 체계는 1972년 뉴욕에서 스티브 팩스톤에 의해 고안되었다. 이후 많은 컨템퍼러리 안무가들에게 중요한 영향을 끼치고 있다.*

---

* *The Oxford Dictionary of Dance*, Debra Caine and Judith Mackrell, Oxford University Press, 2000, 112p.

중력, 관성이란 단어가 춤과 거리가 먼 물리학 용어들이라 쉽게 가닥이 잡히는 설명이 아니다. 풀어 설명하자면, 여기 움직이는 두 몸이 있다. 두 사람은 마주보고 서서 검지를 맞대고 있다. 이제 즉흥적으로 두 몸이 움직이기 시작한다. 제한점은 서로의 손가락 끝이 떨어지지 않아야 한다는 것이다. 이 점만 지키면 어떤 식으로든지 자유롭게 움직일 수 있다. 누군가 걸어서 이동을 하기 시작하면 나머지 사람도 손가락 접촉을 유지하기 위해 따라 갈 수밖에 없다. 둘 중 누군가 달리면 같이 달리면서 접촉을 유지해야 한다. 누군가 바닥에 앉거나 누우면 높낮이를 맞춰 접촉을 유지한다. 그러다 보면 누군가의 몸을 타고 넘게 되는 수도 있고, 누군가 일어서면 따라서 일어서게 된다. 누가 주도적으로 의도를 실행하는지 정해져 있진 않다. 움직임을 선도하는 것은 두 사람 다 가능하다. 타인과 몸의 한 부분인 손가락 끝을 '접촉'하여 정해진 틀 없이 자유롭게 '즉흥'적으로 춤추는 것. 단순하게 말하자면, 이런 식으로 추는 것이 접촉즉흥이다.

손가락을 맞대는 것은 초등학교 창의적 움직임 수업에서 자주 하는 과제인데, 어린아이들 수준에서 어렵지 않게 놀이처럼 즉흥춤을 추게 할 수 있다. 물론 실제 접촉즉흥은 이렇게 단순하지 않다. 접촉점의 범위가 제한되어 있지 않고, 훨씬 다양한 방식의 접촉 행위, 즉, 들기, 밀기, 당기기, 안기, 지탱하기, 구르기, 떨어지기, 무너지기, 날아오는 파트너를 받기 등이 일어날 수 있기 때문이다. 몸을 어떤 방식으로든 접촉하면서 움직이다 보면 생각지도 못한 상황들이 만들어진다. 여러 상황들을 순간적으로 해결해 나가다 보면 이제까지 춤에서 관습적으로 해 왔던 것을 넘어서는 움직임 차원을 만나게 된다. 잠깐씩 몸이 서로 떨어질 때도 있지만 대전제는 접촉을 유지한다는 것이다.

두 사람이 등을 맞대고 있다. 한 사람이 허리를 숙이면 다른 사람은 그 등에 기대어 하늘을 보고 상체를 젖힌다. 허리를 더 숙이면 나머지 사람은 하체를 뒤로 넘겨 뒤집어 착지할 수 있다. 한 사람이 다른 사람 어깨에 한 팔을 감을 때는 안아 올리는 동작으로 자연스럽게 연결될 수 있다. 상대 몸을 지지대 삼아 순간적으로 물구나무서기를 할 수도 있다. 그런데 여기에서 '나는 이렇게 하겠다'고 정해진 건 아니며, '어떤 상황에서는 네 몸을 받아서 뒤로 넘겨줄게'라는 약속이 있는 것도 아니다. 상대방 무게를 어떻게 받을 것인지 오랫동안 서서 고민할 수가 없다. 계속 누군가가 움직이기 때문에 순간순간 판단이 이루어지고, 중력과 관성에 따라 자연스럽게 몸무게가 이동한다. 요컨대 파트너와 공간을 지각하면서 서로의 몸무게를 어떻게 주고받느냐에 초점이 있다. 기존에 자신이 익숙하게 해 왔던 테크닉이나 스타일과는 관계가 없이 즉흥적으로, 오로지 상대방 몸 움직임에 집중하면서 움직인다. 개인적인 장기를 보여줄 여지도 별로 없다. 보통 춤꾼들이 '내가 얼마나 잘 추고 동작을 틀리지 않고 멋있게 보이느냐'에 신경을 쓴다면, 접촉즉흥 안에서 춤꾼들은 '우리가 무엇이 될 수 있고 무엇을 나눌 수 있을까'에 신경을 쓴다. 이런 점에서 무대 위에서 춤꾼 자신이 빛나야 하는 일반적인 극장춤과 전혀 다르다. 그래서 극장춤 사조 중 하나로 보기보다는 하나의 춤 문화 운동으로 보는 편이다. 움직임의 물리 법칙을 이해하면서 둘이 함께 즉흥을 해나가는 것이므로 몇 가지 기본적인 요령만 익히면 누구라도 출 수 있는 춤이다. 접촉즉흥이 미국에서 처음 시작될 때에도 전문 무용수뿐 아니라 다양한 분야의 예술가, 학생들이 즉흥 잼을 했으며 도달해야 할 정해진 테크닉이 없어 민속춤이나 사교춤처럼 즐길 수 있었다. 지금도 접촉즉흥 잼은 어떤 몸 배경을 가진 사람이라도 몸짓에 관심이 있다면 누구나 참여할 수 있다.

접촉즉흥에 관한 무용인류학적 연구를 한 사람은 무용 이론가 신시아 노박Cynthia J. Novack이다. 저서 『접촉에 의한 즉흥무용의 이해Sharing the dance』에서 이 춤의 발생 배경과 실천 과정을 상세히 기술했다. 여기서는 신시아 노박의 접촉즉흥 연구를 중심적으로 소개한 뒤 실제 접촉즉흥 수행에서 어떤 것을 지각하고 인식할 수 있는지 다루어 보겠다.

순간적으로 일어나는 다채로운 움직임은 문장으로 묘사하는 것에 한계가 있기 때문에 책이나 논문만으로는 머릿속에 쉽게 그려지지 않는다. 직접 보거나(공연이나 영상물) 움직여 보는 게 좋다. 관련 영상들을 보면 '이것이 정말 즉흥적으로 움직이고 있는 것인가?' 하는 의문이 들 정도로 매우 빠르고 고난이도의 동작들이 나온다. 어떤 때는 매우 섬세하기도 해서, 저게 반복적으로 연습하여 예민하고 풍부하게 감정을 표현하는 안무 시퀀스가 아니라 즉흥적으로 일어나고 있는 움직임이 맞는지 놀랍다. 반대로 직접 춰보면 내 몸이 이런 움직임을 품고 있었나 더욱 놀라게 된다. 그렇다면 이 희한한 춤은 어떻게 생겨났을까?

이 춤의 창시자는 스티브 팩스톤Steve Paxton이다. 그는 20대 초반 머스 커닝햄 무용단에서 직업 무용수로서의 이력을 시작했지만 고등학교 때까지 체조 선수였기 때문에 신체 활동 경험이 일반 무용수보다 넓었다. 일반인들이 많이 오해하는 것이 춤추는 사람들은 모두 운동 신경이 뛰어날 것이라고 생각하는 것이다. 물론 춤추는 사람 중에 체육까지 잘 하는 사람의 비율이 좀 높을 수는 있겠지만, 모두가 스포츠에서 요구되는 운동 신경이 뛰어난 것은 아니다. 춤에서 요구하는 근육 능력은 체육에서의 운동 신경과는 조금 다르다. 팩스톤은 스포츠를 아우를 수 있는 신체 능력을 가졌기에 움직임을 탐색하는 범위가 넓었다. 접촉즉흥 초기에 합기도와 태극권, 가라데, 유도, 레슬링 같은 스포츠를 연습하여 접촉을 통해 힘을 주고받는 법을 탐구했다. 무술에서 밀고 당기며 함께 엉켜 구르고 들어 올리고 낙법을 하는 원리들을 접촉즉흥으로 가져왔다. 몸무게를 이용하여 움직임을 이어가고 균형을 잡는 것에 대한 힌트를 무술에서 얻은 셈이다. 중요한 것은 몸의 무게 중심점이다. 상대방을 들어 올리거나 뛰어오는 사람을 받아서 넘길 때 중심점을 잘 맞추면 균형을 유지할 수 있다. 체격이 다르고 몸무게 차이가 나더라도 서로 중심점을 잘 찾으면 가능하다. 오랫동안 춤 문화에서 관습적으로 가볍고 작은 사람을 무겁고 큰 사람이 들어올렸다. 특히 고정된 젠더 이미지를 재현해 온 클래식 발레에서 발레리나는 들어 올려지기 위해 매우 가벼운 몸을 유지하고, 발레리노는 항상 파트너를 들어 올릴 근력을 유지해야 했다. 발레뿐 아니라 일반적으로 춤 문화 전반에서 남성이 여성을 들어 올려 전시하고 조정하고 통제하는 역할을 해 왔다. 접촉즉흥은 이를 전복시켰다. 중심점을 찾아 균형을 이어가는 탐색을 하다 보니 여자가 남자를 들어 올리는 상황도 보편화되었고 몸집이 작은 사람이 큰 사람을 상대로 접촉즉흥을 하는 것도 흔한 일이 되었다. 낙법을 이용해 바닥으로 착지하고 굴러 떨어지는 동작을 탐색하며 곡예처럼 움직여도 부상을 피할 수 있게 되었다.

중심점도 중요하지만 그래도 가장 중요한 건 믿음이다. 실제로 서로를 믿는 것을 연습해 보기도 하는데, 가령 상대방이 몸 전체를 점점 기울여 앞으로 툭 떨어질 때 내가 그 몸을 받아주는 것이다. 예외 없이 받아낼 수 있어야 하며, 떨어지는 사람도 상대방을 믿고 과감하게 몸을 던져야 한다. 내가 상대방에게 몸을 맡길 때 나를 받아주고 다치지 않게 부드럽게 착지하도록 접촉을 유도해 갈 것이라는 믿음이 있어야 접촉즉흥을 이어나갈 수 있다.

팩스톤은 커닝햄의 춤 철학에서 핵심 사상을 취했다. 커닝햄은 잘 알려져 있다시피 포스트모던 댄스의 포문을 연 사람이다.

커닝햄의 춤 철학은 몇 가지 개념으로 정리할 수 있다. 첫째, 원근법적인 프로시니엄 무대의 단일 초점을 벗어나 다초점 공연을 했다. 무대 배경막을 중심으로 소실점이 정해지는 정면 액자 무대에서 춤을 출 때 춤꾼의 시선은 마주하는 관객을 향하게 되어 있다. 모든 동작 구성은 정면 관객을 염두에 두고 이루어진다. 커닝햄은 이를 해체하여 춤꾼의 시선과 관객의 초점을 분산시켰다. 피카소가 그린 큐비즘 회화들이 그림을 보는 방식을 완전히 바꾸어 버린 것에 비견되는 사건이었다. 둘째, 시작-중간-끝이라는 시간적 구성과 무용수의 움직임을 정해 놓지 않고, 공연 당일에 주사위를 던진다든가 하는 즉흥성과 우연성을 도입했다. 작가의 의도를 보여주는 완결된 구조의 작품이 아니라 끊임없이 생성되는 사건으로서의 예술을 추구했다. 팩스톤은 커닝햄 무용단에서 젊은 시절 활동하면서 이런 개념들을 숙고했다. 이후 탄생한 접촉즉흥 역시 다초점, 즉흥성, 우연성을 기본 개념으로 삼았다. 즉흥춤이니 당연히 즉흥과 우연을 전제로 하지만, 초점에 관해서는 부연해야 할 내용이 있다. 사실 다초점이라는 말보다 초점을 고려하지 않았다고 하는 게 맞을 것 같다. 정면 액자 무대를 바라보는 관객을 고려하지 않았다는 게 아니라, 실은 관객 초점 자체를 거의 고려하지 않았다. 남에게 보여주기 위한 춤이라기보다는 스스로 접촉을 통해 움직임을 경험하는 춤이라서 시선은 주로 자신을 향해 다가오는 상대방을 향하거나, 촉각을 예민하게 감각하기 위해서 자기 내부를 향할 수밖에 없다. 정확히 어딘가를 보는 것이 아니라 외부와 내부 중간 정도에서 상대방과 공간을 감지하는 뭉뚱그려진 시선을 갖게 된다.

접촉즉흥은 1960~1970년대 미국 공연문화에서 영향을 받았다. 이 시기 미술계의 플럭서스 그룹, 연극계의 피지컬 시어터 그룹Physical Theatre, 무용계의 저드슨 댄스 시어터 그룹이 추구했던 포스트모더니즘 예술은 각각 예술사별로는 주장했던 바가 다르지만, 이들을 아우르는 하나의 세계관, 정해져 있는 예술계의 틀을 깨고 예술이 무엇인지 처음부터 생각해 보자는 의도가 있었다. 특히 연극과 무용에서는 관객과 공연자의 구분, 일상과 예술의 구분, 행위와 공연의 구분 같은 것을 넘어서는 몸 실천을 추구했다. '이것이 춤이다', '이것이 연극이다'라고 생각했던 전문성의 고정 관념을 의심하면서 춤이나 연극이 더 넓은 차원에서 무엇이 될 수 있을지 고민했다. 덕분에 이 시기가 지나며 공연 예술 영역이 확장되었고 다른 장르와 융합되면서 새로운 가능성이 열렸다. '전문가 예술'에서 '예술 민주화'로 나아가게 된 점 또한 중요한 의의다. 반드시 특정 체형과 재능을 갖춰야만 전문적인 춤의 세계에 들어갈 수 있다는 생각에서 벗어나 누구나 춤출 수 있다는 생각이 극장 무대에 퍼지기 시작했다. 다양한 몸이 등장해서 다양한 춤을 추었고 길을 걸어가는 행인의 일상적 움직임까지도 춤 범위에 포함되었다. 이제 어떤 움직임이 가능하며 그 의미는 무엇인가가 중요하지, 발레 무용수처럼 반드시 다리를 어디까지 들어야 한다는 것은 중요하지 않게 되었다. 춤에 불어온 자유, 평등, 민주주의 바람은 접촉즉흥 운동에도 직접적인 영향을 주었다. 앞서 언급했듯이, 접촉즉흥은 무용 전공자만 했던 것이 아니다. 기술적인 전제 조건이 없으니 이제부터 접촉하는 법을 배우면서 춤추면 되는 것이었다. 포스트모더니즘 음악, 미술, 연극, 무용을 추구하던 많은 예술가들이 이 운동에 참여했다. 미국 전역으로 퍼지고 캐나다와 유럽으로 번져 나갔다. 이들 중 다수는 공동체 생활을 하며 접촉즉흥을 했고 함께 다른 도시로 이동하며 여러 즉흥잼에 참여했다. 일상과 춤과 여행을 함께했던 것이다. 공연에서는 관객이 즉흥에 동참하기도 하는 등 진행 과정이 유연했다. 이 안에서 토론과 회의가 활발했으며 참여자들끼리는 가족 같은 유대감도 있었다.

많은 사람들이 접촉즉흥에 참여하고 인기를 끌게 되면서 서서히 문제점도 나타났다. 접촉즉흥 초기 시절에는 부상을 당하는 사람들이 속출했다. 그리고 한참 보급이 되던 시기에는 경험이 많지 않은 사람들이 접촉즉흥 수업을 지도하는 경우가 더러 있었다. 요령 많은 사람들이 가르쳐도 즉흥 상황에서는 이런 저런 사고 위험이 있는데 자격 검증 기관이 없으니 강사 자격이 검증되지 않은 채로 수업을 이끌었던 것이다. 입문자들은 점점 늘고, 다치는 사람들이 속출하고, 경험 있는 전문가들이 나설 필요가 있었다. 팩스톤을 위시한 핵심 그룹은 민주적이고 느슨한 관계를 유지하고자 했고 지도자로 전면에 나서길 원치 않았지만 전문 지식을 공유하고 싶거나 공연물로 만들고 싶거나 접촉즉흥 수업 강사로 생활비를 벌어야 하는 사람들 때문에 플랫폼을 만들 필요성이 있었다. 그들은 〈콘택트 계간지Contact Quarterly〉라는 잡지를 만들어 실질적인 정보를 실었다. 간혹 전국 규모 회의와 워크숍을 열기는 했지만 끝까지 '접촉즉흥협회' 같은 단체는 만들지 않고 비공식적이고 비위계적인 교류를 지속했다. 창시자인 팩스톤도 끝내 권위 같은 건 드러내지 않았다.

1980년대까지 접촉즉흥으로 기금을 받고 공연하거나 수업을 하는 무용단들이 생겨났다 사라졌지만, 접촉즉흥의 핵심 세력들은 이런 무용 단체들을 지휘하지 않았다. 접촉즉흥이라는 춤 자체가 몸과 움직임에서 민주주의를 구현하려 했듯이 이들은 조직 문화도 그래야 한다고 믿었던 것이다. 접촉즉흥 수업에서는 강사 역할도 달라서, 들고 받고 지탱하는 몇몇 기술을 익히는 요령은 알려주지만 모든 동작을 지도하는 것이 아니라 가이드만 했다. 이들은 어디까지나 수업 흐름을 이끄는 안내자였지, 세부적인 내용을 가르쳐주는 교사가 아니었다. 이렇게 움직임 자체부터 몸에 대한 생각, 정보 교류의 방법, 학생과 교사 간의 위계 전반에 대해 민주적인 태도를 취한 춤 운동은 이전엔 없었다.

그러다 점차 숙달된 사람들이 즉흥잼에서 초보자와 춤추는 걸 꺼려하는 경향이 생겨났다. 숙련자들끼리 만나면 수준 높은 동작들을 계속 이어가지만 초보자와는 동작에 한계가 있었기 때문이다. 어느 춤이나 마찬가지다. 사교춤을 출 때에도 숙련된 리더는 숙련된 팔로워와 만나서 춰야 계속 수준 높은 동작을 해보며 실력이 는다. 경험과 실력의 차이는 어느 춤에나 존재하며 거기에서 위계가 생겨난다. 궁극적으로 민주주의는 구현되지 못한 셈이다.

80년대까지 미국 전역에서 접촉즉흥 열풍이 일었지만 운동 측면은 점점 퇴색해 갔다. 완전히 고급 테크닉을 갖춘 전문가 그룹과 초보자 그룹으로 양분되며 전문 춤꾼들은 다시 관객에게 보여주기 위한 공연으로 돌아가게 된다. 안무된 작품에서 부분적으로 접촉즉흥 장면을 넣기도 했다. 즉흥잼에서는 동작이 거칠고 지저분해 보일 수 있지만, 공연에서 접촉즉흥 동작들은 충분히 연습되고 다듬어져 부드럽고 깔끔했다. 더불어 접촉즉흥의 핵심 동작 개념들도 정리되어 갔다. 신시아 노박은 그 개념들을 다음과 같이 소개한다.

> 신체 사이의 접촉점을 계속 변화시키면서 움직임 만들어 내기 / 피부로 감지하기 / 몸을 통과하면서 구르기 / 내부로부터 동작 경험하기 / 360도 공간 사용하기 / 체중과 흐름을 강조하면서 타성과 함께 진행하기 / 관객의 암묵적인 포함 / 무용수는 평범한 사람이며 일상적이고 자연스런 자세를 취한다 / 춤이 일어나게 내버려 둔다 / 모든 사람은 똑같이 중요하다

이 개념들은 지금도 여전히 유지되고 있지만, 처음 등장한 지

50년 가까이 지났으니 접촉즉흥은 좀 더 정리되고 안정된 수업의 형태를 갖추게 되었다. 그간 쌓인 많은 경험과 지식들이 공유되면서 신중하고 안전하게 즉흥을 할 수 있는 방법들이 정리되었고 한편으로는 더 곡예적인 상태를 만들어 낼 수 있는 기술도 퍼져나갔다. 이 개념들은 무용 전공 수업에서 활용되고 있으며 연기자들의 신체 훈련, 예술 치료에까지 널리 쓰이고 있다.

우리나라의 경우 접촉즉흥이 소개된 지 오래되지 않은 편이다. 이 운동이 처음 시작된 1970년대에는 참여자 대부분이 백인 중산층 엘리트였고, 비교적 널리 보급되었던 80년대에도 크게 달라지지 않았다. 훨씬 보편화되어 하나의 춤 장르로 인식되기 시작한 90년대에 영미권으로 유학을 갔던 사람 정도가 이를 경험할 수 있었으나 한국으로 돌아와 소개한 사람은 드물었다. 외국 유명한 안무가의 춤을 경험하고 스타일과 테크닉을 익혀야 국내에서 눈에 띄는 활동을 할 수 있었던 분위기였다. 접촉즉흥은 명확한 테크닉 체계가 있는 전문가의 춤이 아니다 보니 '히피 같은 애들이 추는', '춤 같지도 않은' 춤으로 여겨지지 않았을까 짐작해 본다. 2000년대에 들어서야 국내에 본격적으로 소개가 되었고, 지금은 많은 춤꾼들이 관심을 가지고 참여하고 있으며 즉흥 움직임 워크숍마다 접촉즉흥 요소를 혼용해서 다룬다.

친밀감이 있는 사이에서 일어나는 접촉이 아님에도 불구하고 접촉즉흥에서는 전방위적인 접촉이 일어난다. 일상적인 사회적 관계들 속에서는 절대 저렇게 접촉해 볼 일이 없을 거라고 생각될 만큼, 온 부위가 닿을 수 있다. 상대방의 몸 위를 타고 넘을 수도 있고, 함께 몸이 겹쳐져 구를 수도 있다. 물론 그 촉감은 친밀한 가족이나 연인의 만짐과는 다르다. 예쁘고 사랑스러워서 만지는 것도 아니고 성적인 느낌으로 접촉하는 것도 아니다. 대부분 즉흥을 하러 모인 처음 보는 사람들과의 접촉이다. 그런데도 낯선 사람들과 이렇게 따뜻하고 배려하는 느낌으로 만날 수 있구나 하는 느낌이 든다. 사적 관계가 아닌 사람들의 몸이 이렇게나 가까이서 만나고 서로의 움직임에 세심하게 반응하다 보면 이것이 넓은 의미의 인류애라는 생각도 든다. 이런 분위기가 형성되려면 참여자가 자신의 몸을 중성적으로 인식해야 한다. 몸의 운동성과 그 물리 법칙을 이해하기 위한 몸이 되어야 한다. 수업 안내자도 심한 몸 장난이나 성적 접촉이 일어나지 않도록 분위기를 잘 살펴야 한다. 그런데 실상 그런 우려가 필요 없을 정도로 이런 상황에서는 몸이 중성화된다. 상대방의 움직임을 받아서 내 움직임을 이어가는 것만으로도 정신이 없다. 상대방도 같은 처지라는 이해를 가지고서, 상대방이 다치지 않게 매우 신경 써야 한다. 긴밀하게 접촉하지만 공적인 분위기에서 이루어진다.

지금 상대방이 어깨로 내 등을 살짝 밀고 있다고 하자. 나는 이것을 받아서 어떻게 반응하고 다음 국면에서 나는 상대방의 어느 부위를 접촉할 것인가. 이것을 순간적으로 생각하고 실행해야 하는데, 이때의 생각은 '아, 이 사람이 이렇게 하고 싶다면 나는 이렇게 해볼 거야'라고 머리에서 떠올리는 것이 아니라 몸이 저절로 그렇게 하는 것이다. 몸이 생각한다. 물론 어떤 신체 활동을 하는 순간에도 몸은 생각한다. 반복적으로 춤 작품을 연습할 때도 몸은 사고하고 있으며, 어디가 잘 되고 어디지, 틀린 곳은 없는지 계속 감지하고 있다. 그런데 접촉즉흥은 운동 경기처럼 어떤 목적을 향해 어떤 수단으로 움직여야 한다는 것조차 정해져 있지 않아 어떤 상황이 일어날지 예상할 수 없다. 내 생각을 상대방 근육에 전해주고 상대방 생각을 내 몸으로 받는다. 아주 적극적으로 온몸의 경험과 잠재력을 다 동원해 지각해 나가야 한다. 몸에 있던 온갖 사소한 능력과 기억들이 다 피부 표면으로 나온다. 짧은 순간에 이어지는 내 움직임의 흐름이 바로 내 몸의 사고 체계이다. 내가 이런 사람이었어? 내가 이런 식으로도 소통할 수 있구나! 내 몸 전체가 적극적으로 생각하고 있는 이런 상황을 경험해 보면 나 자신이 새롭게 보인다. 이를 위해 접촉즉흥은 보통 자신에게 집중할 수 있는 환경을 조성하면서 수업을 시작한다. 바닥에 누워 눈을 감고 몸 말단부터 중심까지 에너지가 흘러가는 것을 느껴보고, 몸이 바닥 아래로 깊이 내려가는 감각을 가져 보기도 한다. 자신의 몸을 쓸어내리면서 피부의 감각을 일깨워 보기도 한다. 내 몸이 어떻게 생동하고 있는지를 느껴볼 수 있는 개별적 과제는 이외에도 많다. 몸의 소리에 집중함으로써 일깨우는 이 감각은 상대방에게 이어진다. 그런 다음 상대방과 접촉을 시작하면 그의 몸 또한 나처럼 예민하고도 육중한 에너지로 가득 차 있다는 것을 이해하게 되고, 그의 몸 사고와 소통할 수 있다는 것을 알게 된다.

의사소통에서도 새로운 차원이 열린다. 언어 생활에서는 겪을 수 없는 의사소통이지만 비언어적 커뮤니케이션과도 다르다. 몸을 맞대고 촉각으로 느껴야 이루어지는 의사소통. 복잡한 이야기를 나누는 것은 아니다. 그저 '난 이렇게 움직이고 싶어', '난 너를 이렇게 받아들이고 있어', 이런 비일상적인 대화를 피부와 근육으로만 나눈다. 이런 소통은 내가 존재하고 있다는 것을 느끼게 한다. 다른 사람의 존재를 만짐으로써, 상대방을 통해 만져짐으로써 내 존재를 확인한다. 타자와 엮여 있는 내가 타자와 구분되는 동시에 함께 하나의 주체를 이루는 경험을 하게 된다. 서로의 힘과 의도가 오가면서, 근육과 피부를 느끼면서, 내 몸은 지금 여기 생생하게 살아있다. 움직이는 두 몸의 일부이면서 서로 상대 몸을 향해 나아간다.

상대방이 나와 가까운 거리에서 호흡하는 것을 느끼면서 후각으로도 소통할 수 있다는 걸 알게 된다. 신시아 노박이 지적하듯, 시각 중심인 발레와 달리 접촉즉흥은 촉각 중심이다. 관객을 향해 몸을 시각적으로 명료하게 펼쳐놓는 것이 아니라, 춤꾼 자신의 몸 지각에 집중하고 상대방과의 소통에 주의를 기울인다. 소통하는 내용은 대부분 따뜻하고 즐거운 것들이다. 내가 힘든 무게와 의도치 않은 불편한 상황을 느낄 수 있는 만큼, 상대방을 힘들고 괴로운 상황에 빠트릴 수가 없다. 평화로운 상태를 만들어가는 놀이가 될 수밖에 없다.

몸이 생각한다는 명제는 보통 철학에서 몸-마음 이분법을 극복하고자 하는 현대 철학자들에게서 나왔다. 서양에서는 오랫동안 이분법적으로 몸을 바라봤다. 몸은 유한하고 물질적인 것이며 정신, 영혼, 의식처럼 몸을 초월하는 것에 지배를 받는다고 생각했다. 이런 관념은 고대 그리스 플라톤에서 중세 기독교로 이어지다 근대 데카르트의 심신 이원론에 이르러 몸은 정신의 통제하에 있는 동물-기계로 규정된다. 따라서 몸의 움직임 예술인 춤도 가치가 낮은 활동으로 여겨질 수밖에 없었다. 니체는 '몸이 나 자신이다'라고 말하며 이 오랜 믿음을 전복시켰다. 이성과 신이 있던 자리에 몸, 역능, 욕망을 놓았다. 이후 일원론을 전제로 몸을 바라보는 다양한 연구들이 발전하였는데, 현상학자 메를로 퐁티의 철학은 무용학에서 중요하게 다루어진다.

그는 몸을 물질적이면서 동시에 정신적인 '육화된 코기토', 지각과 운동을 통해 세계와 소통하고 초월하는 '살 존재론'으로 설명했다. 몸은 세계에 거주하면서 세계에 능동적으로 참여하고 세계로 초월하기 때문에, 인간 실존은 주체와 대상, 육체와 정신, 내재와 초월이 뒤섞여 본질적으로 애매성을 지닌다. 주체는 지각을 통해 세계와 만나는데, 몸이 세계에 얽혀 있는 까닭에 지각이 이루어지는 장은 주체성과 대상성이 만나는 장이며, 현상적 장이다. 현상적 장은 인간의 체험이 일어나는 장이기에 온전히 객관 세계나 내면 세계로 환원되지 않으며, 지각은 대상-지평 구조에서 지향성에 따라 종합하는 방식으로 이루어진다. 실존은 몸의 지각과 운동에 근거하며, 몸 그 자체라고 할 수 있다. 이렇듯 몸의 자리를 중심에 놓고 본질을 찾아가는 퐁티의 철학은 몸의 잠재성과 가능성을 열어 놓았다. 우리 몸을 명석판명하게 알기 힘들 듯, 몸을 실존으로 보는 퐁티의 철학 역시 다소 난해하다. 그의 철학을 이해하는 하나의 방식은 바로 춤을 추는 것이다. 그중에서도 몸 지각과 상호주관성을 중심으로 수행되는 접촉즉흥을 해보는 것이다.

내 몸을 벗어나 있는 의식이 나를 움직이는 게 아니라 몸 전체가 지각한다는 사실, 내 존재는 타자와의, 세계와의 관계에 서 있다는 사실. 춤은 책을 읽으며 관념적으로 느끼고 있던 것을 몸으로 오롯이 경험하게 한다. 몸으로 세상을 살고 있음을 집중적으로 경험하고 나면 몸이 얼마나 무궁무진하고 또 얼마나 난해한지 알게 된다. 내 몸은 더 이상 대상화되고 객관화될 수 있는 사물이나 덩어리가 아니며, 내 몸 안에서 끝나는 것도 아니다. 주체와 객체가 온통 뒤섞여 있다. 접촉즉흥이라는 지평에서 몸이 지각해 나가면, 이미 알고 있었지만 사실 전혀 모르고 있었던 세계를 탐색해 나가게 된다. 이제 몸을 무어라 규정하면 될지 힘들어진다. 일상에서 느끼던 그 몸이 아니다. 세상을 이렇게 지각하는 것이라면 몸으로 해 볼 수 있고 경험할 것들이 더 많겠다는 느낌을 갖게 된다. 내가 타자와 이런 식으로 만나고 있었던 거라면 일상에서도 타자를 이만큼 배려했어야 했다. 서로가 움직일 공간을 확보하고 따뜻하게 만질 수 있는 것이 사람살이이다. 접촉즉흥을 경험한 사람은 타인을 폭력적으로 대할 수 없다. 접촉즉흥은 우리가 삶을 어떻게 살아가고 있는지 몸으로, 은유로 느끼게 해 준다. 몸이 무엇인지, 인간은 무엇인지 반성적으로 인식하게 해 준다.

이전에는 이런 춤이 존재하지 않았다. 춤은 구경거리, 취미 활동이었다. 춤 작품을 보면서 의도, 의미를 생각해 볼 수 있었다. 춤을 추면서 즐겁고 스트레스가 해소될 수 있었다. 그러나 내가 직접 몸을 움직이면서, 그것도 접촉을 통해서, 몸이 무엇인지 되돌아보게 하는 춤은 없었다. 의식이 조종하는 무거운 덩어리, 권력으로 구성되는 체계, 습관화된 행위가 해방의 출구를 갖게 되었다.

춤 전공자는 여러 춤을 대하면서 몸에 대해 이러저러한 생각을 해볼 여지가 있다. 그래서 접촉즉흥은 전공자보다 춤을 추어본 적이 없는 평범한 사람들이 경험하면 더 좋을 춤이다. 접촉즉흥은 습관화된 움직임, 거리를 둔 대화로만 타자와 접촉하는 일반인들에게 처음으로 몸을 의식하게 해 준다. 생각보다 타인과 집중적으로 부대껴 볼 일이 없기 때문에 그 정도만으로도 충분히 인상적일 수 있다. 처음 받는 느낌일 것이다. 그리고 그것이

분명 의식에 혁명을 일으킬 것이다. 내 몸을, 나 자신을 사랑하는 길은 세계와 살을 맞대고 서로 움직임에 반응하는 것이다.

접촉즉흥

스티브 팩스톤

7.
관능과 춤

춤에서의
관능성이란

춤은 몸을 매개로 하는 예술이기에 쉽게 관능과 연결되곤 한다. 몸이 지닌 생동하는 힘은 관능적으로 느껴지며 특히나 움직이는 몸에서는 더욱 선명하게, 혹은 다층적으로 느껴진다. 관능을 의도하는 춤이건 그렇지 않건 춤은 몸짓으로 생명력을 발산하고, 거기서 생겨난 관능은 보는 사람들을 끌어당겨 일상과 다른 세계로 빠져들게 하는 힘이 된다. 그 세계 속에서 우리는 변화를 경험한다.

그러나 춤은 넓은 범주의 생동하는 힘으로서의 관능보다 성애로 연결되기 쉽다. 원시 시대부터 인간은 짝짓기를 위해 춤추기도 했다. 성적인 암시를 보여주는 동작을 통해 구애하는 춤을 추기도 했고, 춤판이 벌어지는 곳에서 자연스럽게 만남이 이루어지기도 했다. 구애가 목적이 아닌 춤들도 그런 혐의를 받는 경우가 많다. 몸을 음악에 맡겨 마음껏 움직인다는 것은 일상성을 초월하는 자유로운 행위이다. 춤은 무엇이라도 가능해지는 순간이다. 그래서인지 종종 사람들은 일상에서는 해소되기 힘든 성애의 에너지를 춤에서 확인하고 싶어 한다. 맥락과 상관없이 그저 몸이 드러나는 것에 야릇한 시선을 보내기도 한다. (발레리노의 타이즈와 발레리나의 뛰뛰를 처음 보면 놀라는 사람이 많다.)

'춤이 가진 본래의 관능'이라는 말을 인정하기까지 '성애'라는 혐의를 벗어내는 세월이 길었다. 많은 춤꾼들이 경험하듯이, 춤을 춘다고 하면 지적이지 못한, 저급한, 성적인 활동을 한다는 시선을 받기 마련이다. "기생처럼 다리 쩍쩍 벌리는 짓을 왜 하려고 하냐?"라는 춤을 폄하하는 시선이 과거에는 흔했다. 이런 사고방식은 지금도 사라지지 않았다. 하지만 대학 무용과에 입학한 학생들을 보면 대부분 집과 연습실밖에 모르는 모범생들이다. 이들 역시 춤추는 사람에 대한 사회적 시선을 충분히 느끼며 살아왔을 것이다.

춤에 대해 이해가 전혀 없는 사람들은 몸을 쓰는 일의 가치를 낮추어 보는 편견이 있는 데다, 춤추는 사람이 자유롭게 몸을 움직이는 것을 성적 행위와 쉽게 연결시키는 경향이 있다. 사람들에게 섹시하다는 평가를 받고 싶어서 춤을 추는 줄 아는 것이다. 정말 많은 사람들이 그런 사고 틀을 가지고 있다. 몸으로 겪어 본 일이 별로 없으니 몸을 움직이는 것과 관능을 일차원적으로 연결 지어 생각할 수밖에 없는 것이다. 관능에 얼마나 다양한 차원이 있는지 배우거나 경험할 일이 한정되어 있는 것도 사실이다.

플라톤적 의미의 에로스부터 성애 욕망의 발산까지, 춤에는 여러 관능의 얼굴이 있다. 처음부터 원래 있던 것이다. 춤에서 그 얼굴들을 잘 만나면 된다. 성애적인 얼굴이 비칠까 걱정할 필요 없이 춤이 가진 본래적 관능을 드러내면 된다. 관능의 여러 모습을 인정하지 못하고 분열적으로 대할 수밖에 없었던 사회 인식이 춤에 음란 혐의를 씌우고 있지만, 정말로 음란하다면, 그게 정말 잘못인가?

'자유부인'은 왜 춤바람이 났나?

'춤바람 난다'는 말이 있다. 춤을 추러 다니다 보면 바람나서 가정이 파탄난다는 말이 사회적 공감을 얻어 왔다. 1956년 영화화된 베스트셀러 소설 정비석의 『자유부인』으로 '춤바람'이 널리 알려지게 되었다. 조신했던 현모양처, 대학교수 부인 오마담은 양품점에 취직해 경제 활동을 시작하면서 댄스홀에 다니게 되고 여러 사람을 만나다 급기야 바람까지 나고 만다. 사교춤을 배우다 춤추는 사내들과 불륜에 빠진 것이다. 사교춤을 추러 다니다가 바람이 난 사람들이 많았기에 '춤바람'은 실제로 불륜의

한 통로였다. 경찰이 댄스홀을 급습하자 춤바람 난 아줌마들이 장바구니로 얼굴을 가린 채 도망가는 뉴스가 종종 나오기도 했다. 댄스홀, 카바레에서 순진한 아줌마를 꼬드겨 금품을 가로채는 '제비', 순진한 아저씨를 꼬드기는 '꽃뱀'도 춤바람에서 파생된 단어들이다. 그러니 '춤바람=가정 파탄'이라는 공식이 전 국민에게 확고하게 자리를 잡았던 것이다.

춤을 추러 갔는데 왜 춤 파트너와 바람이 났을까? 전공자들에게 춤은 삶의 여유를 조금도 주지 않는 '하드 트레이닝'이기 때문에 눈이 맞을 틈이 있을지 궁금해 한다. 물론 춤을 잘 추는 사람을 보면 아름다움에 대한 선망도 있고 친해지고 싶다거나 응원해 주고 싶다는 마음이 생기기도 하지만, 춤의 세계에서는 역시 춤으로밖에 말할 수 없다.

영화 〈자유부인〉에 춤추는 장면이 몇 번 나오긴 하지만, 대부분 춤을 열심히 추고 있지 않다. 주로 나오는 춤은 맘보인지 차차차인지 스텝 형태가 정확하지 않은 춤이다. 아마도 지터벅과 블루스가 한국 카바레에서 변형되어 지루박과 브루스가 된 것처럼, 이 영화의 춤도 변형 과정 중에 있는 어떤 춤이지 않을까 싶다. 미국 문화와 함께 들어온 사교춤들은 본래 스텝이 많고 활달한 춤이라 춤 문화가 낯선 우리나라 성인들이 소화하기 힘들었다. 그래서 같은 박자를 쓰지만 게으르고 뭉뚱그린 동작으로 변형되었다. 댄스홀 장면에선 주연들뿐 아니라 엑스트라들까지도 모두 스텝을 틀리지 않으려고 발을 내려다보고 있다. 아예 스텝을 포기하고 어슬렁거리는 사람도 있다. 숙련된 사람들은 전혀 없다. 주인공 오마담은 처음 명사 부인들 모임에서 댄스홀에 가자는 권유를 받는다. 막 전쟁이 끝난 1950년대 중반이지만 사업가, 교수 같은 명사 부인들은 언제 전쟁이 있었냐는 듯 화려한 생활을 하며 서구 문물을 탐닉한다. 이들은 주변 인물들과 "마담, 굿 나잇", "쌩큐" 같은 영어를 섞어서 대화한다. 이 영화에는 미국에 유학가려는 젊은이, 재즈 음반을 즐겨듣는 옆집 총각, 한글을 모르지만 미군 부대에서 타이피스트로 일하는 여성들, 사교춤이라는 새로운 문화에 빠져든 사람들이 나온다. 모두가 미국 문화를 선망한다. 사교춤은 중산층 이상 사람들이 서구 문화를 빨리 흡수하여 계층 상승을 이룰 수 있게 하는 문화 자본이다. 세련되고 능숙하게 잘 추는 것은 중요하지 않다. 대충이나마 댄스홀을 다닐 만큼은 춤을 출 수 있는 사람이라는 게 중요하다. 사교춤을 출 수 있다는 것은 서양의 것을 '체화'했다는, '몸으로 할 줄 안다는' 의미이다.

오마담은 춤에 빠져들기보다는 자신에게 관심을 보이는 남자들과 이야기를 나누는 데 집중한다. 고루하고 재미없는 남편과 다르게 불륜 관계 남자들은 그녀가 가진 여성적 매력을 칭찬한다. 몸짓이 적극적으로 개입되어 있는 관능보다는 로맨틱한 분위기가 그녀의 욕망을 일깨운다. 그 남자들이 하필 댄스홀에 다니고 있기 때문에 그녀도 댄스홀에 갈 수밖에 없다. 춤을 추다가 성적인 몸짓으로 점점 바뀌는 장면이 있기도 한데, 춤과 성애를 연결하는 움직임들이 매우 어색한 걸 보면, 춤이라는 행위에서 관능성을 포착하여 성적인 분위기로 연결하기에는 그 당시 문화에서 춤이 아직 낯설었던 탓인 듯싶다. 이 시기 남녀가 공개된 장소에서 몸을 접촉하고 움직인다는 게 생소했을 것이며, 그것만으로 직접적인 성관계(비공개적인 남녀의 몸 접촉)의 암시일 수 있었다. 그런 면에서 자유부인은 춤바람이 났다기보다는 남성들과 바람이 난 와중에 춤이 개입되었다고 봐야 한다. 자신을 더 이상 여자로 봐주지 않는 남편 말고 다른 남자를 만나보고 싶은 욕망이 교환되는 장소가 선진 문물이면서도 아직은 낯설고 위험하게 느껴지는 댄스홀이었다.

사교춤을 추다 보면 유독 자신과 잘 맞는 파트너를 만나기도 한다. 사교춤은 대체로 리더인 남자와 팔로워인 여자가 손을 맞잡거나 포옹한 자세에서 손, 어깨, 허리, 스텝으로 신호를 주고받는다. 정해진 스텝이 있으며, 리더는 이 스텝들을 즉흥적으로 조합해서 팔로워에게 신호를 보낸다. 어떤 춤에 1부터 10까지 스텝이 존재한다면 리더가 '1-2-3-4…' 혹은 '10-3-7-2…' 하는 식으로 스텝을 자유롭게 조합하며 춤을 선도한다. 팔로워가 다음 스텝 신호를 못 알아들으면 춤을 매끄럽게 이어갈 수 없다. 숙련되지 못한 팔로워는 질질 끌려 다니기만 하기 때문에 체력적으로 힘이 들고 스텝이 꼬일 위험이 높다. 리더가 신호를 제대로 전달하지 못하는 경우도 마찬가지다. 몸 지각 능력이 뛰어난 리더는 즉흥적 조합임에도 불구하고 골고루 다채롭게 스텝을 이어가지만 춤에 충분히 숙달되지 못하거나 몸 지각 능력이 떨어지는 리더는 다음 스텝을 폭넓게 생각해 내지 못한다. 예를 들자면, 스핀 동작 신호를 연속해서 보내서 팔로워가 어지러울 지경으로 빙빙 돌게 할 수 있다. 물론 리더와 팔로워 둘의 수준이 비슷하면 서로 그러려니 하고 이해하고 넘어 간다. 파트너를 바꾸어 계속 추다 보면 원활하게 신호를 주고받으며 춤을 이어가면서 서로 신뢰감도 생기고 두 사람이 하나가 된 듯한 느낌마저 갖는 사람을 만나게 된다. 이때 느끼는 합일감은 상당히 강렬하다. 일상을 벗어나 있는, 언어적 의사소통이 아닌, 오로지 동작을 주고받는 신뢰와 우정은 오로지 춤이기에 가능한 소통이다.

춤을 숙달했고 몸 감각도 예민한 사람들은 파트너가 어떤 식으로 춤을 추고 있는지 이해하면서 거기에 맞춰 배려할 수 있다. 리더라고 해서 힘으로 리드하려 하지 않으며 부드럽게 다음 스텝 신호를 주고, 서로 자리를 바꿀 때 유연하지만 단호하게 힘을 보내고, 느긋하고 정확하게 모든 동작들을 리드한다. 이때 중요한 건 파트너를 춤의 보조 수단으로 만들지 않고 사려 깊게 대해야 한다는 것이다. 댄스 스포츠 선수만큼 화려한 기술이나 길고 매끈한 선을 보여주지는 못하더라도 자신이 무엇을 하려는지, 그래서 상대가 어떻게 대응하면 좋을지 정확하게 주고받는다는 생각으로 접근해야 한다. 팔로워 역시 힘으로 버티거나 자신이 먼저 스텝을 선도하는 것이 아니라 리더의 신호를 받은 다음 부드럽게 스텝을 이어나가야 한다.

춤 파트너를 편안하고 즐겁게 해 줄 수 있으려면 스스로 춤 스텝에 익숙하고 파트너링(파트너 됨)에 능숙해야 한다. 그래야 같이 춤추고 싶다는 욕망이 생긴다. 춤추면서 느낀 합일감은 일상에서는 도저히 느낄 수 없는 감정이라 자연스럽게 연애로 이어질 가능성이 없지는 않다. 하지만 춤에 미쳐버리는 '춤바람'이 나고 보면, 이 합일감이 '춤을 추다 보면 운 좋게 만날 수 있는 행복감'으로 이해된다. 춤에 미친 사람에게 몸짓으로 나눈 애정은 춤 속에서만 존재한다. 일상에서의 애정 관계로까지 이어지지 않는다. 춤 밖의 세상은 상당히 복잡하게 구성되어 있고 그 속에서 교감을 한다는 것은 완전히 다른 문제이기 때문이다. 댄스 스포츠나 사교춤에서 선수로 활동하는 커플들이 있기는 하다. 그러나 춤에서 느끼는 감정보다는 일상 대부분의 시간을 공유하다보니 자연스럽게 연인이나 부부가 되는 경우이다. 일반적으로 춤을 추는 사람들은 오직 한 사람과 평생 춤추는 것이 아니기 때문에 좋은 파트너는 좋은 기억으로만 남는다. 많은 댄스 영화들이 춤으로 교감해 연인이 되는 이야기를 많이 다루고 있지만 그것은 단순히 연상하기 쉬운 몸의 관계들이기 때문이다. 대부분 두 몸이 한 몸이 되는 합일의 경험을 성관계 외에는 겪어보지 못했기 때문이다. 파트너 사이 합일감 자체가 관능적으로 느껴질 수도 있지만, 관능에 성애적 관능만 있는 것은 아니다.

또 다른 춤바람 '쉘 위 댄스'

사교춤에 관한 아주 모범적인 춤바람 사례를 다루고 있는 일본 영화 〈쉘 위 댄스Shall We Dance?(1996)〉는 중년 직장인 스기야마가 우연히 댄스교습소 창가에 서 있는 춤꾼의 모습을 보고 반해 춤을 배우러 가며 시작된다. 사심을 품고 댄스 교습소에 가지만 이야기는 로맨스로 전개되지 않는다. 춤추러 다니는 남자라고 하면 이상해 보일까봐 매사에 조심하는 남자 수강생들, 어렵게 아르바이트를 해서 생활하면서도 춤추는 취미를 포기하지 않는 중년 여성, 젊고 아름다운 여성과 파트너를 하고 싶어 하는 남성, 안 되던 스텝을 성공해 낼 때 서로 격려하고 응원하는 사람들, 연습 시간이 끝나고 수강생들끼리 한 잔 하는 술자리, 댄스홀에 가서 배웠던 스텝을 파트너에게 써먹는 모습, 몇 달 춤을 추자 일상생활에서도 자세가 곧게 변한 주인공 등, 춤과 춤 문화 자체에 초점이 맞춰져 있다. 사심을 갖고 교습소를 찾아갔던 수강생은 마지막 장면에서 진심 어린 우정으로 '쉘 위 댄스'라는 곡에 맞춰 춤을 춘다. 다소 교훈적인 분위기로 마무리되는 영화이지만, 공감할 만한 장면이 많다. 이 영화가 다루는 춤바람은 일반적으로 춤에 빠져들면서 겪는 격한 흥분과 열정이다. 주인공이 점점 춤에 몰입해 갈 때 회사에서 업무를 보면서도 무의식적으로 댄스 스텝을 밟는다. 자세와 태도도 달라진다. 사교춤뿐 아니라 어떤 춤이든 처음 재미를 느껴서 몰입할 때 몸이 변화하며 나타나는 현상이다. 몸이 변하면 감성도 변한다.

사람들은 보통 자신이 가지고 태어난 몸과 습관 그대로 살아간다. 비뚤어진 자세도, 튀어나온 뱃살도, 짧은 팔다리, 걸음걸이, 모두 바꿀 수 없는 타고난 몸의 일부라고 생각한다. 대부분 평생 그 몸의 특성을 유지하고 산다. 하지만 몸은 변한다. 운동을 해도 체형이 바뀌는 경험을 해볼 수 있지만, 춤은 체형뿐 아니라 습관까지, 사람, 공간, 시간을 인식하는 방식까지 변화시킨다. 그것이 얼마나 드라마틱한 변화인지는 직접 경험해 봐야만 알 수 있다. 거울에 비친 내가 점점 봐줄 만하게 동작을 해내고, 일상에서는 이상하게 힘이 넘쳐 계속 실없이 리듬을 타게 되고, 사소한 주변 것들이 다른 풍경으로 다가오고, 뭔가 달라진 자신을 보면서 '살아있다'는 느낌을 받게 된다. 이것이 춤바람의 긍정적인 신호이다. 춤에 매혹되어 내 몸의 한계라 여겨온 지점을 넘어 새로운 몸으로 거듭나는 것이 춤의 관능이다. 뻔하고 바뀔 것 같지 않던 내 몸이 해방되는 순간, 내 몸에서 느낄 수 없던 자유로움과 탄력, 가벼움, 쾌감, 관능.

물론 어떤 대상에 빠져들거나, 어떤 취미에 몰입할 때도 이처럼 내가 바뀌어 가는 경험을 할 수 있다. 무언가와 사랑에 빠지는 경험은 대체로 그러하다. 그런데 춤은 경험에 몸이 적극적으로 개입하는 일이라 좀 더 직접적이고 극적이다. 익숙하던 몸이 바뀌어 가는 과정이 즐겁기만 할 리 없다. 욕심만큼 되지 않아 속상하고 화난다. 다 떠나서 몸이 너무 아프다. 이제 막 춤바람이 들었을 때 가장 큰 고통을 경험하게 된다. 처음 몸이 변하는 순간, 상당한 노력이 한 번에 투여된다. 근육과 관절이 욱신거리고 다른 사람과 부딪치거나 혼자 발이 꼬여 다치기 일쑤다. 워밍업 스트레칭도 아파서 못할 정도다. 이 고통을 극복해 내는 힘이 바로 춤바람이다. 초반 어려움을 넘는다고 고통이 사라지는 것은 아니지만, 춤바람 세계에 발을 들여놓으면 고통을 감내할 힘과 맷집이 생긴다.

'에로스eros'는 좁은 의미로는 관능적 사랑, 성애를 뜻하지만 플라톤의 『향연Symposion』에서 소개되는 에로스는 아름다움을 향해 가는 생명의 충동이다. 인간에게 결여되어 있는 아름다움을 채우고자 하는 충동이며, 이 아름다움은 진리와 선함으로 이어진다. 지혜, 용기, 인식, 절제를 갖추어 더 완전한 존재가 되고 삶의 지평을 넓히고자 하는 욕망. 춤바람이 가지고 있는 관능성은 아름다운 육체와 아름다운 몸짓에 반해 아름다움을 실현하고자 그 세계에 빠져드는 열정이다. 너무나 강력해서 어떤 고통도 불사하게 되는 힘이다. 그 아름다움을 목격하고 나면 되돌아갈 수 없다. 이미 세계가 새롭게 구성되어 버렸기 때문이다.

춤추는 장소와 그곳 사람들이 가지는 몸 친화적인 분위기, 커플 댄스에서 느끼는 궁극의 합일감, 자기 육체에서 해방되는 경험, 아름다움을 향해 가는 생명 충동과 그로 인한 인식 전환. 이 모든 게 춤이 가진 관능의 얼굴이다. 그래서 정말로 성애와 직결되어 이성을 매혹시키려는 구애의 춤이 있고, 관능성 자체를 주제로 삼는 무용 작품들도 있다.

발레리나의 두 이미지

서양 무용사에서 많은 부분을 차지하고 있는 발레는 20세기 전까지 궁정 문화로서의 춤뿐 아니라 극장 전문가들의 춤을 이끌었다. 서구 사회를 대표하는 춤 문화였다. 우아함, 조화, 균형, 기하학적이고 기예적인 요소를 강조했기에 발레는 관능성을 직접적으로 드러내지 않았다. 무용수 배역에 따라 관능성이 캐릭터화 되는 경우는 있지만 관능적인 동작이 따로 있진 않다. 남녀의 파드되(이인무)에는 서로를 잡고 들어 올리고 감싸 안는 동작들이 나오며, 두 남녀의 사랑이 표현되기도 하지만 대개는 우아한 표현이 목적이다. 발레 테크닉에 존재하는 동작들은 절제되어 있고 기교적이다. 엉덩이를 흔들며 이성을 유혹하는 클럽 춤 추기와 상당히 동떨어져 있다. 그래서 관능성은 오로지 발레를 추는 춤꾼이 가진 성격과 분위기에서 나타날 수밖에 없다. 같은 동작을 해도 어떤 느낌으로 하는가가 관건이기에 특정 캐릭터와 잘 어울리는 스테레오 타입이 존재한다.

대표적으로 19세기 낭만 발레 시대 두 발레리나가 거론된다. 이탈리아 출신 마리 탈리오니Marie Taglioni와 오스트리아 출신 파니 엘슬러Fanny Elssler. 세기의 라이벌로 알려진 두 사람이다. 탈리오니는 낭만 발레 작품들에서 자주 등장하는 천상의 요정 역할에 어울리는 춤꾼이었고, 엘슬러는 이국적이고 정열적인 민속춤 스타일로 유명했다. 흔히 탈리오니는 청순가련형으로, 엘슬러는 요부형으로, 서로 대비되는 이미지로 이야기되어 왔다. 이들 이후 관객들은 우아하고 고상한 이미지와 역동적이고 관능적인 이미지로 이분해서 발레리나를 보아 왔다. 서양 회화의 역사에서 오랜 기간 여성이 '성녀'와 '창녀'라는 이분법적 이미지로 재현되어 왔던 것처럼, 무대 위 대상인 발레리나 역시 특정 시선으로 이분되어 왔다. 모범생 타입과 색다른 타입, 아름다운 공주와 장터의 집시 여인. 낭만 발레 시대 발레리노 역시 건장하고 훌륭한 외모의 신사와 멋진 외모는 아니지만 기술이 뛰어난 재간둥이로 구분되었다. 지금도 어느 정도 존재하는 이분법 시선에서 관능미는 공주나 신사의 것이 될 수 없다. 주인공은 연약하고 아름답고, 보조적인 악인은 관능적이다. 주인공 이미지는 발레 규범을 성실히 체화한 모범생에게 주어지고, 거침없고 섹시한 이미지는 일종의 특기처럼 여기는 면이 있다. 남성의 시선에서 여성이 관능을, 욕망을 한껏 드러내면 위협으로 받아들여졌다. 본질에서 벗어난 특수한 기질, '이반'으로 약화되어야 본질에 '아름답고 정숙한 여인'을 남겨둘 수 있었다.

이 상반된 이미지가 선명하게 부각되는 대표적인 작품이 발레 〈백조의 호수〉이다. 순수한 오데트는 사악한 마법사의 저주로 백조가 되고 밤에만 인간 모습으로 되돌아온다. 왕자는 백조

오데트에게 반하지만 무도회에서 만난 마법사의 딸 흑조 오딜과 오데트를 구분하지 못한다. 오딜은 마법의 힘으로 오데트 모습처럼 둔갑해 있다. 보통 이 두 역할을 발레리나 한 명이 맡는다. 달라지는 것은 춤 분위기밖에 없는데, 한 발레리나가 두 가지 역할을, 그것도 선과 악을 모두 표현해야 한다. 오데트일 때는 모범적이고 부드럽고 가녀린 발레리나의 모습을, 오딜일 때는 차갑고 도도하며 관능적인 모습을 보여준다. 같은 동작을 하더라도 완전히 다른 분위기로 표현한다. 여기에서 관능은 자연스럽게 악함과 연결된다. 관능이 선하고 훌륭한 가치와 연결되는 발레는 없다.

영화 〈블랙스완Black Swan(2010)〉은 〈백조의 호수〉 주역을 맡게 된 발레리나가 연습 과정에서 겪는 불안한 심리 상태를 보여준다. 주인공은 이 두 가지 이미지를 모두 완벽히 소화해야 한다는 중압감을 느끼고 있다. 그녀가 잘 할 수 있는 것은 오데트밖에 없다. 어머니의 지나친 관심과 보호 속에서 그녀는 오로지 착실하게 시키는 대로 열심히 발레를 하고 집, 발레단 말고는 다른 생활이 없다. 모범적인 역할은 어렵지 않았다. 하지만 겪어본 적 없는 관능과 매혹을 몸으로 표현하기가 어렵다. 남자 발레단장은 이 한계를 깨주기 위해 (절대로 좋은 방법은 아니지만) 그녀를 유혹한다. 주인공은 극심한 배역 스트레스와 단장과의 관계에 대한 욕망, 단장에게 사랑받는 듯한 발레단 친구에 대한 질투심으로 인해 기괴한 망상에 빠진다. 첫 공연 날 그녀는 완전히 미쳐서 온몸에 깃털이 돋아나고 눈이 벌겋게 달궈진 듯한 느낌을 가지고 흑조 오딜을 춤춘다. 실제 그녀의 몸이 악의 화신으로 체현되는 순간이며, 완전히 그 작품 속 배역을 살아가는 순간이다. 그렇게 그녀는 자신의 한계를 넘어서고 백조와 흑조를 모두 완벽히 소화해낸 뒤 복부에 박힌 거울조각 때문에 무대 위에서 피를 흘리며 쓰러지지만 공연은 성공한다. 어찌 보면 이 지난한 과정 자체가 플라톤의 '에로스'를 보여주는 것이 아닌가 싶다. 욕망이 생기고, 그것을 향해 가는 과정에서 주체는 부서지지만, 새로운 세계를 만나서 더 폭넓은 자신이 된다. 그 힘은 죽음도 불사할 만큼 강력하다. 예술가의 생명 충동이 어떻게 자신과 작품을 성장시키는가를 보여주는 영화이다. 실제로 이런 문제를 겪는 예술가들이 많다. 이 영화의 주인공처럼 열심히 연습만 하다 보니 폭넓게 인생을 겪어보지 못해 다채로운 감수성을 이해하지 못하는 춤꾼들이 많다. 몸속 관능을 발현시킬 기회가 없으니 그런 이미지를 몸으로 표현하기가 힘들다. 자기를 가두고 있는 이미지를 깨고 새로운 모습을 발견하는 것은 영화에서처럼 죽음도 불사할 정도의 힘을 필요로 하기에 결국 실패하고 만다. 춤꾼뿐만 아니라 배우들도 종종 겪는 문제이다. 일정한 캐릭터로 고정되어 버리는 것을 경계하지만 그것을 넘어서는 것은 매우 힘든 일이다.

관능을 다룬 작품

남성 무용수의 관능이 한껏 드러났던 것은 20세기 초반 '발레 뤼스Ballets Russes'(번역하면 '러시아발레단'이다)의 작품들이었다. 낭만 발레 시대 이후 발레리나를 들어 올리는 차력사 역할로 미미한 존재가 되어 가던 발레리노가 다시 무대 중심에 서게 된 것도 이 발레단의 업적이다. 20세기 초반 천재적인 공연 기획자 디아길레프Sergei Pavlovich Dyagilev는 러시아 최고 춤꾼들로 발레단을 조직해 프랑스에서 활동을 시작했다. 이 발레단이 선보인 작품들은 그전까지 볼 수 없었던 혁신적이고 과감한 주제와 소재, 러시아적인 색채를 갖추고 있었다. 발레 뤼스의 스타 발레리노 니진스키Vatslav Nizhinskii는 키가 작고 비율이 좋지 않았다. 하지만 기량이 매우 뛰어났고 동물적인 야성과 양성애적인 로맨틱함을 갖추고 있었다. 천재적으로 춤을 잘 추는 발레리노였을 뿐 아니라, 그가 출연했거나 안무했던 작품들도 그 당시 문화예술계의 관심사였던 원시주의, 큐비즘, 현대 음악, 새로운 신체 문화, 이국적인 취향, 현대성 등을 다루고 있어서 파리 지식인들에게 큰 반향을 일으켰다. 니진스키의 관능성을 찬탄하고 응원하는 동성애자 팬들이 있었다. 동성애자인 디아길레프가 세련되고 혁신적인 작품을 기획하고, 역시 동성애자인 니진스키가 역동적이면서도 부드러운 춤을 보여주자 부르주아 동성애자들에게 러시아 발레는 새로운 문화가 되었다.

니진스키가 1912년 안무하고 출연한 〈목신의 오후L'Aprés-midi d'un faune〉는 너무나 음란해서 포르노에 가깝다는 비난을 들었던 작품이다. 고대 그리스 미술에서 볼 수 있는 2차원적인 사람 모습을 무대 위에 재현하여 몸의 단면이 편편하게 드러나는 식으로 움직이는 동작도 매우 특이했지만, 턴아웃이 아닌 턴인 자세를 쓰는 것을 비롯하여 전반적인 발레 테크닉도, 고전 발레 구성도 드러나지 않았다. 발레라고 보기에는 너무나 새로운 작품이었다. 공연 시간도 고작 10분 정도로 간결했다. 개울가에서 옷을 벗는 님프를 보고 목신이 흥분하자 님프가 도망가다가 스카프를 떨어뜨린다. 목신이 이 스카프를 집어서 냄새를 맡아보다가 자위 행위를 하면서 작품이 끝난다. 지식인들과 예술가들은 이 작품에 찬사를 보냈지만, 도덕성 문제를 운운하는 혹평이 들끓었고, 이런 상반된 평가들이 오히려 흥행에 도움이 되었다. 현재 복원된 〈목신의 오후〉는 음란하다는 느낌보다는 시적이라는 느낌이 더 강하다. 마지막 자위 행위 장면이 별로 도드라져 보이지 않을 만큼 목신의 관능성이 잔잔하고 차분하다. 지금이야 전라 현대 무용 작품들도 많고, 성을 주제로 하는 작품들도 많지만 20세기 초 유럽에서는 엄청난 스캔들이었다. 남성의 몸으로 욕

니진스키의 〈목신의 오후〉

망을 드러내는 작품을 무대에 올렸으니 놀랄 만한 사건이긴 했을 것이다.

비슷한 시기에 우리나라 춤에서는 관능성이 어떻게 표현되고 있었을까? 황해도 지역에서 19세기부터 연행되어 왔다고 알려진 봉산탈춤에서는 파계승인 먹중들이 시시때때 세속 유혹에 흔들리고 젊은 여성인 소무와 놀아보려고 애쓴다. 노골적으로 유혹하는 대사도 있고 노장이 소무의 손을 맞잡고 구애하는 행위도 있다. 춤 자체에서 〈목신의 오후〉를 능가하는 관능성이 보이는 곳은 팔먹중(팔목중)춤 과장 중 일목춤이다. 여덟 명의 먹중이 개인춤을 추는 과장인데, 이중 제일 먼저 등장하는 일목춤은 봉산탈춤을 배울 때 종종 제외되는 춤이다. 거의 반을 누워서 움직이는 데다 크고 화려한 동작이 없기 때문이다. 처음부터 누워서 시작해 팔로 얼굴을 가리고 골반을 들어올려 8자를 그리기도 하고, 한 다리씩 허공에 들고 배배 꼬기도 한다. 그러다가 몸을 뒤집어 플랭크 자세를 하고 골반을 들었다 내렸다 하며, 8자를 그리기도 한다. 느린 타령 장단에 맞춰 이런 동작을 하고 있으면 대체 왜 이런 장면이 들어 있을까 의아할 지경이 된다. 이것은 세속으로 내려와 여인의 향기를 맡은 파계승이 자위 행위를 하는 모습이다. 서서히 일어나 몸을 계속 좌우로 크게 용트림하면서 천천히 움직인다. 온몸으로 흥분을 발산한 뒤 주변을 살피며 속세에 들어선다. 아마도 봉산탈춤 전수자는 이 장면에 대해 '파계를 괴로워하는 모습'이라고 점잖게 설명할 수도 있겠다.

그런데 실제로 춰보면 안다. 자위를 즐기는 행위라는 것을. 굳이 힘들게 골반을 들고 비비적거리면서 고뇌할 리는 없기 때문이다. 일목춤의 놀라운 점은, 이런 성적 행위를 춤꾼들이 아무렇지도 않게 장터에서 추었다는 것이다. 19세기, 20세기 초반 탈춤 관객들이 이 춤을 어떻게 보았을지 기록이 없어서 알 수 없지만, 무심하거나 낄낄대거나 애써 특별한 의미를 두지 않으려 노력했을 것이다. 비슷한 시기 니진스키가 목신으로 비난을 받을 때, 유교 사회의 민중들은 윤리에 얽매여 있기는커녕 놀랄 만큼 개방적이고 자연스럽게 인간 삶의 몸짓들을 표현하고 살았다.

서구에서는 20세기 이후 관능을 다루는 작품들이 많이 나타났다. 프로이트가 리비도를 말하고, 위생과 보건에 대한 개념이 발전하고, 체조와 스포츠로 몸을 단련해야 한다는 생각들이 퍼져나가는 등 새로운 신체 문화가 일어났다. 몸을 있는 그대로 보려는 철학과 예술도 나타나기 시작했고, 그 전까지 표현하지 못했던 몸의 관능성이 극장춤에서 다채롭게 나타났다. 모던 발레에서는 클래식 발레의 주요 서사인 러브 스토리를 유지하면서, 단순한 파드되가 아니라 사랑에 빠진 연인의 들뜸, 열정, 질투, 고통 같은 섬세한 심리 묘사에 신경 쓰는 작품들이 나타났고, 관능성을 직접적인 춤동작으로 보여주는 작품들도 많아졌다. 이런 경향은 현대 무용에서도 마찬가지였다. 관능적 분위기를 추상적이고 은유적으로 드러내거나 억눌린 성적 에너지를 표현하는 작품들이 만들어졌다. 현재 무용 작품에는 관능성을 다루는

데 어떠한 제한도 없다. 사랑을 형상화한 작품, 관능적 색채를 가진 작품, 정말로 다양한 작품들이 있다.

90년대, 2000년대에는 마치 유행인 듯 벌거벗은 몸으로 신체를 탐구하는 작품들이 쏟아져 나왔다. 처음에는 낯설어 보이던 신체들이 점차 '몸이 움직이는' 정도로 받아들여졌고, 나체가 등장하는 작품일수록 관능성보다는 인간의 몸이란 무엇인지, 순수한 몸짓이란 무엇인지 추구하는 경향이 있었다. 몇 년 전이었던가, 세계 무용 축제에 초청된 외국 무용단이 전라로 공연한다는 기사가 신문에 조그맣게 실렸는데 티켓이 매진되어 버렸다. 공연장을 찾아온 관객 대부분이 중년 남성들이었다. 옷을 입지 않았다 뿐이지 인간 소외 같은 관념을 파고드는 전형적인 현대 무용 작품이었다. 그들이 욕구를 충족시키고 갔을지 궁금하긴 하다.

구애의 춤

무용 개론서마다 맨 앞부분에 '원시 무용에는 전쟁, 사냥, 구애, 다산의 춤이 있었다'라고 춤의 기원을 설명한다. 구애하기 위해 원시 시대부터 꾸준히 남녀가 춤을 춰 왔고, 구애가 춤을 추는 중요한 이유였다는 이야기다. 춤은 지금도 구애 기능을 하고 있다. 호모 사피엔스와 호모 에렉투스가 늦은 밤 불가에 모여 즐겼을 춤판을 현대로 옮겨 놓은 것이 클럽이다. 커플 댄스를 구애 기능으로 사용하는 사람을 말릴 수는 없지만 그것은 어디까지나 부수적인 결과이고, 기본 목적은 '건전한 사교 활동'이며 춤추는 즐거움에 초점이 있다. 노골적이고 전투적으로 구애하려면, 홀딩 자세와 스텝과 몇 가지 기술 틀을 갖춘 사교춤으로는 역부족이다. 다음 스텝 생각하기 바빠 매력 어필은 뒷전이다. 규칙이 있는 춤보다 자유롭고 해방된 분위기에서 막춤을 추는 게 구애에 적합하다. 자기 마음대로 신나게 들썩거리며 리듬을 타는 환경이 되어야만 마음에 드는 이성에게 적극적으로 다가갈 수 있다.

물론 마음대로 추더라도 성적인 분위기를 자아내는 동작들을 따로 알아 둘 필요는 있다. 일단 자신이 얼마나 건강하고 탄력 있는 신체를 가지고 있는지 보여주는 퍼포먼스가 호소력이 높다. 보통 섹시하다고 평가받는 댄스 가수들은 가슴과 골반 움직임이 많고, 웨이브 동작이 있다. 요즘 시대에는 이런 동작들이 성적 이미지로 보편화되어 있는데, 너무 일률적이라 오히려 그 효과가 반감되기도 한다. 예상치 못한 행동, 미묘한 분위기, 강한 존재감이 성적 매력에서 중요하지 않을까 싶다. 그러나 이런 것을 춤으로 표현한다는 게 추는 사람에게나 보는 사람에게나 주관적이고 모호할 수밖에 없다.

주로 라틴과 아프리카 계통 움직임들에 가슴, 골반 흔들기와 웨이브가 많으며, 그쪽 출신 춤꾼들을 더 관능적으로 보는 경향이 있다. 그러나 그들의 동작에 따로 구애의 목적이 있다기보다는 그런 움직임이 그들에게 편하고 자연스러워서다. 아프리카에서 원래 춤은 자연과 초자연, 성과 속을 연결하는 종교적 의미였고, 관능적으로 보이는 춤뿐만 아니라 매우 다양한 춤이 존재한다. '흑인은 섹시하다'라는 편견이 춤을 보고 싶은 대로 보게끔 만들기 마련이다. 엉덩이 동작은 흑인 노예 역사를 가지고 있는 아메리카 대륙에서 흑인, 물라토들이 추는 룸바, 삼바, 손 같은 춤에 자주 등장한다. 남북 아메리카 대륙에서 검은 피부 인종들이 엉덩이를 흔드는 것에 대해서는 일반적으로 에로틱하다는 느낌을 갖고 본다. 서구 사람들이 흑인의 몸과 이런 동작을 자연에 가까운, 이국적이고 에로틱한 열망의 전시로 인식해 왔던 것이다.

실제 이 지역 카니발과 일상적 이벤트를 참여 관찰한 무용인류학자들은 지극히 젠더화되어 있는(남성은 마초, 여성은 부드러운 수동성) 그들의 춤이 성애적 관계를 보여준다기보다 오히려 탈일상적인 모습을 추구한다고 말한다. 일상에서는 춤출 때와 같은 멋진 남성, 여성으로 살기 힘들기 때문에 오히려 관능성을 극대화함으로써 억압과 계급적 한계에 저항하고 협상하고 전복하고자 한다는 것이다. 그러니까 이 관능적으로 보이는 몸짓들이 해방과 자유를 경험하게 하는 것이다.*

인류학자 다니엘 밀러는 트리니다드 카니발에서 추는 '와이닝Wining'이라는 춤이 자기성애적인 특성을 가지고 있으며, 이를 헤겔의 절대정신이 추구하는 자유로 볼 수 있다고 주장한다.** 와이닝이라는 춤은 골반의 회전을 중심으로 하며 커플로 출 때는 엉덩이와 음부가 접촉하는 등 상당히 성애적인 동작이 많다. 주로 저소득층 여성들이 이런 춤에 참여하는데 남녀가 함께 출 때는 구애 구도를 보여주기도 하지만, 사실 이 여성들은 춤출 때 내부 지향적이고 자족적이기 때문에, 교환 행위로서의 섹슈얼리티는 부정되고 자기 성애적인 특성을 갖는다고 밀러는 분석한다. 어떤 대상에게 매력을 호소한다기보다 스스로 성적 에너지를 방출하며 만족을 느낀다는 것이다. 우리가 현시대에 섹시하다고 느끼는 춤 동작들이 실제로는 섹시한 의미를 갖고 있지 않을 수도 있고, 섹시한 춤이 구애를 목적으로만 한다고 볼 수도 없으며, 개중에는 오토 에로티시즘적인 것도 있다.

클럽에서 남녀가 몸을 밀착하여 비비면서 추는 모습을 '부비부비'라는 말로 표현하던 때가 있었다. 인간이 저렇게까지 구차하게 춤을 이용해야 하나 싶은 측면도 있으나, 구애가 한창일 나이에 클럽에서 그런 노력을 하는 것도 자연스러워 보인다. 인간

* "Hips, hip-notism, hip(g)nosis: the mulata performances of Ninón Sevilla," Melissa Blanco Borelli, *The Routledge Dance Studies Reader*, Edited by Alexandra Carter & Janet O'shea, 2010.

** *Absolute Freedom in Trinidad*, Daniel Miller, Man, 1991.

은 성적인 존재이고, 적극적으로 구애를 해야 할 때 춤은 상당히 유용한 도구가 된다. 춤에 구애를 싣는 것 또한 삶의 한 과정이다. 누군가에게는 음란방탕해 보일 수 있어도 당사자들은 즐거운 해방감을 느낀다. 사실 대도시 삶 속에서 데이트 상대를 만나는 게 꽤 어렵다. 매일 똑같은 사람들, 똑같은 일, 쌓여가는 피로감. 누굴 만날 욕구도 점점 사라진다. 자신의 관능을 생생하게 드러낼 수 있는 공간이 있다면 찾아가서 열심히 표출하고 다른 사람들을 만나보는 것도 건강한 삶이다. 물론 진지한 애정 관계는 또 다른 문제이지만, 적어도 사람을 만날 기회 자체가 없는 이 바쁜 사회에서 클럽은 '정상 세계'로 재진입하기 위한 해방의 출구일 수 있다.

관능과 춤

안데르센 동화 『빨간 구두』의 결말을 기억하는가? 허영심 많은 소녀가 빨간 구두를 신고 교회에 갔다가 저주를 받는다. 빨간 구두는 소녀를 계속해서 미친 듯 춤추게 만든다. 춤을 멈추려고 소녀는 끝내 자신의 두 발목을 자른다. 그리고 남은 인생 교회에서 회개하고 살아간다. 춤꾼이라면 한 번쯤 이 잔혹 동화를 떠올려 봤을 것이다. 항상 몸 어딘가 아프고, 생계에 쩔쩔매며, 미래 없이 고생만 하는데도 왜 계속 춤을 추고 있나. 혹시 나도 저주에 걸렸거나 깊은 바다에 빠져버린 게 아닐까 하고 말이다.

안데르센은 직접 발레를 배우고 단역으로 출연해 보기도 한 발레 마니아였다. 어렸을 적 전문 춤꾼이 되고 싶었으나 자질이 부족했고, 대신 발레를 가까이 하고 살았다.* 그런 그가 춤을 멈출 수 없는 저주, 발목을 자르거나 죽어야 끝나는 저주를 생각해 낸 것은, 어쩌면 춤의 힘을 제대로 봤기 때문이 아닐까. 춤이 주는 힘, 춤을 향한 힘, 그 강력하고 매혹적인 힘은 우리를 움직이는 거대한 바다, 에로스가 아닐까.

조르주 바타유Georges Bataille는 『에로티즘L'erotisme』이란 책에서 인간이 불연속적 개체성에 머물지 않고, 죽음과 에로티즘을 통해 경계를 지우고 상호 융합으로 연속성을 추구하는 존재라고 말한다. 그는 에로티즘을 철학적으로 성찰한다. 팽창, 무질서, 폭력, 파열, 벌거벗음, 과잉의 에로티즘 속에서 자아는 일종의 죽음을 경험한다. 경험이 불가능한 죽음을 경험해 봄으로써 연속성을 향해 존재의 문이 잠깐 열린다. 바타유는 에로티즘을 '죽음까지 파고드는 삶', '죽음 속에 이르기까지 삶을 긍정하는 것'이라 말한다. 그러니까 그가 말하는 에로티즘은 단지 성애적인 것에 국한된 것이 아니라, 인간 특유의 충동과 에너지, 내적 체험을 의미한다. 인간은 자연에 머물지 않고 사회를 이루고 노

---

* 『아폴론의 천사들:발레의 역사』, 제니퍼 호먼스, 232~234p.

동을 하며 살아간다. 사회적 노동의 삶을 지켜 나가려면 폭력과 죽음에 대한 금기가 필요하다. 하지만 금기를 위반하려는 욕망 역시 인간 본연의 모습이다. 금기와 위반은 동전의 양면처럼 공존한다. 경계가 모호하고 내밀하며 자아를 잃고 초월성에 이르려는 에로티즘은 노동처럼 사물화될 수 없다. 노동이 생산하고 잉여를 남기는 반면 에로티즘은 소모하고 탕진한다. 에로티즘은 위반이고 폭력이며 죽음이다. 노동하는 삶은 에로티즘을 통해 온전히 되살아난다.

자아와 타자 혹은 세계가 혼연일체 되어 존재의 다른 차원으로 나아가고자 하는 에로티즘의 욕구는 예술에 대한 욕구와 닿아 있다. 예술은 대체로 먹고사는 것과는 상관없는 에너지의 소진이지만, 삶을 고양된 차원, 예술로 만들고 싶은 것은 인간의 근본적인 욕망이기도 하다. 이런 면에서 예술은 바로 에로티즘을 다루는 일이기도 하다. 그중에서도 춤은 가장 몰입된 탕진이다. 춤은 참여 인원이 많은 종합 예술이라 기본적으로 공연에 많은 물리적, 시간적 비용이 든다. 그러나 미술에서처럼 물질적인 작품이 남는 것도 아니고, 하다못해 악보나 대본, 음반 같은 형태로도 흔적을 남기지 못하는 순간의 예술이다. 잉여를 남기는 노동 행위와 가장 거리가 먼, 남는 것 없이 찰나에 다 사라지는 사치스럽고 허망한 행위다.

『빨간 구두』로 돌아가 보자. 빨간 구두는 위반이다. 교회에 가려면 검은 구두를 신어야 하는데 소녀는 빨간 구두를 신는다. 그저 예뻐 보여서 신었던 빨간 구두는 폭력과 죽음을 향한 광폭한 마법에 걸려 있다. 무도회에 신고 간 빨간 구두는 소녀를 즐겁게 춤추게 만들지만 점점 소녀 발에 꽉 달라붙어 벗겨지지 않는다. 소녀를 들판과 가시덤불, 장벽으로 데려가며 계속 춤추게 만든다. 발목이 잘린 뒤에도 빨간 구두는 춤을 멈추지 않는다. 주체가 사라져도 춤은 계속된다. 그러다가 빨간 구두는 어디론가 사라진다. 빨간 구두의 욕망은 지금도 세상 어딘가를 떠돌며 춤추고 있을 것이다. 이 비극적인 동화의 교훈(예쁜 것을 좋아하고 춤이나 추면 패가망신한다는)을 아는 사람들은 그럼에도 불구하고 빨간 구두를 신는다. 그리고 춤춘다. 인간은 원래 그런 존재이기 때문이다.

철학자 한병철도 에로스를 실존적이고 근원적인 인간의 특성으로 본다. 그는 『에로스의 종말Agonie des Eros』에서 신자유주의 세계에서 모든 것이 사물화, 규격화, 자본화되고, 나르시시즘과 안락함과 '할 수 있음(성과 사회가 주체 스스로를 착취하게 만드는 명령)'이 넘쳐나면서, 에로스는 힘을 잃어버렸다고 말한다. 그에게 에로스는 동일성이 아닌 타자성에 대한 경험이다. 자아가 타자 앞에서 아무것도 '할 수 없음'을 경험하고 자아를 잃고 무無가 됨으로써 타자를 온전히 만날 수 있다. 이것이 사랑의 경험이다. 이런 소멸과 망각, 죽음의 부정성을 통과해 다시 자신을 찾을 수 있는 것이다. 그러나 과잉 긍정성과 동일성의 지옥이 되어버린 현대 사회에서 에로스는 종말을 맞은 것이 아닌지, 저자는 자문한다. 한병철은 에로스를 아름다움과 예술에 대한 논의로 이어간다. 『아름다움의 구원Die Errettung des Schen』에서 한병철은 매끄러움과 투명함, 쾌적함, 긍정성, 동일성을 가진 것을 아름답다고 느끼는, SNS의 '좋아요'로 만족하는 지금의 세태를 비판한다. 아름다움과 예술은 근본적으로 거칠고, 추하고, 공포스럽고, 부정성과 타자성을 지닌 것으로, 자아에 균열과 고통을 주어 자기 성찰과 확장을 경험할 수 있게 하는 것이다. 이런 개념이 사라진 것은 근대 미학이 숭고와 미를 분리하고 숭고는 부정성을, 미는 긍정성을 담당하게 했던 데서 유래한다. 미는 저항 없이 매끄럽고, 고통 없이 만족과 쾌감을 주는 것으로 규정되었고, 현대로 오며 관조적 거리가 사라지고 쉽게 소비할 수 있는 것이 되어버렸다. 그는 숭고와 미의 분리를 철회하고, 아름다움의 부정성을 되찾아야 한다고 주장한다. 주체의 자기만족을 위한 아름다움이 아니라, 절대적인 타자성을 만나는 경험 속에서 아름다움을 구원해야 한다고 말한다. 타자를 향해 자신을 열어놓고 자아를 멈추고, 상실하며, 초월하여 다시 자아를 되찾는 것이 진정한 미적 경험이기 때문이다.

영국 영화 〈분홍 신The Red Shoes(1948)〉은 동화 『빨간 구두』를 발레 작품으로 만들어 공연하는 과정에서 생긴 일을 다룬다. 왜 영화 제목이 '빨간 구두'가 아니라 '분홍 신'으로 번역되었는지는 알 수 없다. 빨간 구두 이야기에 등장하는 발레리나가 결국 이야기 속 소녀처럼 비극적인 결말을 맞게 된다는 액자형 서사의 영화이다. 이 영화 속 발레 작품 '빨간 구두'는 안데르센의 동화를 모티프로 했지만 내용이 약간 다르다. 미친 듯이 춤추는 빨간 구두에 이끌려 갖은 고생을 하는 것은 같지만 소녀의 죽음으로 결말이 난다. 소녀는 춤을 추다가 마지막에 완전히 탈진하여 연인의 품에 안긴다. 연인에게 빨간 구두를 벗겨달라고 말하고 구두가 벗겨지자마자 죽음에 이른다. 영화의 주인공은 발레단에 입단하여 이 발레 작품 빨간 구두의 주역을 맡는다. 연습 과정 중에 작곡가와 사랑에 빠진다. 이 두 사람의 예술적 재능을 사랑했던 단장은 둘이 연애하는 꼴을 두고 볼 수 없다. 사랑에 빠져 결혼 후 발레를 그만둘 것이 뻔한 주인공을 안타까워하는 것과 동시에 작곡가를 미워한다. 결국 두 연인은 함께 발레단을 그만둔다. 하지만 춤을 그만둔 주인공은 시간이 지날수록 춤이 그리워진다. 때마침 단장이 찾아와 빨간 구두 주인공을 다시 맡아 달라 제의한다. 주인공은 남자를 떠나 공연을 다시 하게 되고, 공연장에 찾아온 연인은 분장실에서 단장과 대치한다. 주인공, 작곡가, 단장이 사랑이냐, 춤이냐, 옥신각신하다가 작곡가는 주인공에게 지금 당장 떠나자고 말한다. 주인공이 어쩔 줄 몰라 울고 있는 사이 작곡가는 그만 상심하고 떠나버린다. 연인이 떠나자 주인공은 실성하여 뒤따라 가다가 달려가는 기차에 몸을 던진다. 발레 작품의 결말과 마찬가지로, 기찻길에 쓰러진 주인공은 연인에게 안겨 "빨간 구두를 벗겨줘요"라고 말한 뒤 숨을 거둔다.

이 영화에는 사랑과 예술이라는, 매우 다른 에로스가 나온다. 사랑과 예술의 바탕에는 부정성이 있다. 두 가지 모두 가장 맹렬하게 인간을 휘감아 도는 욕망이다. 어떤 비극이 기다리고 있을 줄 모르고 사랑에 빠지고, 예술에 심취할수록 삶이 힘들어질 수밖에 없음을 알고도 거기에 몸을 던진다. 각각 너무 강한 매혹이라 이 두 힘이 충돌하면 주체는 죽음을 택할 수밖에 없다. 연인의 사랑과 예술에 대한 사랑 앞에서 주인공은 아무것도 할 수 없다. 둘 중 하나를 선택할 수도 없다. 피할 수도 없다. 에로스는 근본적으로 죽음과 폭력이다. 매끄럽고, 긍정적이고, 만족과 쾌감을 주고, 쉽게 손에 쥘 수 있는 것이 아니다. 존재를 뒤흔들어 놓는 힘이자 인간의 존재 방식이기도 하다. 이런 절대적인 타자성 앞에 주체는 자신을 잃고 죽음을 맞는다. 이 영화가 보여주는 것은 에로스의 본질이다.

사랑의 경험과 미적 경험은 죽음까지 파고드는 삶의 이유가 된다. 삶을 압도한다. 춤은 이런 알 수 없는 힘이 몸짓으로 생생하게 드러나는 순간이다. 가장 가차 없이, 가장 뜨겁게 모든 것이 소진되는 순간이다. 앞에서 살펴보았듯이 춤 안에 다양한 관능의 차원이 있다. 그 관능을 어떻게 읽어 내는 가는 보는 사람에 따라 다르겠지만, 춤은 분명 그 자체로 관능적이다. 춤추는 몸에 생명 충동이 일렁이기 때문이다. 멈출 수 없이 죽음에 이르게 하는 빨간 구두의 춤은 에로스에 대한 은유이다. 춤은 헛되고 아름다운 깊은 바다, 에로스다.

영화 〈분홍 신〉 중 발레 장면

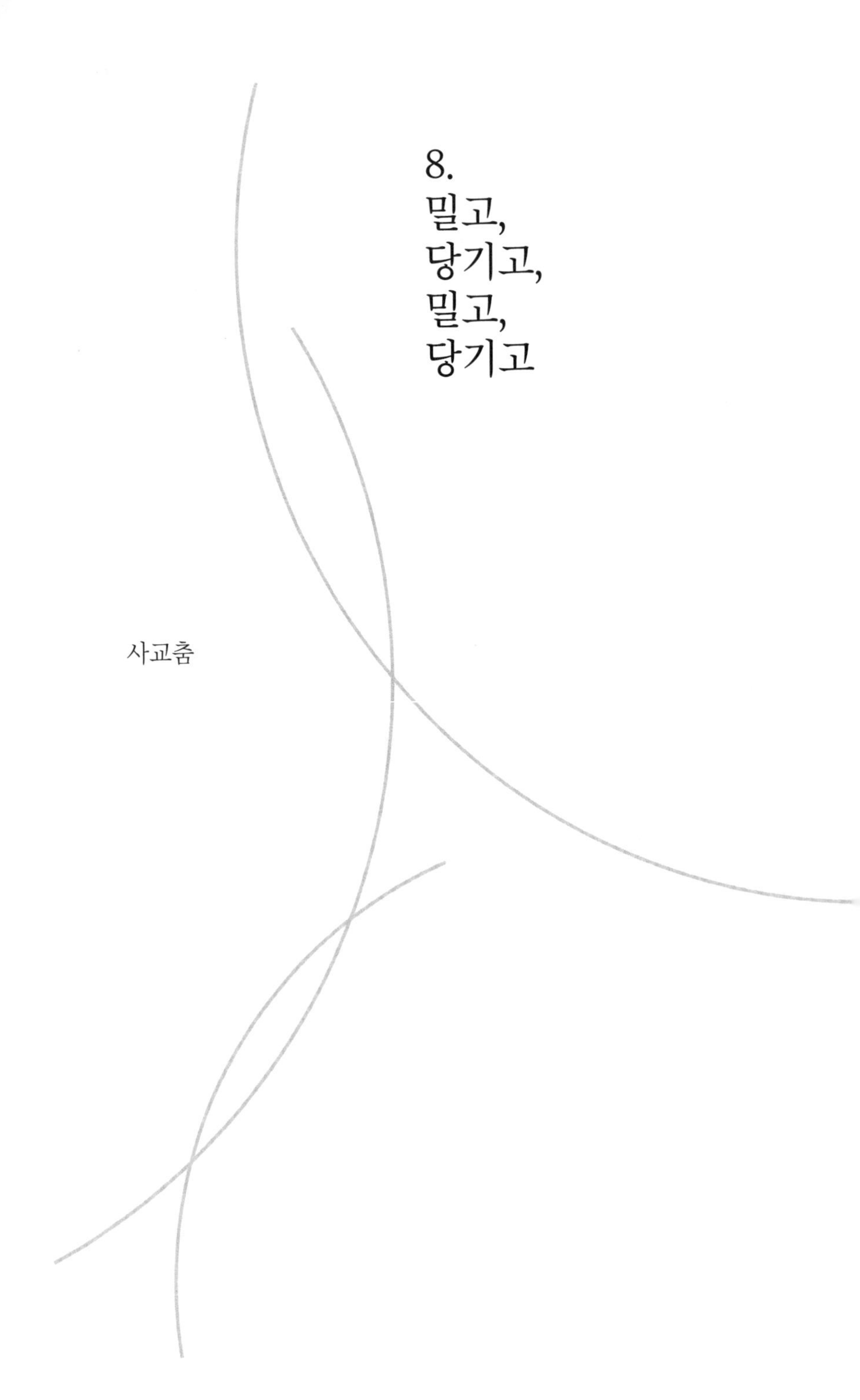

8.
밀고,
당기고,
밀고,
당기고

사교춤

이 장에서 다루려는 주제는 대중들이 즐기는 춤이다. 그 중에서도 무도장, 댄스홀, 콜라텍, 카바레, 나이트클럽, 디스코텍, 고고장, 클럽처럼 춤추며 사람들과 어울릴 수 있는 춤 전용 공간에서 이루어진 춤, 이른바 '사교춤social dance'에 대한 것이다.

사교 활동으로서의 춤이다보니, 사람들과의 친교와 밀접한 관계가 있기도 하고, 취미로 즐기는 여가 활동이기도 하고, 운동 삼아 하는 활동이기도 하다. 각 공간들마다 추는 춤이 다르고, 춤이 탄생한 시기도 다르다. 일렉트로닉 댄스 뮤직이 주를 이루는 레이브 클럽이 가장 근래에 생겨난 공간이라면, 커플 댄스를 추는 볼룸, 무도장은 아주 옛날부터 있었다. 레이브 클럽을 채운 사람들이 그저 리듬에 맡겨 몸을 들썩거린다면, 무도장을 찾는 사람들은 파트너와 규칙이 정해져 있는 춤을 춘다. 레이브 클럽에 20대 젊은이들이 가득하고, 콜라텍에는 중장년층뿐이다. 사교춤들에는 어느 정도 해당 연령의 취향도 반영되어 있다. '춤추러 가자'는 말은 연령에 따라 홍대 클럽이 될 수도 있고, 살사바, 밀롱가(탱고를 추는 장소)가 될 수도 있고, 국일관 카바레일 수도 있다. 이처럼 다양한 양상의 사교춤이 동시에 존재하는 것은 적어도 20세기 중반까지는 없던 일이었다. 이전까지 '춤추러 간다'는 말은 커플 댄스를 추러 간다는 뜻이었다. 댄스홀에서 혼자 리듬을 타며 막춤을 추는 사람은 없었다. 댄스홀은 규칙이 있는 커플 댄스를 추는 곳이기에 춤을 배워야 했고, 같이 출 파트너가 있어야 했다. 사교춤에 관한 역사적 자료는 14세기 이후부터 나타나는데, 이때부터 20세기 중반까지 사교와 여가 활동으로서의 춤은 줄곧 커플 댄스였다. 그러나 1960년대 트위스트가 혼자 추는 춤 열풍을 일으키고, 1970년대 디스코 시대에 와서는 솔로춤이 대세가 되었다. 이때부터는 춤추러 간다는 말도 디스코텍에 가서 유행하는 솔로춤을 춘다는 의미가 되었다. 파트너와 손을 잡고 정해진 스텝을 실행하는 커플 댄스보다 혼자 추는 게 보편화되면서 개성을 드러낼 수 있는 리드미컬한 움직임이 주를 이루게 된다. 춤을 미리 배운다는 관념도 거의 사라지고 언제든 편하게 가서 유행하는 춤을 따라 추며 놀았다. 1990년대 레이브 문화와 함께 생겨난 클럽과 대규모 레이브 파티는 양상이 또 달랐다. 혼자 추기는 하지만 몰개성화되어 있는 리드미컬한 움직임이 주를 이루며, 디제이의 음악에 반응하는 방식으로 춤을 추기 때문에 레이브를 즐기는 사람들 모두가 하나로 뭉뚱그려진 집단을 이룬다. 유행하는 움직임 스타일마저도 뚜렷이 존재하지 않는 편이라 리듬만 탈 줄 알면 된다. 전체적으로 보면 비슷하게 들썩들썩하며 움직이고 있는 무리들이다. 현재 클럽에서는 디스코 시대처럼 스테이지로 나와 자신의 개성을 한껏 드러내는 춤을 추는 사람들은 별로 없다. 물론 지금도 각종 사교춤을 출 수 있는 다양한 공간들이 공존하고 있지만, 양적으로는 클럽 문화가 강세이다.

친교가 강조된 커플 댄스 시대를 거쳐 개인성이 강조되는 솔로 댄스 시대에 이어 레이브 시대에 이르면 익명의 개인들이 집단화된 몰개성적 움직임을 보인다. 춤추는 사람들의 몸은 가까웠다가 멀어지고 또 다시 가까워지는 과정을 거쳐 온 것이다. 이에 따라 몸의 에피스테메episteme(미셸 푸코가 말하는 에피스테메는 특정한 시대를 지배하는 인식의 무의식적 체계를 뜻함)가 어떻게 변화되어 왔는지 짐작해 볼 수 있다.

커플 댄스

취미로 춤을 배우고 싶은데 어떤 춤부터 배워야 할지 모르겠다면 일단 커플 댄스에 도전해 보는 게 좋다. 춤을 전혀 모르는 사람이 처음부터 문화센터 취미 발레반에 등록했다가는 좌절에 빠져 다시는 춤을 배울 생각조차 하지 않게 될 가능성이 높다. 자신의 신체를 극복해서 자세와 체형을 개선하고 고난이도의 테크닉에 도전해야 하는 과정은 힘들고 외로운 싸움일뿐더러, 거울로 허우적거리는 비루한 몸을 보면 전의를 상실하기 쉽고, 춤추는 재미가 도대체 어디에 있는지, 그리고 이 춤은 도대체 어떤 신체 활동의 범주에 들어가 있는지 매우 혼란스러울 수 있다. 물론 이 과정을 극복하고 발레의 참맛을 알게 되어 토슈즈까지 신는 레벨에 도달하는 직장인 취미 발레 클래스 수강생들도 있다. 하지만 대부분은 춤추는 재미보다는 극기를 체험하는 기분만 느끼고 만다.

발레는 최소한 2~3년을 배워야 전체가 몸에 들어오지만, 사교춤은 몇 개월만 배워도, 경우에 따라서는 강습 몇 번만 받아도 재미를 느끼며 출 수 있다. 발레처럼 몸의 능력을 한껏 드러낼 필요가 없기 때문에, 몸치라도 쉽게 배울 수 있고, 자신감이 붙으면 다른 춤에도 도전할 수 있다.

사교춤에는 먼저 댄스 스포츠가 있는데, 모던댄스 5종목으로 왈츠, 탱고, 폭스트롯, 퀵스텝, 비엔나 왈츠가 있고, 라틴 댄스 5종목으로 차차차, 자이브, 룸바, 삼바, 파소도블레가 있다. 그 다음으로 카바레, 무도장, 콜라텍에서 추는 지루박, 브루스, 자이브, 탱고, 리듬짝, 트롯트 등이 있다. 스윙 댄스 동호회나 스윙바에서 추는 스윙 댄스 계열에는 린디 홉, 락앤롤, 지터벅, 블루스가 있다. 살사, 메렝게, 쏜, 룸바, 삼바 같이 라틴 리듬에 맞춰 추는 라틴 댄스 계열의 춤들도 있다. 댄스 스포츠 탱고와는 다른 아르헨티나 탱고도 있다.

1) 댄스 스포츠 종목들
 · 모던: 왈츠, 탱고, 폭스트롯, 퀵스텝, 비엔나 왈츠
 · 라틴: 차차차, 자이브, 룸바, 삼바, 파소도블레
2) 한국화된 카바레 댄스 종목들: 지루박, 브루스, 자이브, 탱고, 리듬짝, 트롯트
3) 스윙 계열: 스윙, 린디 홉, 락앤롤, 지터벅, 블루스
4) 라틴 계열: 살사, 메렝게, 바차타, 쏜, 룸바, 삼바
5) (아르헨티나) 탱고

이중 다른 카테고리에 들어가 있으나 이름이 겹치는 춤들은 이름만 같고 형태가 다른 춤이다. 댄스 스포츠의 탱고와 아르헨티나 탱고는 완전히 다른 춤이며, 실제로 사람들이 즐겨 추는 것은 아르헨티나 탱고이다. 스윙 재즈 음악에 맞춰 추는 지터벅, 블루스가 한국 카바레에서 독특하게 재창조된 것이 지루박, 브루스이며, 리듬만 같을 뿐 전혀 다른 춤이다. 댄스 스포츠의 룸바, 삼바도 실제 쿠바와 브라질에서 대중적으로 추는 룸바, 삼바와 다른 춤이다. 기원이나 리듬은 같지만 발전 과정에서 분화되어 서로 다른 춤이 되었다.

'댄스' 뒤에 '스포츠'가 붙은 것에서 알 수 있듯이 댄스 스포

츠는 20세기 초 영국에서 전문화, 체계화되었고, 이후 경기용으로 발전하였다. 사교춤으로 분류되지만 실제로는 사교에 그리 적합하지 않고 춤추는 인구나 활용도, 장소 면에서 인프라가 부족하다. 반면 스윙 댄스, 살사 댄스, 탱고는 전 세계적으로 많은 사람들이 추고 있고 장소도 많아 활용도가 높다. 외국에 나가 춤을 출 게 아니라면 한국화된 카바레 댄스들도 활용도가 높다. 카바레에 가면 댄스 스포츠를 출 수 있다고 알고 있는 사람들이 많은데, 실제로는 그렇지 않다. 카바레에서는 한국화된 카바레 댄스 종목들을 따로 배워서 춰야 한다.

커플 댄스로서의 사교춤에는 두 사람의 역할이 정해져 있다. 둘이서 마주보고 홀딩(손을 맞잡거나 상대방의 어깨나 허리를 잡은 상태)을 한 뒤 각자 하고 싶은 대로 움직이면 춤이 이루어지지 않는다. 누군가는 동작을 선도하고 누군가는 응대해야 한다. 선도하는 사람을 리더(보통 남성), 응대하는 사람을 팔로워(보통 여성)라 한다. 서로 마주 홀딩한 자세에서 리더가 오른발을 디뎌 앞으로 나가고 싶다면 팔로워는 이에 맞춰 왼발을 뒤로 디뎌야 춤이 이루어진다. 그러므로 리더의 스텝과 팔로워의 스텝은 형태적으로는 비슷하나 리더는 리더 스텝을, 팔로워는 팔로워 스텝을 밟는다. 먼저 기본 스텝을 충분히 익혀야 한다. 실전에서는 정해진 스텝 순서가 있는 것이 아니라 리더가 스텝을 즉흥적으로 조합해서 팔로워에게 신호를 보내고 팔로워는 이에 응대하며 춤을 추기 때문에 두 사람 모두 스텝에 익숙해야 한다.

리더가 팔로워의 한 쪽 팔을 들어 올리며 등을 살짝 밀어주면 한 바퀴 돌라는 신호이다. 팔로워가 돌지 않고 버티면 춤이 되지 않는다. 신호를 주고받는 방법은 기본 클래스에서 배운다. 특정 춤에만 나오는 독특한 구도도 있지만, 두 사람이 만들어 내는 보편적인 구도가 있다. 앞, 옆, 뒤로 이동, 서로 멀어졌다 다시 만나기, 한 사람을 돌리기, 두 사람이 함께 돌기, 연속으로 돌기, 한 사람의 몸을 타고 둘러서 돌아오기, 서로 자리 바꾸기, 한 사람만 어느 방향으로 이동했다 돌아오기, 나란히 서기. 춤에 따라 이런 구도를 만들어 내는 스텝의 형태가 다르다. 이렇게 변화되는 구도를 만들어 내는 신호는 스텝 자체에서도, 홀딩의 텐션(잡은 상태에서 밀고 당기는 힘)에서도 주고받을 수 있다. 즉흥적으로 끊어지지 않게 춤을 이어나가도록 스텝을 제시하는 것은 쉬운 일이 아니므로, 리더는 팔로워보다 훨씬 춤에 익숙해 있어야 한다. 신호를 정확히 주고받는 것도 중요하기 때문에 리더와 팔로워 모두 여러 사람과 춤을 맞춰 봐야 실력이 쌓인다. 기본 스텝부터 고급 스텝까지 매 단계마다 할 수 있는 스텝을 활용하여 계속 춤을 춰 봐야 한다. 모든 동작이 체화되어야만 폭넓게 활용하며 춤출 수 있다.

댄스 스포츠의 모던댄스 종목들이라든가, 탱고 같은 경우 일정한 진행 방향이 있다. 댄스 플로어에서 많은 커플들이 섞여서 춤을 추더라도 크게는 한 방향으로 움직인다. 부딪치는 것을 방지하기 위해 댄스 플로어 둘레를 크게 돌아가는 공전 방향을 정해 놓았는데, 이것을 LOD(Line Of Dance)라고 하며, 반시계 방향으로 정해져 있다. 시계 방향으로 전진하는 커플이 있다면 경고를 받는다. 유럽 여러 민속춤도 시계 반대 방향으로 공전하며, 몇몇 춤의 경우에만 부분적으로 시계 방향 진행으로 춘다. 스윙 계열 춤이나 라틴 계열 춤들은 진행 방향 없이 한 지점에서 이루어지기 때문에 춤추는 동안 옆 커플과 부딪치지 않도록 조심해야 한다.

홀딩과 텐션이 가장 큰 범위의 동작을 만들어 내는 것은 스윙 댄스 계열의 춤들이다. 고급 수준에서는 파트너를 공중에 들어 올렸다 내리거나, 다리 사이로 미끄러져 나가고 파트너를 뛰어넘는 동작들이 나온다. 기본적으로 방방 뛰는 스타일의 춤이며, 스텝 보폭도 얼마든지 넓어질 수 있다. 상체도 크게 움직일 수 있다 보니 서로의 힘을 이용해 아주 큰 동작을 만들어 낸다. 반면 탱고는 상체를 거의 포옹한 상태에서 움직이기 때문에 동작이 큰 범위 안에서 이루어지지는 않지만, 스텝이 매우 정교하고 복잡하여 작은 차이들을 만들어 내는 홀딩과 텐션이 요구된다. 따라서 스윙 댄스는 혈기왕성한 청년들이 선호하는 춤이며, 탱고는 노년이 되어서도 출 수 있는 춤이다.

동작 범위 면에서 가장 협소한 규모를 갖는 것이 한국 카바레 춤들이다. 아마도 커플 댄스의 경험이 많지 않은 한국인들에게 적용되는 과정에서 동작 크기가 작아지고 위험 요소가 많이 사라진 게 아닐까 싶다. 남녀가 손을 맞잡고 춤춘다는 것 자체가 낯선 일인데 스윙 댄스처럼 상대방을 공중에 날렸다 받았다 하는 것까지 나아갈 수는 없었을 것이다. 카바레에서 춤추는 사람들이 노령화되면서 움직임 범위가 더 축소되어 최근에는 '246 잔발'이라는 춤이 유행하고 있다. 춤이 아니라 거의 엉거주춤 걸어 다니는 모습처럼 보인다.

커플 댄스는 움직임의 즉흥적인 배열이 만들어 내는 멋과 재미를 느낄 수 있는 춤이다. 즉흥적인 배열이 핵심 요소가 된 것은 20세기 이후의 일이다. 그 이전 사교춤에서는 즉흥이 허용되지 않았다. 정해진 동작 순서대로 춤을 추기에 시퀀스 댄스sequence dance라고 하며, 지금은 넌시퀀스 댄스non sequence dance 시대라고 할 수 있다.

과거의 커플 댄스

중세는 육체 문화를 억압한 기독교의 영향으로 춤에서도 암흑기였다. 춤이 다시 전면으로 나오게 된 것은 르네상스 시대였다. 14세기 이후 서양 궁정 문화에서 사교춤은 중요한 예법이었다. 발레의 탄생과 발전 과정을 함께 따라갔던 육체 문화의 큰 축이었다. 평민들의 춤이 없었던 것은 아니지만 남아 있는 기록이 많지 않다. 궁정 사교춤은 왕권을 강화하기 위한 이데올로기적 수단이었기에, 춤의 형태를 기록한 자료들과 그 춤에 사용되었던 음악들까지 남아 있다. 초창기 발레는 이러한 사교춤과 공연용 춤이 뭉뚱그려져 있는 상태였으나, 루이 14세가 왕립 춤 아카데미를 설립한 이후 공연을 위한 전문가 춤과 사교춤이 분리되기 시작한다. 그래서 르네상스부터 근대까지의 사교춤들을 보면 큰 틀에서는 발레 동작의 형태를 취하고 있다. 발의 다섯 가지 포지션과 턴아웃 자세를 기본으로 하며, 상체의 수직성을 유지한다. 실제 미뉴에트를 춰 보면 발레가 기본이 된 쉬운 동작을 파트너와 손을 잡고 한다는 느낌이다. 이때부터 20세기 초반 이전까지, 궁정 문화에서 중상류층 문화로 이어져온 사교춤은 모두 동작 순서가 정해져 있었고, '마주르카-폴카-왈츠-코티용' 처럼 무도회에서 어떤 춤을 차례대로 추는가도 대략 관례화되어 있었다. 정해져 있는 안무를 보급하기 위해서는 춤 교사의 역할이 중요했다. 상류층 자녀들은 어릴 때부터 춤 교사에게 개인 교습을 받으며 춤과 예절을 익혔다. 인쇄 기술이 발달하며 춤에 관한 책들도 많이 출간되는데, 이를 계기로 유럽 전역에 당대 유행하던 사교춤들이 널리 퍼져나갈 수 있었다. 악보처럼 동작을 기호화한 동작 기록, 즉 무보가 널리 보급될 수 있었던 것은 사교춤이 무대화된 춤만큼 복잡하게 구성되어 있지 않았기 때문

궁정 사교춤

이다. 보통은 음악의 진행에 따른 공간 이동과 스텝을 설명했다. 댄스 플로어를 표현하는 백지에 커플의 동선을 따라 스텝 이름의 기호나 도상이 순서대로 표현되어 있었다. 상체 동작이 아주 다채롭다면 이런 식의 무보는 가능하지 않았겠지만, 주로 파트너와 어떻게 홀딩을 하는가 정도를 제외하면, 몸통, 팔, 얼굴이 특이한 형태를 만들어 내지는 않았기에 이런 무보를 참고서 삼아 춤 교사들이 학생들에게 춤을 가르칠 수 있었다.

이런 춤들은 홀딩 상태를 유지하는 현대 커플 댄스와 달리, 커플이 만났다 헤어졌다 반복하면서 전체 참여자들의 대형을 변화시켰다. 한 곡을 출 때 처음부터 끝까지 한 파트너와 마주 잡고 추는 게 아니라 안무에 따라 파트너와 손을 잡거나 나란히 서 있다가 멀어지거나 다시 만나기도 하고 한 칸씩 이동하여 옆자리 파트너와 만나기도 했다. 마치 군무 대형이 변화되는 것처럼, 궁정 사교춤 대형은 다양한 형태로 바뀌면서 진행되었다. 유럽 궁정이나 사교계를 배경으로 하는 영화에 나오는 춤 장면에서 여성들과 남성들이 각 일렬을 만들어 마주 보고 인사를 한 후 대열을 계속 바꾸면서 움직이는 것을 본 기억이 있을 것이다.

19세기를 풍미한 왈츠는 남녀가 클로즈드 포지션closed position(서로 마주보고 홀딩을 한 상태)을 유지하며 자전하면서 볼룸 가장자리를 공전하는 춤이다. 정확히 이 춤이 유럽 어느 나라에서 시작된 것인지는 의견이 분분하지만, 프랑스 대혁명 이후 민중의 자유와 평등사상이 몸으로 표현된 것이라 여겨질 정도로 등장 당시부터 혁명적인 사교춤이었다. 평민들이 추던 민속춤의 형태가 부르주아 사교춤으로 들어가 발전된 것이기 때문에 세속적이고 감각적이라고 받아들여졌다. 궁정 사교춤들은 격식과 세세한 매너를 중요시하며 커플의 거리감을 유지했지만, 왈츠는 춤의 시작부터 끝까지 서로 허리나 어깨를 잡고 밀착된 몸 거리를 유지하면서 신나게 빙빙 돌았다. 귀부인들이 딸에게 왈츠를 추지 못하게 했다는 기록이 있는 걸 보면 당시 지배층에겐 저속한 춤으로 여겨졌던 듯하다. 지금 기준에서는 빳빳한 자세로 속도를 내며 파트너와 균형을 맞추는 것이 좀 어려울 뿐이지 몸이 밀착된 느낌은 별로 없다.

20세기 초반이 되자 또 다른 변화가 일어난다. 이전까지의 춤에는 순서가 정해져 있었으나 순서 없이 즉흥적으로 스텝을 조합해서 추는 형식이 나타난다. 현재에는 춤 순서가 정해져 있는 루틴, 시퀀스는 '올드 타임 스타일old time style' 춤으로 부른다. 세트 댄스, 스퀘어 댄스, 경기용 댄스 스포츠 등에서 일정한 시퀀스를 춘다. 그러나 즉흥적으로 구성되는 넌시퀀스 댄스를 추는 게 보편적이다. 즉흥성이야말로 춤의 묘미라고 여겨질 정도다. 20세기 초반 이후 홀딩이나 스텝도 좀 더 쉽고 친밀한 거리를 만드는 방향으로 변했다. 또한 격식과 자세, 태도를 중요시하던 올드 타임 스타일과 달리 리듬을 타는 것에 더 치중한다. 시대가 변함에 따라 사교춤에서 개인의 자율성이 강조되고, 커플의 거리는 가까워지며, 음악의 리듬을 좀 더 즐길 수 있는 방향으로 스텝이 변화해 왔다. 이런 변화는 미국에서 유럽으로 이어졌다. 산업화, 소비문화, 대량 이주, 도시 중산층 문화로 인해 성, 여성의 역할, 윤리관이 변했고, 새로운 사회적 여가 시설들(카바레, 호텔, 댄스홀, 극장, 영화관, 놀이공원 등)이 생겨나면서 사교춤도 다양한 계층으로 퍼져 나갔다.

20세기 초 미국에서 사교춤은 중상류 계층으로의 사회적 이동과 진보주의에 대한 열망을 반영한 문화였다. 예의범절과 좋은 가정 교육의 상징이던 사교춤이 이민자, 노동자들도 즐길 수 있는 여가 활동이 되면서 의상과 스텝이 간소화되고 춤추는 즐거움에 더 초점을 맞추게 되었다. 캐슬 부부Irene and Vernon Castle 같은 프로 댄스 시범팀이 부유한 엘리트들의 후원을 받으며 사교춤 유행을 선도했다. 엄청난 인기와 영향력을 가진 연예인이었던 캐슬 부부는 복잡한 사교춤 스텝을 비전문가가 쉽게 배울 수 있는 동작으로 바꾸었고, 즉흥적으로 자유롭게 동작을 조합할 수 있다는 개념을 전파했다. 춤에 입문한 사람들이 자발적으로 교수법 매뉴얼이나 레코드 카탈로그, 잡지, 신문 기사와 광고를 통해 이를 모방하고 더 쉽게 변형시키면서 사교춤은 대중 여가 문화로 자리 잡게 된다.

미국 흑인 문화도 사교춤에 큰 영향을 끼쳤다. 당김음을 강조하는 랙타임 음악이라든가, 가볍고 자연스러우며 접촉이 있는 흑인 춤이 사교춤에 새로운 경향을 불러왔다. 재즈 음악처럼 즉흥성을 강조하는 흑인 춤 문화의 영향으로 커플 댄스에서도 즉흥성을 강조하게 되었다. 이때 탄생한 새로운 춤들이 20세기 주류 사교춤을 형성하는 기반이 된다.

현대의 커플 댄스

미국 흑인 문화는 현대 무용, 발레, 연예 오락쇼, 뮤지컬, 스트리트 댄스뿐 아니라 커플 댄스에도 큰 영향을 끼쳤다. 흑인 문화에서 나온 춤들은 자유로움, 즉흥성, 리듬감을 중요시했다. 20세기에 들어와서는 보드빌 쇼에 등장하는 흑인 춤꾼들의 개인 춤이나 댄스홀에서의 커플 춤, 이를테면 탭 댄스tap dance, 랙타임 댄스ragtime dance, 스윙 댄스 같은 춤들이 미국 춤 문화 전체에 매우 큰 비중을 차지하게 되었다. 이런 미국 흑인 춤들, 혹은 흑인 춤에 기원을 둔 춤들은 유럽과 다른 지역에서 그 자체로 '미국적인 것'으로 받아들여졌다.

안무가이자 무용학자인 브렌다 딕슨 갓쉴드Brenda Dixon Gottschild는 미국 극장춤 형식에 존재하는 아프리카적인 특징을 다섯 가지로 정리했다.

1) 갈등을 포용

: 다름과 불협화음을 수용하는 '모순과 불일치의 미학'을 보여준다. 무심함과 강렬함, 어색함과 부드러움, 순진함과 유혹적인

면이 공존한다. 힘을 뺏긴 흑인 남성의 몸을 춤으로 보여주는 등 문제 자체를 드러내는 식으로 표현된다.

2) 폴리센트리즘/폴리리듬polycentrism/polyrhythm

: 유럽 아카데미 미학에서의 움직임은 한 장소에서 시작되는데 척추를 기반으로 보통 골반 위 상체 중심이다. 아프리카니즘에서는 두세 개 중심이 동시에 작동할 수 있다. 전자가 중심의 곧은 척추가 독재하는 군주 정치라면, 후자는 몸의 부분들이 민주화를 이루고 있음을 보여준다. 몸 각 부분들이 다른 타악기들 리듬을 동시에 표현하는 것처럼 움직일 수 있다. 서로 반대로 가는 리듬들을 수용하고, 변화되는 몸 중심과 짝을 이루어 효과적인 병치를 보여준다.

3) 매우 효과적인 병렬

: 유럽 아카데미 미학에서 중요시하는 움직임의 전이, 연결고리 같은 것들을 생략하고 갑자기 서로 다른 분위기로 이어지거나 동시에 대조적인 것들이 존재한다. 그 결과 놀라움, 아이러니, 코미디, 빈정거림, 이중 의미, 유쾌함을 유발시킨다. 예를 들어 준비나 전이 없이 아이 같고 여성적인 것에서 갑자기 마초적인 것으로 바뀐다든지, 갑작스럽게 움직임을 멈추거나 끊는다. 악취미, 현란함, 시끌벅적함을 통해 병렬적 대비 효과를 높인다.

4) 청년주의

: 힘, 생동감, 유연성, 충동, 공격성, 스피드, 예리함, 강렬함의 미학을 의미한다. 스윙의 리듬과 감각에 반응하는 생동감으로서,

몸의 각 부분들이 저마다 리듬을 만들어 내어 생동감을 일으킨다. 예를 들어 '떨기'는 몸을 통해 끊임없는 잔물결이 반향을 일으키는 것을 보여주는데, 몸통에서 분리된 부분들이 서로 대항하면서 분절되지만 계속되는 움직임 시퀀스로 표현되며 탄력과 유연성을 가진 몸통으로 감각적인 강렬함을 만들어 낸다.

5) 쿨함의 미학

: 깔끔하게 추기, 자신을 명확히 보여주기, 명료함, 빛남, 걸출함에서 나오는 생동감을 의미한다. 비대칭성, 느슨함, 간접적 접근의 특징을 가지는 움직임을 보여주면서도 얼굴은 마치 가면을 쓴 듯 감정적이지 않고 침착하다. 힘든 일을 해도 고결한 정신을 지녀 쿨한 얼굴을 보이는 것이다. 반대인 핫함도 쿨함의 필수 요소인데, 예를 들어 섹시한 골반 치기를 할 때도 쿨한 얼굴과 태도가 조화를 이룬다. 또한 관객과 춤으로 직접적 소통을 하는 걸출함을 보인다.

갓쉴드는 이런 아프리카적 성격이 탭 댄스, 재즈 댄스, 흑인 안무가의 현대 무용, 재즈 요소를 적용한 모던 발레 등 여러 춤에서 드러난다고 설명하였다. 그런데 이런 특성은 극장춤에 그치는 것이 아니라 현대적인 미국 사교춤과 스트리트 댄스에서도 찾아볼 수 있다. 넓게 보아 아프리카니즘을 보여주는 다양한 춤들에는 분명히 이런 요소들이 포함되어 있다. 그리고 이는 미국의 춤 문화를 넓고 두텁게 만든 주된 힘이었다. 이전까지 수직적이고 우아하며 견고하고 조화와 균형과 합리성을 중요시하던 유럽 춤 미학이 서구 사회 춤을 이끌어 왔다. 그러나 이제 아프리카니즘의 특징들이 춤을 확장시키고, 서구 춤 세계에서 오히려 전복적으로 중요한 위치를 차지하게 된다. 재즈 음악이 없었다면, 그리고 이런 아프리카니즘적 춤이 없었다면 현대 서구의 문화 예술이 어땠을까, 얼마나 빈약해졌을까.

1920년대 등장한 스윙 댄스는 커플 댄스로서 이전까지 표현할 수 없었던 강렬함, 재미, 친밀함, 역동성을 보여주었다. 이때부터 2차 대전 이후까지는 스윙 댄스의 시대였다. 스윙 댄스는 스윙 재즈 음악에 맞춰 추는 커플 댄스로, 당김음 리듬과 복잡하지 않은 스텝, 커플이 밀고 당기는 힘에서 만들어지는 탄성, 역동성을 특징으로 한다. 동선이 크고 위아래로 계속 통통 튕기듯이 신나게 추며, 사지가 허공에 날아다니는 듯한 느낌을 준다. 스윙 댄스 장르 안에는 린디홉Lindy hop, 블루스Blues, 발보아Balboa, 찰스턴Charleston, 지터벅Jitterbug, 쉐그Shag, 부기우기Boogie Woogie 같은 세부 종목들이 있는데, 이는 리듬에 따라 달라지는 스텝의 차이 때문에 붙여진 이름이며 추는 방식은 대체로 비슷하다. 음악은 스윙 재즈부터 로큰롤에 이르기까지 다양하게 사용되며, 리듬감 차이에 따라 세부 종목들을 맞춰서 춘다. 스윙 댄스는 금세 백인과 히스패닉 사이에서도 유행하게 되었고 1930년대 유럽에 전파되며 대유행을 이어갔다. 1993년 토마스 카터 감독의 영화 〈스윙 키즈Swing Kids〉는 독일 나치 정권 아래서 스윙 댄스를 즐기던 청년들이 탄압받는 이야기를 다루고 있는데 실제로 이 시기 있었던 일들이라 완전한 픽션은 아니다. 전체주의와 민족주의를 고취하는 집단춤을 장려했던 나치에게 스윙은 인종적으로도 올바르지 않고 외설적이며 방종을 일으키는 위험한 문화였다. 스윙꾼들은 거짓 소문, 뒷조사 등 각종 탄압에 시달렸다.

연합군으로 유럽에 상륙한 미국 흑인 병사들이 재즈와 스윙을 보급하는 데 큰 역할을 했으며, 재즈와 스윙은 미국의 다양성과 평등주의, 개인성, 자유를 보여주는 중요한 문화로 받아들여졌다. 그래서 나치 탄압 아래서도 많은 사람들이 몰래 스윙을 즐겼다. 실제로 스윙 댄스는 아무리 억압해도 또 추고 싶다는 생각이 들 정도로 중독성 있는 춤이다. 스윙 동호회에 가면 술 한 잔 마시지 않고 밤새 스윙바에서 춤추는 사람들을 목격할 수 있다. 유산소 운동과 근력 운동이 동시에 되기 때문에 체력이 좋아지고, 함께 추는 사람들과 사교 활동을 하기에도 좋다.

아프리카니즘은 라틴 아메리카에서 또 다른 커플 댄스인 룸바, 삼바, 쏜, 살사, 메렝게, 바차타, 맘보, 차차차가 탄생하는 데에도 영향을 끼쳤다. 이들 춤들은 대체로 엉덩이와 허리 움직임

영화 〈스윙 키즈〉에서 '스윙 댄스' 장면

을 원동력으로 삼아, 상체는 앞뒤로 크게 기울이지 않고 평정 상태를 유지하지만 '어깨 앞뒤로 털기' 같은 동작들이 있고, 팔을 부드럽게 흔들며 리듬을 탄다. 스윙 댄스보다 훨씬 에로틱한 느낌을 주며 역동성보다는 유연하게 흐름을 이어간다는 느낌이 강하다. 주로 쿠바 같은 중남미 국가 흑인 문화에서 나온 춤들이며, 20세기 초부터 라틴 아메리카 전반으로 퍼져 나갔기 때문에 여러 남미 국가에서 대중적으로 즐겼다. 보통 라틴 댄스하면 살사 댄스를 가장 먼저 떠올리기 마련이다. 살사는 70년대 미국에서 라틴 댄스 열풍을 부활시킨 새로운 이름이었다. 맘보, 파창가, 룸바 같은 라틴 댄스와 스윙, 탭 같은 미국의 춤이 융합하여 탄생한 춤으로, 미국에서 대중화된 라틴 댄스라 할 수 있다. 현재는 살사가 라틴 댄스를 대표하는 명칭처럼 쓰여 메렝게, 바차타, 쏜 같은 라틴 댄스를 살사에서 다루는 경우가 많다. 살사를 배우면 리듬에 따라 약간씩 달라지는 스텝을 적용해서 여러 라틴 댄스를 출 수 있다. 쿠바의 룸바, 브라질의 삼바 같은 춤은 엄밀하게 살사와는 다르지만, 넓게 보면 라틴 댄스 범주 안에 있는 이웃 춤으로 볼 수 있다. 쿠바의 룸바는 댄스 스포츠의 룸바와 완전히 다른 춤이며 쿠바인 고유의 춤, 음악, 모임, 의상 모두를 복합적으로 상징하는 것이므로 춤 스타일 몇 가지로 설명되기 어렵다. 브라질의 삼바 역시 이 안에 다양한 춤과 음악을 포함하는 복합체이다. 라틴 계통의 춤들은 대략 몇 가지 공통점이 있다. 엉덩이를 흔들고 돌리고 털어대는 움직임, 어깨를 돌리거나 털어대는 움직임, 뱀처럼 유연하게 몸통을 웨이브 하는 움직임. 이런 동작에 익숙해지면 라틴 계열의 커플 댄스를 어렵지 않게 배울 수 있다.

탱고는 아프리카니즘과는 다소 거리가 있는 춤이다. 19세기 아르헨티나의 부두 노동자인 하층 유럽 이민자들에게서 시작된 춤이다. 처음에는 술집에 모인 남자들끼리 잡고 추는 춤이었는데 20세기 초 유럽에서 선풍적 인기를 끌면서 지금의 형태로 발전되었다. 탱고 음악은 라틴 아메리카 원주민, 라틴 아메리카 흑인, 유럽 이민자 문화를 배경으로 탄생되었지만 춤 자체는 아프리카니즘의 요소가 없다. 탱고 음악에는 타악기가 편성되어 있지 않아 리듬을 타면서 엉덩이를 흔들어대는 것이 어울리지도 않고, 주로 포옹한 자세에서 다리만 움직이며 추는 춤이라 몸통의 수직성을 유지해야 한다. 홀딩이 아니라 포옹, 즉 '아브라소 abrazo'라고 부르는 이유는 정말 포옹하듯이 상체를 껴안고 추는 춤이기 때문이다. 스텝은 아주 복잡하고 미묘하다. 그래서 가슴과 가슴을 교감하며 스텝을 이어나가는, 깊이 있는 춤으로 인식되고 있다. 복잡 다양한 스텝들 덕에 같은 상황에서 주는 리더의 신호가 여러 경우의 수로 진행될 수 있어 배워야 할 게 많은 춤

영화 〈탱고 레슨〉의 한 장면

이다. 그러나 스텝이 어려울 뿐이지 스윙 댄스나 살사 댄스처럼 숨이 차거나 힘든 춤이 아니기 때문에 노년까지 즐길 수 있다. 다만 3개월만 배워도 출 수 있는 살사, 스윙과 달리 제대로 추려면 시간이 꽤 걸린다. 단순하게 보면 '남녀가 껴안고 걸어 다니는 춤'인데, 우아한 기품과 인생의 희로애락까지 느껴지는 춤이라 커플 댄스로서는 가장 품격이 높다.

볼룸 탱고(댄스 스포츠 종목에서의 탱고)는 아르헨티나 탱고와 전혀 다른 춤이다. 일단 홀딩 자세가 다르고 스텝이 다르며, 입에 장미를 물고 고개를 확 젖혔다 세우는 것도 볼룸 탱고에만 있는 동작이다. 볼룸 탱고는 영국 볼룸 댄스에서 다시 만든 탱고라서 본토의 걸쭉하고 애수 어린 느낌이 없고 댄스 스포츠 종목이라 추는 인구도 적다. 전 세계 대도시 밀롱가들에서 추는 탱고는 아르헨티나 탱고이다.

스윙 댄스, 살사 댄스, 탱고는 한국 카바레 댄스 다음으로 많이 추는 춤들이다. 배울 수 있는 곳도 많고 출 수 있는 곳도 많다. 세계 여러 도시를 여행하며 스윙바, 살사바, 밀롱가를 방문하여 춤을 추는 애호가들도 많다. 이런 춤들을 조금씩이라도 배워 두면 세계 어딜 가든 다양한 사람과 어울릴 수 있다.

20세기 이후 탄생하여 발전된 커플 댄스들은 훨씬 몸이 가깝게 밀착되어 있고 즉흥적으로 진행되며 춤추는 즐거움 자체에 초점이 맞춰져 있다. 20세기 한국에서 발전된 카바레 춤들은 발전 과정이 제대로 정리되어 있지 않고 춤꾼들 입에서 입으로 전해지는 식이라 그에 대한 논의는 이 장에서 제외했다. 그렇더라도 중장년층에게는 폭넓게 사랑받고 있다. 과거의 커플 댄스(시퀀스 댄스)가 격식과 거리감을 유지하여 부담스럽지 않고 안전하다고 느끼는 사람에게는 오히려 즐거운 춤추기가 될 수 있다. 춤추는 즐거움은 몸의 거리와 상관없으며, 그래서 다양한 색깔의 즐거움을 찾아 여러 가지 사교춤을 배워보는 것도 좋다.

솔로 댄스

1950년대부터 로큰롤을 위시한 흑인 춤과 음악이 서구 대중문화의 주요한 흐름을 만들어 냈다. 2차 대전 이후 텔레비전을 비롯한 대중 매체가 발달하고 흑인 인권 운동 같은 사회 변화가 일어나자 흑인 문화에서 나온 춤과 음악이 미국 주류 대중문화가 된다. 무용학자 신시아 노박은 흑인 춤 전통이 포함되거나 차용된 움직임 특질과 구조들이 대중문화에서 어떻게 보였는지 다음과 같이 정리한다.

> 첫째, 어깨, 머리, 엉덩이, 무릎을 넓게 사용하며, 독립적으로 쓰거나 동시에 여러 부위가 다른 방향을 향하도록 쓴다.
> 둘째, 몸의 부분들을 특정 포지션으로 만들기보다는 에너지 흐름의 지속성과 리듬 충동을 강조하는 경향이 있다.

셋째, 혼자 추건 파트너와 추건 즉흥성을 기반으로 에너지 흐름을 강조한다.*

로큰롤이 등장하고 변화된 춤의 양상에서 주목할 점은 솔로 댄스이다. 스윙 시대까지도 댄스홀에 가서 춤을 춘다는 것은 파트너와 함께 추는 것을 의미했지만, 로큰롤 시대부터는 개인화된 춤들이 등장한다. 개별적인 스타일로 춤을 췄으며 스텝이 정해져 있지 않고 자유로웠다. 이전 시대 밀착되어 있던 몸은 주체성을 드러내는 자신만의 몸짓으로 타자와의 거리를 만들어 냈다. 그러나 일정한 움직임 범위 안에서의 즉흥춤이었으며 특정 성격의 구조적 움직임으로 타입화될 수 있는 것이었다. 모든 방향으로 자유롭게 에너지를 보내지만 시선은 마치 음악과 춤에 흡수된 듯 내면화되었으며 종종 자기 상실, 통제 포기의 인상을 만들어 냈다. 춤에서뿐만 아니라 삶에서도 새로운 방식, 즉 독립적이면서도 공동체적이며, 자유롭고 관능적이고 대담한, '자아'를 강화하는 방식으로 나아갔다. 신좌파와 페미니스트에게 록 댄싱은 명백한 구조를 거부하고, 고루하고 억압적인 권위에 맞서는 혁명적 행위로 보였다.

록 댄싱, 그 중에서도 특히 트위스트 열풍이 압도적이었다. 발

* *Looking at Movement as Culture:Contact improvisation to disco*, Cynthia J. Novack, TDR, 1988.

바닥으로 바닥을 비비면서 엉덩이를 양옆으로 흔들어대는 트위스트는 지금 시각으로 보면 상당히 단순한 막춤처럼 보이기도 한다. 그러나 1960년대 트위스트 댄스는 미국 대중들에게 과도하게 성적이고 반사회적인 춤으로 여겨졌다. 커플 댄스가 아니라 개인들이 각각 분리되어 마음대로 추는 춤이라 반사회적이었고, 격한 골반 움직임과 흑인 문화라는 기원 때문에 성적으로 받아들여졌다. 심지어 자기성애적이고 불건전하며 변태적이라는 논평도 있었다. 그러나 트위스트에 열광하는 젊은이들에게는 섹시함, 흥미로움, 거침없음, 최신 유행의 상징으로 여겨졌다. 흑인 문화의 부상과 함께 떠오른 솔로 댄스는 자기표현, 자유, 평등주의, 자발성이라는 새로운 시대의 가치를 드러내고 여러 정치적 차이를 완화하거나 초월하는 다성적이고 유연한 사교 활동이었다.

최신 유행 로큰롤 음악에 맞춰 제각기 춤을 추는 사람들이 많아지자 이전까지 사교춤 전용 공간이었던 볼룸, 댄스홀보다 클럽, 디스코텍 같은 공간이 득세하게 되었다. 댄스홀의 종말과 클럽 문화의 부상이었다. 스윙 시대까지는 댄스홀 한편에서 밴드가 라이브 연주를 했다. 로큰롤 시대가 오면 레코드판이 음악을 대신했다. 디제이는 이전 시대 연주자와 지휘자 역할을 하며 최신 앨범을 선곡하고 춤추는 분위기를 만들어 냈다. 이런 공간에서 여흥을 즐기는 것이 청년 문화였다. 이 공간에서 중장년층은 배제되었고, 오로지 젊은 세대만 즐겼다. 이런 경향은 지금까지 이어진다. 클럽은 20~30대들이 가는 곳이며 40대에 들어서면 이런 장소에 흥미가 떨어지고 춤출 일이 없어진다. 클럽에서도 중년층의 방문을 제지한다. 청년 문화인지 영업 방식인지 알 수 없지만, 춤추기를 젊은이들의 전유물로 여기는 것은 매우 좁은 시야이다.

70년대에는 디스코가 등장하며 솔로 댄스 경향이 더욱 강화된다. 디스코 음악에 맞춘 커플 댄스인 허슬 댄스를 추는 경우도 있었지만 솔로 댄스가 더 보편적인 현상이었다. 하지만 혼자 추더라도 이성에게 시선을 보내면서 추거나 자신을 전시하는 경향이 있었다. 1977년 영화 〈토요일 밤의 열기Saturday Night Fever〉의 한 장면. 주인공 존 트라볼타가 스테이지를 혼자 장악하고 한참 동안 솔로 댄스를 추고 있다. 로큰롤 시대에는 자기 통제를 상실한 듯 열광적으로 흔들어 젖혔다면, 디스코에서는 남에게 보여주기 위한 통제된 포즈, 동작과 동작들로 연결된 춤을 추었다. 팔다리를 여러 방향으로 막 던지면서 격렬하게 춤을 추면서도 시선은 내부를 향해 있던 이전 시대와는 달리, 시선은 항상 외부(잠재적 파트너)를 향한다. 이런 경향 덕분에 남성들도 이제 자신을 드러낼 수 있는, 즉 섹시함과 남성미를 표출할 수 있는

영화 〈토요일 밤의 열기〉의 디스코텍 장면

춤을 추게 되었다. 대부분은 이성애적인 파트너에게 추파를 던지며 췄겠지만, 전통적인 남녀 파트너링이 필요한 춤은 아니었기에, 남성 동성애자들에게도 인기를 끌었다. 게이들이 공적인 장소에서 자유롭게 공격적인 마초 이미지와 섹시하고 날렵한 춤을 보여주며 파트너를 만날 수 있게 되었다. 전반적으로 계획되고 통제된 이성애적(혹은 동성애적) 행위로서의 움직임이 주를 이루었다. 60년대 로큰롤 댄싱이 이완되고 자유로운 움직임이었다면, 70년대 디스코 댄싱은 자기 통제와 자기 과시적인 성격이 두드러졌는데, 이는 이후 도래하는 신자유주의 사회에서 주체가 몸을 인식하는 방식('벗어라, 대신 날씬하고 멋지고 태닝하라.' - 푸코)과 연결된다.

디스코텍은 춤을 추는 전문화된 장소였으며 화려하고 세련된 인테리어와 조명으로 평범한 젊은이들이 상류층 생활을 경험해보는 듯한 느낌을 갖게 했다. 이곳에 가려면 잘 차려 입고 준비해야 했으며 음식이나 술이 비쌌기 때문에 그 자체로도 자기 과시적이었다. 노동자 계층 남녀 젊은이들도 디스코텍에서 춤추고 파트너를 만나면서 잠시 상류층 생활을 유사 경험할 수 있었다.

디스코 시대에는 사람들이 열을 지어 똑같은 춤을 추는 라인댄스가 등장했다. 각자 솔로 댄스를 추고 있다가 특정 노래가 나오면 모두 일렬로 서서 한 방향(정면)이나 두 방향(정면과 후면), 혹은 네 방향(정면, 측면, 후면)을 바라보고 일정한 시퀀스를 반복했다. 라인 댄스의 등장을 그보다 훨씬 이른 시기, 미국 서부 개척 시대 오락 문화나 컨트리-웨스턴 음악과 춤에서 찾는 사람들도 있으나, 대체로는 디스코텍에서 탄생한 것으로 본다. 라인 댄스 중에서 컨트리 음악에 맞춰 카우보이 복장을 하고 추는 컨트리 라인 댄스가 큰 영역을 차지하고 있긴 하지만 지금의 라인 댄스는 어떤 종류 스타일에서도 가능하다. 살사 댄스를 추러 가면 살사 스타일의 라인 댄스가 있고, 스윙 댄스도 마찬가지다. 힙합, 테크노, 모두 가능하다. 우리나라에서는 이상하게도 노인들의 건강 율동 정도로 인식되고 있지만, 사실 라인 댄스는 최신 유행하는 음악에 맞춰 간단한 스텝 위주의 반복 시퀀스를 추는 저변이 매우 폭넓은 춤이다.

시기마다 유행하는 스타일이 조금씩 달라졌고 중심부에서 변방으로 퍼져 나갔지만, 기본적으로 솔로 댄스 시대는 계속됐다. 디스코텍 같은 춤추는 장소에서 여흥과 사교가 이루어져 왔다. 물론 커플 댄스의 전통도 사라지지 않았다. 그러나 움직임 스타일의 유행을 선도하는 것은 솔로 댄스였고 1980년대는 브레이크댄스도 디스코텍에 나타났다. 그러나 브레이크댄스는 댄스홀보다는 길거리에서 더 자주 보이는 문화였고 MTV채널 등장과 함께 상업화되면서 사교춤이 아닌 전문가들이 길거리 공연과 텔레비전 쇼에서 추는 춤으로 발전되었다. 1990년대와 2000년대에는 힙합이 대중문화의 큰 흐름을 이어갔지만, 이런 스트리트 댄스 계통의 춤들은 사교용으로는 너무 어려운 기술들을 포함하고 있어 클럽에서 누구나 출 수 있는 춤이 아니며(물론 힙합 클럽에서 그루브를 즐기며 자유롭게 춤출 수는 있다. 하지만 비보잉은 사교용 춤이 아니다), 사교춤 영역이 아닌 또 다른 청년 하위문화를 이루어 발전해 가고 있다.

레이브 문화

레이브 문화는 1980년대 후반부터 미국과 유럽에서 형성되었고 90년대 이후엔 전 세계에서 유행했다. 현재까지도 대중들의 춤추기 문화에 지대한 영향을 미치고 있다. 레이브 댄스는 시퀀서, 신디사이저, 샘플러를 이용한 일렉트로닉 댄스 뮤직에 맞춰 추는 춤이라고 할 수 있으며 솔로 댄스이다. 처음에는 창고 파티 같은 곳에서 이루어지다 애시드 하우스 같은 음악 스타일과 함께 발전하였다. 다양한 일렉트로닉 음악 장르들을 수용하면서부터 폭넓은 애호가들이 생겨났고, 대규모 야외 축제뿐 아니라 도심의 클럽, 개인 파티에서도 추게 되었다. EDM에 맞춰 춤추는 축제나 클럽에서 레이브 문화의 일면을 볼 수 있다.

과거 솔로 댄스가 발전되던 시대와 달리 레이브 문화에는 자기표현, 자기 과시가 없다. 이 안에서도 셔플 댄스처럼 어느 시기에 유행하는 스타일이 존재해 왔지만, 댄스 플로어에서 명확한 동작들을 전시하며 이성에게 시선을 보내던 디스코 시대의 춤추기와 비교하면 확연히 개성을 숨긴 춤이다. 디제이의 음악에 온몸으로 반응하며 반복적이고 격렬하게 단순 동작들을 하면서 무아지경에 빠지는 것에 초점이 맞춰져 있기 때문에 춤을 배울 필요가 없고 멋들어지게 추지 못한다고 해서 주눅 들 필요도 없다.

이러한 몰개성화, 탈주체화 경향은 포스트모더니즘 시대를 몸으로 반영하고 있는 것으로 보인다. 파편화, 해체, 분산, 불연속성, 표면화, 깊이 없음, 의미 없음, 하이퍼리얼리티, 덧없음이 포스트모더니즘의 성격이라면 레이브는 이런 삶 속에서 계속적이고 독립적으로 자기를 쇄신하는 무정부주의적인 춤 문화라고 할 수 있다. 인종, 문화, 젠더, 계급이 사라지고, 같은 공간과 시간 속에서 음악에 몸을 맡긴 탈주체적인 개인들이 비슷한 듯 다르게 움직인다. 익명성, 비개인성의 특성을 가지고 있지만 집단성이나 획일성을 가지고 있지는 않다. 솔로 댄스 시대에는 춤꾼과 관객, 플로어에 나가 추는 사람과 그것을 구경하는 사람이 있었다. 레이브에서는 춤추는 플로어와 추지 않는 구역이 구분되어 있지도 않고 추는 사람과 보는 사람의 경계가 없다. 모든 영역이 탈영토화되어 있다. 이 세계에서 자아는 더 이상 개별적이고 경계 지워진 존재가 아니라 몸/마음, 주체/타자, 육체/기계의 이분법들이 지워진 새로운 주체성으로 구성된다. 즉 주체는 어느 순간 탈중심화되고 더 넓은 몸으로 통합된다.

디제이는 다양한 스타일의 음악을 믹싱하고 시간당 비트 수를 조정하여 춤추는 데 적합한 분위기를 연출하는 샤먼이며, 스타성과 예술성이 갖춰진 존재이다. 레이버들은 디제이 음악 안에서 격렬한 무아지경에 빠져든다. 일상적 주체의 감각을 잃고 춤추는 군중들과 일시적으로 집단적 몸이 되어 음악과 합일한다. 이때 몸은 사회와 연결되는 표면으로서, 아무도 없지만 모두가 속해 있는 장소이다. 그런 의미에서 레이브에서의 몸을 들뢰즈와 가타리의 '기관들 없는 신체'에 비유하기도 한다. 포스트모더니즘 시대에 주체와 타자가 구분되지 않는 방식으로 다시 몸의 거리는 가까워졌다.

나와 네가 불분명해지는 방식으로 몸의 거리는 다시 가까워졌지만 젊은 여성들에게 레이브는 잠재적인 성적 위험이 없는 춤으로 여겨졌다. 관음증적인 시선에 노출되는 춤판이 아니라, 자기 내면으로 들어가서 탈일상적이고 초월적인 경험을 할 수 있는 장소였기 때문이다. 예쁘고 화려하게 차려 입고 파트너를 구할 필요가 없고 트레이닝복이나 느슨한 티셔츠를 입고도 자기 자신에게 집중하고 놀 수 있었다. 초-성적인 스타일의 패션이 이들 사이에 유행하게 되었고 움직임 또한 성적인 과시와는 거리가 멀었다. 여자 친구들끼리 편하게 가서 누구의 시선에도 구애받지 않고 자유롭게 즐길 수 있었다.

종종 레이브는 마약과 함께 언급되기도 한다. 레이브의 성장기였던 1990년대에는 특히 레이브 파티와 이벤트에서의 마약 문제가 심각한 사회 문제였다. 트랜스에 이르는 데에 마약이 도움을 주었기 때문에 많은 레이버들이 공공연히 신종 마약을 접하고 밤새 춤을 추었다. 그러나 실제 마약보다는 광적으로 들썩거리는 대규모 젊은이 집단 자체가 문제적으로 보였을 수도 있다. 집단적 분위기 자체가 트랜스에 이를 수 있게 했기 때문에 레이브에 자주 참여하고 밤새 춤을 출수록 더욱 강하게 빠져드는 사람들이 많았다. 무아지경에 빠지는 데 직접적인 역할을 하는 것은 음악과 반복적 움직임이었다. 음악은 주로 보컬이 빠진 반복적 기계음이고, 누가 만든 음악인가보다 디제잉이 중요했다. 음악에서도 탈인격화 경향이 있었다. 디제이는 특정 댄스 뮤직 이디엄에 전문가이며, 물질적 영역과 정신적 영역, 개별적인 것과 사회적인 것 사이를 매개하는 샤먼 역할을 한다.

현재의 클럽들은 레이브 번성기의 컬트적인 요소들이 많이 희석된 듯 보이지만, 적어도 춤추는 모습은 탈주체화된 찰나적 집단성으로 이야기될 수 있다. 기계적인 비트에 다 함께, 그리고 각자 몸을 들썩거린다. 사람들은 대부분 자신이 지나온 청년기의 대중적 춤추기를 노년에도 익숙하고 편안하게 느낀다. 대중적인 춤추기는 청년 소비문화와 강하게 연결되어 있기 때문에 나이가 들어서는 자연스럽게 거리를 두게 된다. 마치 대중음악에 대한 소비와 취향 형성이 대부분 30대 초반에서 끝난다고 이야기되는 것처럼 말이다. 트롯트 음악이 나오면 자동으로 발을 비비면서 엉덩이를 삐죽거리는 노인들은 젊었을 때 트위스트 열풍을 경험했을 가능성이 많다. 청년기 이후 춤추러 다니는 삶이 단절되며 다른 춤추기 감각이 몸에 자리할 틈이 없었기에 청년 시절 춤추기가 몸 감각을 지배하게 된다. 지금 클럽을 드나드는 청년들이 중장년층이 되었을 때에도 레이브 문화가 가지는 몸 감각 아래에서 즐거움을 찾게 될 가능성이 높다.

한평생을 살아도 몸의 감각과 즐거움의 스펙트럼을 넓힐 기회가 사실 많지 않다. 그런 생각을 해 볼 여지가 없을 만큼 사람들의 일상은 대개 바쁘고 복잡하다. 몸의 고정된 감각을 일깨우고 취향을 넓힐 수 있는 사교춤의 종류는 아주 많다. 옛날 탄생한 춤부터 현대에 등장한 춤까지, 사교춤은 일상적 몸을 벗어나 내 몸이 세계 속에서 무한히 넓어지고 달라질 수 있는 기회를 준다. 무슨 춤이건 춰 보면 다 재미있다. 도전해 보지 않을 이유가 없다.

9.
음악과 춤

뮤지컬 댄스
스트리트 댄스
케이팝 댄스

춤과 음악은 불가분의 관계에 있다. 대부분의 춤은 음악에 맞춰 이루어진다. 춤이 음악 없이는 존재할 수 없는 예술이라는 건 아니다. 그 자체로 독립적인 예술이지만, 워낙 추상적인 언어로 이루어져 있다 보니 그에 맞는 배경 음악의 도움을 받을 때가 많다. 무용 공연 실황 영상을 볼 때 소리를 끄고 보면 상당히 다르게 보인다. 음악은 작품의 분위기, 정서, 긴장감을 만들어 내는 데 큰 비중을 차지한다.

무엇보다 춤과 음악은 '리듬'이라는 접점에서 만난다. 음향이나 복잡한 멜로디가 춤에 직접적인 영향을 주지는 않는다. 음악의 리듬에 꼭 맞게 추는 춤이 아니더라도 춤에는 내재적 리듬이 있기에 그 자체로 음악적이다. 춤에 리듬이 동반되는 이유는 인간의 호흡 때문이다. 숨쉬기 자체가 하나의 리듬이며, 춤을 출 때에는 그 호흡이 춤 전개에 따라 여러 가지 리듬의 결을 만들어 낸다.

현대 무용 탄생 초기, 춤 예술의 독자성을 확보하고자 음악과 소리를 일절 배제한 이른바 '절대 무용Absolute Dance' 작품들이 있었다. 그러한 활동은 춤이 모더니즘을 구축해 나가는 과정에서 다른 매체에 의존적으로 존재하는 예술이 아님을 주장했다는 면에서 의미가 있는 것이지, 이로 인해 현대 무용에서 음악이 사라지진 않았다. 보편적으로 춤은 음악과 함께 존재한다. 춤 작품에서 부분적으로 무음인 장면이 나올 수는 있지만, 작품 내내 음악이 없다면 정서나 의미를 파악하기 어렵고 몰입하기가 힘들다.

춤 작품에서 음악은 춤에 보조적인 기능을 하므로 음악 작품에 춤이 곁들여졌다고 보는 사람은 없을 것이다. 과거에는 기성곡을 단순히 배경 음악으로 쓰는 경우가 많았다. 최근에는 저작권 문제로 창작 무용의 경우 작품에 맞는 곡을 새로 만드는 경우가 많다. 배경 음악을 넘어 춤의 주제와 분위기를 더욱 효과적으로 전달하는 데 음악이 협력하는 관계로 나아간다. 음악의 중요성이 커진 것으로 볼 수도 있지만, 여전히 대부분의 춤꾼들은 작품을 만들 때 춤 자체의 내재적 요소들에서 춤의 동기를 찾는다. 음악을 듣다가 춤이 춰지는 것이 아니라, 어떤 춤을 춰야겠다는 생각에 맞춰서 음악을 선택한다.

이와 반대로 음악적 동기에서 출발한 춤들이 있다. 음악이 주가 되는 공연물에서 필요에 의해 춤이 들어가는 경우와, 음악 스타일에서 영감을 받아 춤을 추는 경우이다. 뮤지컬 댄스가 음악 중심의 공연물에 들어가는 춤이라면, 스트리트 댄스는 음악 스타일에 따라 추는 춤이라 할 수 있다. 둘 사이 교집합이 있다면 음악 역할이 강조된다는 점, 미국에서 탄생하고 발전해 왔다는 점, 도시적이고 상업적이라는 점이다.

뮤지컬과 스트리트 댄스 장르는 상당한 규모로 성장하고 있는 문화 산업이며, 주류 무용계와 교류도 빈번해지고 있다. 하지만 무용 전공 과목에서는 다루지 않으며, 무용사에서도 언급되지 않는다. 주류 무용과는 거리가 있는 분야이다. 스트리트·커머셜 댄스를 다루는 대학 실용무용과에서도 서양 무용사 같은 무용과 전공 과목을 교과 과정에 포함하고 있다. 무용계에서는 이러한 장르들이 경제적 성장 가능성을 가지고 있음은 인정하지만 비주류 춤으로 인식하고 있다. 따라서 이 장르들에 대한 학문적 연구는 매우 부족하다.

이 장에서는 미국의 현대 무용, 발레, 뮤지컬, 탭, 스트리트, 커머셜 등 다양한 춤 장르를 아울러 통시적으로 설명하는 마가렛 퍼러(춤 비평가, 저널리스트)의 저서 『미국 춤American Dance : The Complete Illustrated History』을 주로 참고하였다. 퍼러에 따르면 뮤지컬이나 탭, 스트리트 댄스는 그 자체로 미국적인 춤 현상들이다. 미국이 강대국으로 성장해 나가던 시기에 이런 춤들이 미국식 '꿈은 이루어진다'라는 희망을 퍼트리며, 전 세계로 퍼져 나갔다. 주로 19~20세기에 등장하여 폭발적으로 성장한 이들 장르는 이전에 없던 새로운 움직임 감성을 보여주었다. 발레나 볼룸댄스 같은 서양 주류 춤 장르에는 없던 동작과 형식이었다.

이런 춤들이 등장한 배경에는 미국의 민주주의와 경제 성장에 따른 대중문화 발전이 있었지만, 근본적으로는 이민자 나라라는 특성이 있었다. 미국 대중음악 역사가 유럽 이민자, 아프리칸 아메리칸, 라틴 아메리칸 음악들이 만나 풍부하게 발전했으니, 이 음악들의 영향으로 성장한 뮤지컬과 스트리트 댄스 역시 마찬가지일 수밖에 없었다. 새로운 동작과 형식, 감성이 만들어질 수 있었던 것은 이민자들의 다양한 춤 문화가 만나고 융합되었기 때문이었다.

뮤지컬과 스트리트 댄스 양쪽 장르적 특성을 모두 가지고 있는 탭 댄스가 좋은 예시다. 탭 댄스는 길거리에서 보고 익히는 춤이었지만, 대중화된 것은 미국 뮤지컬을 통해서였다. 탭 댄스의 기원은 미국 흑인 노예들의 춤에서 찾을 수 있다. 본래 아프리카의 종교 의식 등에서 춤은 부족 결속에 매우 중요한 역할을 했다. 농장 노예로 여러 세대를 거치는 동안 춤은 하루하루를 버티며 공동체를 유지하는 힘이었다. 이들 춤의 특징은 몸 여러 부분의 아이솔레이션isolation(몸을 부분별로 분리하여 움직이는 동작 패턴), 폴리리듬(두 개 이상의 다른 리듬이 동시에 연주되는 것), 타악적 움직임과 즉흥의 복합적 사용 등이었다. 자유롭고, 즉흥적이며, 리듬이 강조되었다. 음악에 상호적으로 반응하는,

음악과 하나인 춤이라고 할 수 있다. 그런데 18세기 중반 나타난 흑인 노예들의 봉기 중 가장 규모가 컸던 스토노 반란Stono Rebellion 이후 이들의 춤과 음악에 큰 변화가 생긴다. 흑인들이 규합하는 데 북소리가 큰 역할을 하는 것을 목격한 백인들이 '노예들에게 북과 나팔을 금지하는 법'을 만들었던 것이다. 리듬 악기를 대신할 수단은 오로지 몸밖에 없었다. 바디 퍼커션, 그 중에서도 특히 발로 드럼 리듬을 대신하는 춤이 나타났다. 비슷한 시기 감자 기근으로 미국에 대거 이민 온 아일랜드인들은 릴reels, 지그jigs, 클록 댄스clog dance를 추었다. 이를 본 흑인 노예들은 아이리시 리듬을 자신들의 리듬으로 바꾸고 엄격한 몸자세를 느슨하고 자유로운 자세로 바꾼다. 발로 춤을 추던 흑인 노예들이 역시 발재간의 춤이라 볼 수 있는 아이리시 탭 댄스 스타일을 참고하여 색다른 스텝을 만들어 냈다. 그렇게 탭 댄스가 탄생한다.

아프리카의 클라이드glide, 드래그drag, 셔플shuffle, 스탬프 스텝 stamp step	+	아이리시와 유럽 클록 댄스의 정교한 발 패턴	+	아프리카 춤의 호흡, 높낮이	=	미국 탭 댄스

탭 댄스는 대중 연예쇼인 민스트럴minstrel에서 공연되었다. 민스트럴은 대개 만담이 동반된 연주나 노래, 기교적인 연기와 춤

(올리오Olio), 남부 농장 신 노래와 춤의 피날레(워크 어라운드walk around)로 구성되었는데, 나중에 관객에게 인기를 끄는 올리오 부분이 늘어났고, 이것이 이후 보드빌vaudeville 쇼가 된다. 보드빌은 1년 이상 장기 순회공연을 다니는 경우가 많아 탭 댄스 루틴을 만들고 세련되게 다듬을 수 있었다. 1900~1930년대 보드빌에서 활동한 흑인 탭퍼들이 전문화, 대중화를 이끌었고, 그 결과 1920년대부터 뮤지컬에도 대부분 탭 댄스가 등장하게 되었다. 보드빌에서 탭을 시작한 탭퍼들은 보통 6세에서 12세에 공연을 시작했으며, 발에만 집중하는 것이 아니라 몸 전체를 쓰는 방식으로 테크닉을 발전시켰고, 다양한 춤 스타일들과 융합한 스텝들을 선보이며 탭의 표준을 만들었다. 이런 스타일을 뮤지컬에서 선보이며 탭의 전성기를 이끌었다. 〈셔플 얼롱Shuffle along(1921)〉은 최초의 흑인 뮤지컬이자 탭을 브로드웨이에 본격적으로 소개한 작품이다. 보드빌과 뮤지컬에서 도제적인 쇼 댄스 전문인 교육이 이루어졌던 반면, 탭은 기본적으로 길거리 문화였으므로 많은 탭퍼들이 서로에게 춤을 배웠다. 이런 면모는 지금까지도 이어진다.

탭 테크닉을 발전시킨 주요 흑인 탭퍼들(베리 브라더즈The Berry Brothers, 니콜라스 브라더스The Nicholas Brothers, 에디 렉터Eddie Rector, 피치즈 앤 듀크Peaches and Duke, 콜즈 앤 엣킨스Coles and Atkins)보다 오히려 백인 댄서이자 배우인 프레드 아스테어Fred Astaire와 진 켈리Gene Kelly가 영화 속에서 탭 댄스 추는 장면이 우리에게는 더 친숙하다. 아스테어와 켈리는 발레, 볼룸, 아크로바틱, 탭 등을 훈련한 사람들이었기 때문에, 여러 춤 스타일을 경계 없이 포용하며 자연스럽게 흘러가듯 추었다. 이들은 발레와 흑인 탭의 간극을 메웠다. '미스터 보장글스Mr. Bojangles'로 알려진 빌 로빈슨Bill Robins의 전통적인 탭 스타일과는 달리 이들의 춤은 다양한 춤 속에 탭 댄스가 절충되어 있다. 이런 절충적 스타일이 대부분의 뮤지컬과 뮤지컬 영화에 등장하면서 탭의 전성기를 이룬다. 그러다 1950년대부터 뮤지컬 안무 스타일이 발레 쪽으로 기울어지면서 탭 댄스 열기가 식어간다.

이후 한동안 탭 신은 조용한 듯 보였으나, 이 사이에도 정통 탭퍼들은 혁신을 멈추지 않고 있었다. 로큰롤뿐 아니라 새로이 나타나는 대중음악 리듬을 분석하고 연구하여 탭 댄스의 역량을 키워나갔으며, 1970~80년대 탭 스타였던 그레고리 하인즈Gregory Hines가 록과 훵크에 맞춘 탭 댄스를 선보이기도 했다. 우리에게는 영화 『백야』에서 발레리노 미하일 바리시니코프와 호흡을 맞춰 탭 댄스를 췄던 배우로도 알려져 있다. 그는 쇼탭show tap의 수직적 상체 대신 좀 더 이완된 상체에, 발을 매우 빠르고 세게 때리는 스타일을 보여주었다. 이후 90년대부터 두각을 나타낸 새비앙 글로버Savion Glover는 몸통의 표현력을 발에 집중시켜 더욱 강렬하게 때리는 스타일을 보여줬는데, 더욱 낮은 자세와 힘을 뺀 상체, 강한 리듬감은 힙합 시대에 걸맞은 스타일이었다. 그의 공연은 마치 발로 음악을 연주하고 있는 느낌을 준다.

하인즈나 글로버가 발로 복잡한 리듬을 만들어 내는 것을 보면, 확실히 탭 댄스의 본질은 '음악과 하나인 춤'에 있다는 생각이 든다. 실제로 하인즈는 재즈 밴드 연주자이기도 했을 만큼 춤과 음악 모두에 정통했다.

탭 댄스는 그 자체로 음악과 깊은 관련이 있는 춤이면서, 변화하는 대중음악에 적응하고 다양한 춤 장르를 포섭하여 폭을 넓혀 나갔으며, 독특한 미국적 색채를 지닌 춤이 되었다. 개방성과 유연성으로 융합하고 성장했기에 자연스럽게 전 세계로 퍼져 나갔다. 탭 댄스가 미국 흑인 문화를 토대로 성장했듯이, 마찬가지로 음악과 함께 발전한 장르인 뮤지컬, 스트리트 댄스에도 흑인 문화가 지대한 영향을 미쳤다.

뮤지컬에서의 춤

뮤지컬의 조상은 19세기 후반 미국에 소개된 영국 코믹 오페라, 그리고 미국의 대중 연예쇼인 민스트럴과 보드빌이라고 이

영화 속에서 계단 탭 댄스를 추는 빌 로빈슨

야기된다. 오페라의 음악적 요소, 그리고 대중 연예물의 오락적 요소가 만나 20세기에 뮤지컬이라는 장르로 성장하게 된다. 뮤지컬에서 춤은 일반적인 무용 작품과 성격이 다르다. 작품 동기가 무용의 내재적 요소에 있지 않고, 음악과 서사에 따라 안무가 이루어진다. 안무가는 자신의 아이디어에서 출발한 작품대신 음악과 서사에 맞는 춤을 구성해야 하며, 일반적인 무용 작업에서와 같은 결정권을 갖기 어렵다. 대중적인 예술 장르이기 때문에 어려운 춤 어휘나 문법이 필요하지 않으며, 춤에 대해 고차원적인 심미안을 갖추지 않은 평범한 관객들이 직관적으로 받아들이고 즐길 수 있는 춤이어야 한다. 따라서 뮤지컬 안무가는 다른 부분에 기여해야 한다. 극, 음악과 협력하여 총체적으로 어떤 의미를 창조해 내면서 춤이 줄 수 있는 감동과 재미도 전달할 수 있어야 한다.

초기 뮤지컬은 지금과 같은 총체성 예술이 아니었다. 플롯이 약했고, 음악도 개연성 있게 연결된 것은 아니었다. 춤은 더더욱 눈요깃거리에 머물렀다. 작품의 내용과 상관없이 춤이 장면 전환 시간을 메우기 위해 들어간다든지(오페라의 막간에 발레가 등장했던 것처럼), 예쁜 코러스 걸을 등장시켜 시각적 즐거움을 주는 정도였다. 아예 춤추는 코러스 걸이 주가 되는 공연물도 있었다. 1905년 맨해튼에 5,000석 규모 대형 극장이 생기면서, 최대 280명 코러스걸이 나오는 대형 스펙터클 레뷰revue 쇼가 인기를 끌었고, 이런 흐름은 플로렌츠 지그필드Florenz Ziegfeld가 제작한 〈지그필드 폴리즈Ziegfeld Follies(1907~1931)〉라는 레뷰 쇼로 이어졌다. 이런 쇼에 등장한 코러스 걸들은 춤 훈련을 거의 받지 않은 육감적인 여성들이었다. 뒤이어 1922년 등장한 〈미주리 로켓Missouri Rockets〉에는 잘 훈련된 미녀들이 춤을 추었는데, 나중에 이 쇼는 〈로켓츠Rockettes〉로 알려져 지금까지 공연되고 있다. 코러스 걸들이 열을 맞추어 눈높이까지 다리를 차올리는 것이 이 쇼의 시그니처 동작이다.

뮤지컬 코미디의 아버지 조지 코헨George M. Cohen은 유럽 코믹 오페라와 오페레타를 미국식 이야기로 바꾸어 제법 서사가 갖추어진 초기 뮤지컬을 만들었지만, 여기서도 춤은 작품 안에서 유기적으로 존재하지 않았다. 어느 정도 서사적 논리를 갖춘 〈쇼 보트Show Boat(1927)〉는 작곡가 제롬 컨Jerome Kern과 작가 오스카 해머스타인 2세Oscar Hammerstein Ⅱ, 무용 감독 새미Sammy Lee(이 당시만 해도 뮤지컬 신에서 '안무가'라는 말이 쓰이지도 않고 대부분 '무용 감독'이라 불렀다)가 함께한 작품으로, 진정한 의미의 뮤지컬 작품으로 평가되기도 한다. 1800년대 후반부터 1920년대에 유행한 케이크워크, 블랙 바텀, 찰스톤 같은 사교춤이 나왔으며 신나는 분위기로 큰 인기를 끌었다.

〈쇼 보트〉의 성공 이후 좀 더 깊이 있고 잘 짜인 뮤지컬을 추구하는 예술가들이 등장했다. 총체성에 더욱 집중했기 때문에 작가, 작곡가, 안무가가 지속적인 팀워크로 작업하는 경향이 나타났다. 아카데믹한 교육을 받고 주류 무용계에서도 활발하게 활동하는 안무가들이 뮤지컬 안무에 뛰어들게 되고, 전문 무용수들이 참여하며 안무의 품격과 수준이 높아진다. 1930년대부터 1960년대까지 뮤지컬이 본격적으로 성장하고 이와 함께 뮤지컬 영화가 상당한 규모의 산업이 되면서, 프레드 아스테어, 진저 로저스, 주디 갤런드, 진 켈리 같은 뮤지컬 스타들이 다양한 스타일의 춤을 대중들에게 소개했다.

뮤지컬 성장기의 춤에서 가장 주목할 만한 것은 전문성을 추구하기 시작했다는 점인데, 특히 발레 안무가들의 역할이 컸다. 조지 발란신이 발레 뤼스 활동 이후 미국에서 〈온 유어 토즈On Your Toes(1936)〉를 비롯하여 몇 개의 브로드웨이 뮤지컬을 안무했다는 사실은 발레 팬들에게도 잘 알려지지 않은 사실이다. 발레가 가진 서사성, 인물의 캐릭터 표현과 솔로 춤의 기교, 화려한 군무에 대한 감각을 발휘하고, 더불어 당시 미국에 존재하던 다양한 춤들(탭, 각종 사교춤)을 절충하여 춤이 작품 속에 단단하게 자리 잡도록 했다. 발란신뿐만 아니라 여러 발레 안무가들이 발레 틀 속에서 여러 춤을 혼합하는 절충주의 방식을 택했는데, 그중 아그네스 드 밀Agnes de Mille이 가장 혁혁한 공을 세웠다.

드 밀은 아메리칸 발레 시어터에서 무용극 〈로데오Rodeo(1942)〉를 안무해 주목을 받았고, 이듬해 브로드웨이에 진출하여 뮤지컬 〈오클라호마!Oklahoma!(1943)〉와 〈캐로셀Carousel(1945)〉을 연이어 성공시켰다. 이들 작품에서 드 밀은 작곡가 리처드 로저스, 극작가 해머스타인과 함께 크리에이티브 팀으로 작업했으며, 캐릭터와 상황이 춤 속에 잘 녹아 있는 풍부하고 통합된 안무를 추구했다는 점, 공연자들의 수준을 전문 무용수의 수준까지 끌어올렸다는 점에서 브로드웨이 뮤지컬 춤의 표준을 세웠다고 평가받는다. 특히 극장춤의 무용수 레벨이 뮤지컬 퍼포머의 표준이 되면서, 뮤지컬이라는 안정적인 돈벌이가 많은 춤꾼들에게(발레와 현대 무용을 바탕으로 훈련받은 극장춤 무용수들) 도움을 주긴 했지만, 이전 보드빌과 뮤지컬 무대에서 활약하던 춤꾼들에게는 불리하게 작용하였고, 이런 영향으로 탭퍼들도 뮤지컬 무대에서 사라져갔다. 드 밀로 인해 뮤지컬의 특징적 장면으로 자리 잡은 것이 바로 '드림 발레Dream Ballet'이다. 이런 형식은 〈밴드 웨건Band Wagon(1931)〉의 '댄싱 인 더 다크Dancing in the dark'를 만든 안무가 알베르티나 라치Albertina Rach가 처음 만들었는데, 유명해진 것은 드 밀에 의해서이다. 드림 발레는 춤의 표현성과 기교를 보여주는 대화 없는 춤 장면으로, 춤이 플롯을 이끌어 나가는데(이런 의미에서 플롯이 없는 댄스 브레이크와는 다르다), 주로 상상이나 꿈 장면, 주인공의 심리 묘사, 과거부터 미래까지의 시간적 몽타주 등이 표현된다. 〈오클라호마!〉 2막에서 주인공 로리가 겪는 심리적 불안감을 듀엣과 군무로 표현한 장면, 〈캐로셀〉에서 죽은 빌리가 딸의 하루를 지켜보는 2장 회전목마 장면 등이 드 밀의 대표적인 드림 발레이다. 드림 발레가 등장하는 작품 중 우리에게 잘 알려진 것은 진 켈리가 안무하고 출연한 영화 〈파리의 미국인An American in Paris(1951)〉에서 17분짜리 호화 드림 발레, 역시 그의 작품인 영화 〈싱잉 인 더 레인Singing in the rain(1952)〉에서 시드 샤리스Cyd Charisse와 춤추는 '브로드웨이 멜로디 발레Broadway Melody Ballet' 등이 있다. 뮤지컬 영화의 경우 영화라는 매체 특성상 꿈꾸는 춤 장면이 더 자연스럽게 편집될 수 있었고, 거액의 제작비가 투여되어 대형 세트와 군무진이 가능해지며 1950~60년대 뮤지컬 영화에서 드림 발레가 자주 등장할 수 있었다.

현대 무용가들도 뮤지컬 안무에 다수 참여하게 되는데, 〈애니 겟 유어 건Annie Get Your Gun(1946)〉을 안무한 헬렌 타미리스, 〈키스 미, 케이트Kiss Me, Kate(1948)〉와 〈마이 페어 레이디My Fair Lady(1956)〉를 안무한 하냐 홈Hanya Holm 등이 대표적이다.

1950년대에는 '재즈 댄스의 아버지'로 알려진 안무가 잭 콜Jack Cole이 뮤지컬계에서 활약한다. 재즈 댄스는 재즈 음악과 사실상 아무 관계가 없는 춤이다. 구분하자면 재즈 음악에 맞춰 춘 춤은 랙타임이나 린디 홉 같은 스윙 댄스 계열의 춤이고, 재즈 댄스는 뮤지컬이 성장하면서 생겨난 장르이다. 과거 무용 이론서에서는 넓은 범주에서 아프리칸 아메리칸 스타일의 춤을 재즈 댄스로 명명하는 경우가 많았으나, 근래에는 어느 정도 경계가 뚜렷한 기법과 장르의 춤을 의미한다. 굳이 '재즈'에 의미를 부여한다면, 재즈 댄스도 재즈 음악처럼 아프리칸 아메리칸 문화의 토대 위에 여러 스타일을 혼합한 '혼종 장르'이기는 하다.

잭 콜은 데니숀무용단에서 경력을 시작했는데, 인도 춤의 거장 우다이 샹카르Uday Shankar에게 바라타나티얌을 배웠다. 무용단 활동 이후 각종 레뷰와 뮤지컬에서 춤을 추고 만들었는데, 현대 무용, 아프리칸, 라틴 아메리칸, 캐리비안, 동남아시안 스타일을 모두 섞어 독특한 스타일을 구축하였고, 40년대 후반 재즈 댄스 형태를 어느 정도 완성하였다. 현대 무용과 각종 이국적인 움직임 요소들을 혼합하여 새로운 스타일로 창조한 것이 그의 재즈 댄스였다. 잭 콜은 많은 뮤지컬 작품을 안무한 데 비해 〈키즈멧Kismet(1955)〉, 〈퍼니 씽 해픈드 온 더 웨이 투 더 포럼A Funny Thing Happened on the Way to the Forum(1962)〉, 〈맨 오브 라 만차Man of La Mancha(1965)〉를 제외하면 크게 흥행한 작품이 많지 않아 '알려지지 않은 천재'라 불리기도 한다. 그러나 뮤지컬과 각종 쇼에서 여전히 유용하게 사용되는 재즈 댄스 스타일을 시작한 중요한 인물이다. 그는 할리우드 뮤지컬 영화 안무가로 활동하는 동안 콜롬비아 영화사에서 특별 훈련 프로그램을 만들었는데, 여기에서 인도 전통춤, 스페인 플라멩코, 발레, 탭, 재즈 댄스 클래스를 상시로 운영하였다. 뮤지컬 영화에서 리타 헤이워드Rita Hayworth(〈길다〉)나 마릴린 먼로Marilyn Monroe(〈신사는 금발을 좋아해〉) 같은 스타 여배우들이 다양한 퍼포먼스 능력을 보여줄 수 있게 도움을 주었다. 특히 강한 여성 이미지를 창조함으로써 섹시 스타들의 새로운 관능성을 제시했다. 잭 콜의 춤은 제롬 로빈스Jerome Robbins나 밥 포시Bob Fosse 같은 다음 세대 안무가들에게 큰 영향을 주었다.

제롬 로빈스는 발레 안무가로 먼저 두각을 나타냈다. 아메리칸 발레 시어터에서 안무한 〈팬시 프리Fancy Free(1944)〉가 성공하면서 이 작품을 뮤지컬로 만들자는 제의를 받고 작곡가 레너드 번스타인Leonard Bernstein과 함께 〈온 더 타운On the Town(1944)〉을 만들었는데, 가볍고 유머러스한 이야기에 재즈 댄스 스타일로 활력을 주었다. 이 작품은 흥행뿐 아니라 안무가와 작곡가의 긴밀한 협업에서도 성공적이었다. 당시로서는 드물게 춤과 음악이 동시에 만들어졌다. 로빈스는 안무의 기본 틀을 발레에서 가져왔지만, 재즈 댄스나 탭 댄스뿐 아니라 다양한 민족춤을 자신만의 개성으로 변주하며 캐릭터와 전체 분위기를 창조해 냈다. 그런 탁월함의 배경에는 집요한 관찰력이 있었다. 현대판 '로미오와 줄리엣' 〈웨스트 사이드 스토리West Side Story(1957)〉에서 로빈스는 실제로 뉴욕 뒷골목과 길거리 축제를 다니며 젊은 갱들의 행동을 관찰하고 그들의 들끓는 혈기를 날카로운 재즈 댄스 스타일로 안무했다. 심지어 작품의 진정성을 위해 연습 내내 샤크파와 제트파를 나누어 놓고 부적응자 캐릭터는 혼자 다니도록 했다. 이 작품에서 재즈 댄스는 비극적 현실에 대한 분노를 표현하는 최고의 방식이 되었으며, 춤 외의 작은 몸짓들까지 서사적 설득력을 갖도록 모두 꼼꼼히 계산되었다. 〈지붕 위의 바이올린Fiddler on the Roof(1964)〉은 러시아 혁명기의 우크라이나 지역 유대인 마을에서 전통적 가치들이 무너져 가는 과정을 다룬 이야기로, 이 작품을 위해 로빈스는 뉴욕의 하시드 공동체에서 유대인 전통춤을 연구하여 안무의 아이디어를 얻었다. 〈빌리언 달러 베이비Billion Dollar Baby(1945)〉, 〈하이 버튼 슈즈High Button Shoes(1947)〉, 〈룩, 마, 아임 댄싱Look, Ma, I'm Dancing(1948)〉, 〈왕과 나The King and I(1951)〉를 비롯해 수많은 뮤지컬에서 뛰어난 안무력을 보여준 로빈스는 그 능력과 권위를 인정받아 작품에 대한 통제권을 갖고 있었다. 〈웨스트 사이드 스토리〉는 처음부터 그의 아이디어에 따라 제작되었고, 이 작품을 영화화했을 때 로빈스는 공동 감독으로 참여했다. 이 외에도 감독이나 연출, 제작을 겸한 작품들이 꽤 있다. 로빈스는 전성기 미국 뮤지컬을 이끌며 미국적인 다양성을 안무에 녹여 냈으며, 뮤지컬 안무 수준을 높였다.

미국 뮤지컬 전성기에 활동한 많은 안무가들이 발레나 현대무용 쪽에서 나온 것과는 달리 밥 포시는 보드빌 출신으로 알려져 있다. 어릴 적 무용 레슨을 받기는 했지만, 13세부터 시카고 지역 벌레스크 쇼(성적인 웃음을 유발하는 콩트나 누드까지는 이르지 않는 선에서 여성의 매력을 강조하는 춤을 포함한 쇼)에 섰기 때문에 보드빌 스타일이 몸에 밴 춤꾼이었다. 그래서인지

제롬 로빈스의 영화 〈웨스트 사이드 스토리〉의 한 장면

포시가 안무한 유명 댄스 넘버들은 쇼의 한 장면을 보는 듯한 느낌을 주는데, 춤 동작과 구성이 서사를 이끌어 나가는 데 직접적인 역할보다는, 독특한 질감으로 플롯에 기여한다. 어찌 보면 플롯과 상관없이 등장하는 스타일리시한 춤들 같기도 한데, 그것이 작품 전체의 성격을 결정한다. 가령 〈스윗 체리티Sweet Charity(1966)〉의 'The Rich Man's Frug'이나 'Big Spender', 혹은 〈시카고Chicago(1974)〉의 댄스 넘버들 대부분은 어둡고 기이하며 상처받은 영혼의 체현을 한 편의 쇼처럼 보여준다. 파자마 공장의 노동 문제를 다룬 뮤지컬 〈더 파자마 게임The Pajama Game(1954)〉의 '스팀 힛Steam Heat'이라는 넘버는 극 중 등장하는 쇼로서 캐릭터나 서사와 관계없이 스타일리시한 볼거리가 있는 춤이며, 중간 중간 '푸쉬~' 하고 내는 증기 소리가 리드미컬한 재미를 준다. 포시는 어떤 작품에서도 그의 춤이라는 것이 드러날 만큼 독보적인 스타일을 구축했다. 재즈 핸드(손가락을 쫙 벌리고 손바닥을 앞으로 펴 보이는 자세), 어깨 돌리기, 턴인된 다리, 중절모, 흰 양말과 까만 구두 등이 그의 시그니처였다. 이런 스타일들은 포시 자신의 몸에 맞게 안무를 했기 때문이기도 한데, 그는 턴아웃이 잘 되지 않고, 구부정하며, 무릎이 덜 펴지는

영화 〈스윗 체리티〉의 한 장면

등 이상적인 댄서의 몸은 아니었다. 더구나 대머리여서, 그것을 가리느라 중절모를 쓰고 다녔는데, 그게 그를 대표하는 소품이 된다. 마이클 잭슨은 포시의 열광적인 팬이어서 '빌리 진Billie Jean'의 흰 양말과 검은 구두 콤비를 포시에게서 가져왔으며 '스릴러Thriller' 뮤직 비디오의 안무를 부탁하기도 했다. 하지만 포시가 사양했다고 한다. 뮤지컬 영화 〈어린왕자(1974)〉에서 뱀으로 등장한 포시의 모습은 마이클 잭슨의 '빌리진' 춤을 떠올리게 한다. 마이클 잭슨은 MTV시대의 뮤직비디오 형식을 선구적으로 제시한 인물이지만, 그 역시 여러 문화에서 영감을 받아 새로운 유행을 만들어 냈던 것이다. 마가렛 퍼러는 저서에서 포시의 관능적이고 전시적인 스타일이 1980~1990년대 뮤직비디오 산업을 성장시킨 안무 트렌드의 전조가 되었다고 말한다. 1960년대 이후 텔레비전 버라이어티쇼에 밀려 뮤지컬 영화의 성장세가 멈춘 이후에도 포시의 감각적인 춤이 담긴 뮤지컬 영화만큼은 예외적으로 크게 흥행했다.

이 외에도 〈아가씨의 건달들Guys and Dolls(1951)〉을 안무한 마이클 키드Michael Kidd, 〈헬로 돌리Hello, Dolly!(1964)〉, 〈42번가42nd Street(1980)〉를 안무한 가워 챔피언Gower Champion, 〈코러스 라인A Chorus Line(1975)〉을 안무한 마이클 베넷Michael Bennett 등이 미국 뮤지컬 성장기에 안무 스타일의 폭을 넓힌 안무가들로 평가받는다. 뮤지컬 댄스는 지속적으로 극장춤과 교류하며 전문성을 높여갔고, 작품마다, 하나의 작품 안에서도, 다양한 춤 스타일을 보여주었다. 서사와 음악과 춤이 유기적으로 통합되어 설득력을 갖춘 작품을 만들기 위한 노력도 계속되었다.

1980년대 이후 뮤지컬 신에 전반적인 변화가 있었다. 티켓 가격이 상승했고, 관객들 역시 비싼 가격에 걸맞은 호화롭고 짜임새 있는 볼거리를 원했다. 여기에 부합했던 것은 영국 웨스트엔드 뮤지컬이었는데, 〈지저스 크라이스트 슈퍼스타Jesus Christ Superstar〉, 〈오페라의 유령The Phantom Of The Opera〉, 〈캣츠Cats〉, 〈레미제라블Les Miserables〉, 〈미스 사이공Miss Saigon〉, 〈에비타Evita〉, 〈빌리 엘리어트Billy Elliot〉 같은 작품들이 인기를 끌었다. 전설적인 뮤지컬 제작자 캐머런 매킨토시Cameron Mackintosh와 작곡가 앤드류 로이드 웨버Andrew Lloyd Webber의 협업으로 탄생한 작품들의 흥행을 시작으로, 이후 대형 호화 세트, 흥미로운 연출력, 다양한 스토리를 내세운 영국 뮤지컬이 뮤지컬 신을 주도하게 되었다. 마가렛 퍼러는 1980~1990년대 미국 뮤지컬 신이 '브리티시 인베이전British Invasion'을 겪고 난 이후, '2000년대에 들어서고 나서야 미국 안무가들이 브로드웨이를 되찾았다'고 하지만 80, 90년대 이후 작품 중 우리에게 잘 알려진 미국 뮤지컬은 이전 시대에 비해 그리 많지 않다.

20세기 내내 뮤지컬에서 춤이 자신의 역할을 확장하면서, 뮤지컬은 극장춤과는 또 다른 춤의 재미를 전달하고 있다. 그러나 뮤지컬은 기본적으로 'music+play'의 성격이 우선되는 장르이다. 가령 〈오페라의 유령〉이나 〈에비타〉처럼 춤이 거의 없는 작품들도 있다. 작곡가 손드하임Stephen Sondheim의 〈스위니 토드Sweeney Todd〉 〈조지와 함께 일요일 공원에서Sunday in the park with George〉 같은 작품들에서는 음악이 플롯을 이끌어가는 압도적인 힘을 갖는다. 춤은 뮤지컬에서 필요조건은 아니다.

이런 생각을 뒤집으려는 작품들이 시도되기도 했다. 1980년대 이후 등장한 뮤지컬 중 안무 측면에서 가장 흥미로운 작품은 영국 뮤지컬 〈캣츠〉이다. 이 작품에서는 춤이 중심적인 역할을 한다. 길고양이들이 모여 각자 이야기를 노래하는 작품이라 서사가 빈약하고 노래들 간 연결고리가 매끄럽지 않은데, 그 간극을 고양이들의 멋진 춤이 메운다. 전반적으로 발레와 마사 그레이엄 스타일의 현대 무용 테크닉이 주를 이루지만, 고양이의 특징적인 움직임을 포착해낸 동작이 특별한 재미를 준다. 〈캣츠〉는 뮤지컬이 춤에 방점을 찍어도 흥행할 수 있음을 보여준 작품이었다. 〈라이온 킹The Lion King(1997)〉 역시 인상적인 안무로 채워진 작품이다. 인형극 요소를 전면에 드러낸 이 작품은, 동물 인형을 착용하고 조정하는 배우의 섬세하고 놀라운 움직임만으로 동물의 왕국을 무대 위에 생생히 재현해 낸다. 움직임을 어떻게 다루는가에 따라 이런 훌륭한 작품들이 탄생할 수도 있다. 그러나 여전히 많은 뮤지컬 제작자나 연출가들은 춤의 중요성을 우선적으로 고려하지 않는다.

그래서 상업적인 춤극dance+play, 즉 댄스 뮤지컬 혹은 댄스컬의 가능성에 도전하는 안무가들이 있다. 미국 연출가이자 안무가인 수잔 스트로만Susan Stroman의 〈컨택트Contact(2000)〉는 춤만으로도 승산이 있다는 것을 입증한 작품이다. 이 작품에는 플롯도 대화도 등장하지 않으며, 세 개의 삽화적 소품이 오로지 춤으로 이어진다.

일찍이 주류 무용계에서 성공하고 2002년 브로드웨이로 진출한 트와일라 타프Twyla Tharp의 첫 작품 〈무빙아웃Movin'Out〉은 록 뮤지컬이다. 40여 곡의 빌리 조엘 노래에 맞춰 다섯 친구가 고등학교 시절, 베트남전, 전쟁 후유증을 이야기하는데, 이 모든 스토리가 대화 없이 춤으로 표현된다. 타프가 안무한 또 다른 주크박스 뮤지컬 〈더 타임즈 데이 아 어 체인징The Times They Are A-Changin'(2006)〉은 밥 딜런 노래에 맞춘 작품이고, 〈컴 플라이 어웨이Come Fly Away(2010)〉는 프랭크 시나트라 노래에 맞춘 작품이다. 이런 작품들에서 최고의 춤꾼들이 잘 알려진 노래에 맞춰 화려하게 춤을 추어 관객의 사랑을 받았는데, 사실 춤 자체는 '유 캔 댄스' 같은 경연 쇼의 보여주기식 스타일에 가까워 예술적인 깊이를 느끼기는 힘들다. 그러나 추상적인 춤 언어 자체가 생경한 관객은 실험적이거나 심오한 춤보다는 직관적으로 아름다움과 놀라움을 느낄 수 있는 춤에서 즐거움과 감동을 느끼기 쉽다. 결국 댄스 뮤지컬로 작품성과 흥행성을 모두를 얻는다는 건 굉장히 어려운 일이다.

예외적으로, 대중성과 예술성 모두를 갖춘 작품이 있다면 매튜 본Matthew Bourne의 〈백조의 호수Swan Lake(1995)〉를 들 수 있다. 고전주의 발레 명작 〈백조의 호수〉를 재해석한 발레로, 차이콥스키의 원곡 외에는 모든 것이 원작과 다르다. 백조가 남성으로 바뀌어 있고, 시대도 다르고 스토리도 다르지만, 기본적으로 클래식 발레처럼 서사를 충실히 따라가는 장면들로 구성되어 있어 춤에 문외한인 관객이라도 어렵지 않게 따라갈 수 있는 작품이다. 무엇보다 춤 언어가 혁신적이다. 백조의 동작들이 참신하고 흥미로우며, 전체적인 안무 구성이 매우 탄탄하다. 백조가 등장한다는 기본 설정을 지키면서 안무가의 독특한 세계를 보여준다. 사실 발레 명작의 재해석은 20세기 내내 여러 안무가들에게서 시도되었다. 그러나 매튜 본의 〈백조의 호수〉처럼 장기공연이 가능할 정도로 흥행을 한 작품은 거의 없다. 고전 재해석은 오히려 도전적인 창조성을 통해서야 빛난다는 것을 말해주는 듯하다. 이 때문에 무용사적으로도 의미 있는 작품으로 자리매김하고 있다. 매튜 본은 이 작품의 성공 이후 〈신데렐라Cinderella(1997)〉, 〈카 맨The Car Man(2000)〉, 〈가위손Edward Scissorhands(2005)〉, 〈도리언 그레이Dorian Gray(2008)〉, 〈파리 대왕Lord of the Flies(2011)〉, 〈잠자는 숲 속의 미녀Sleeping Beauty(2012)〉, 〈레드 슈즈The Red Shoes(2016)〉, 〈로미오와 줄리엣Romeo + Juliet(2019)〉 등 댄스 뮤지컬을 꾸준히 발표하고 있다.

댄스 뮤지컬의 형식뿐 아니라 뮤지컬 안에서의 춤도 꾸준히 변화하고 발전할 것이다. 영화와 텔레비전 쇼가 등장하며 뮤지컬 산업이 타격을 받던 시기도 있었다. 하지만 뮤지컬은 여전히 지속적으로 성장하고 있는 분야이며, 뮤지컬 안에서 그려낼 수 있는 춤의 세계 또한 한계가 없다.

한국 뮤지컬도 엄청나게 발전하고 있지만 자체 제작 능력을 갖추게 된 게 오래되지 않은 만큼, 아직은 미비한 점들이 많다. 춤이라는 관점에서 봤을 때 아쉬운 점은 배우들의 춤 기량과 안무 수준이다. 노래, 연기, 춤 능력을 모두 갖추려면 일정 수준 이상의 기간과 강도로 훈련해야 하는데, 교육 시스템이 부재하니 충분한 기량을 갖춘 배우가 부족할 수밖에 없다. 춤 기본기가 허약하다 보니 높은 수준의 안무를 수행하기 힘들다. 최근에는 아이돌 가수 출신 뮤지컬 배우들이 티켓 파워를 과시하는데, 이들 역시 출중한 노래 실력에 비해 춤 기본기는 아쉬운 느낌이다. 'music+play'를 우선하며 춤을 등한시한 게 아닌가 싶다. 뮤지컬은 총체성 예술이기 때문에 극작, 음악, 연출, 안무의 수준 어느 한 가지로만 평가받지 않는다. 전체적으로 예술성이 느껴지는 작품들이 많아져야 뮤지컬 안무의 품격도 높아질 것이다. 한국 뮤지컬은 비싼 관람료만큼의 작품성으로 관객을 만족시키고 있는가 하는 지속적인 반성의 목소리가 있어 왔다. 티켓 가격을 내리기 힘들다면, 작품 수준을 높여야 한다. 대중성이 오락성에서만 오는 게 아니기 때문이다. 뮤지컬은 대중적인 예술이지만 결국 살아남는 작품은 예술적인 깊이, 삶을 성찰하게 하는 힘을 가진 작품이다.

스트리트 댄스와 상업 춤

스트리트 댄스는 1970년대 미국 길거리에서 생겨난 춤 문화이다. 스트리트 댄스, 혹은 어반 댄스로도 불리는 이 춤을 정확히 정의하기는 어렵다. 여기서는 도심 길거리나 클럽, 파티에서 추는 춤들 모두를 스트리트 댄스로 보는 것이 아니라 특정 시기에 생겨난 특정 스타일 춤들을 일컫는 용어로 쓰려고 한다. 시작은 청년 하위문화였지만, 현재는 각종 경연 대회와 전문 대학의 전공 교과가 있고 유명 댄서들이 활동하는 상당히 전문화된 춤 분야이다. 지속적인 전문화가 이루어지지 않은 반짝 유행 춤들은 보통 스트리트 댄스라고 하지 않는다. 스트리트 댄스는 길거리 문화로 시작되었지만 주류 대중문화의 큰 부분을 차지하고 있다. 텔레비전, 영화, 비디오게임에 익숙한 세대가 만든 춤이기 때문에 상업 춤과 자연스럽게 연결될 수 있었던 것이다.

스트리트 댄스는 두 가지 흐름으로 발전했다. 미국 서부, 캘리포니아 훵키 스타일과 미국 동부, 뉴욕 브롱크스 힙합 스타일. 생성될 때의 양상은 차이가 있지만 발전 과정에서 이 두 흐름이 단절되어 있었던 것은 아니며, 현재 스트리트 댄스에서는 이것들이 모두 혼합되어 있다.

시작은 서부였다. 1960년대 중반 트위스트가 한참 유행하던 시절 미국 서부 춤꾼들에게 제임스 브라운James Brown의 음악은 또 다른 영감을 주었다. 1966년 '제임스 브라운의 부갈루James

Browns' Boogaloo'는 노래뿐 아니라 관능적이고 리드미컬한 춤도 함께 유행했다. 춤꾼들에게는 이듬해 발매한 싱글 '콜드 스웨트 Cold Sweat(1967)'가 특히 인기를 끌었고, 1960~70년대 그가 발표한 음악들은 대중음악과 춤 전반에 하나의 흐름을 만들어 냈다. 이 흐름은 보통 '훵크 음악funk music'이라 불리는데, 리듬이 주가 되는 음악(이른바 댄스 뮤직)의 기초가 되었다. 음악학자 래리 스타Larry Starr와 크리스토퍼 워터먼Christopher Waterman은 『미국 대중음악American Popular Music』에서 "소울soul이 흑인의 영적이고 고양된 상태를 상징하는 개념이라면, 훵크는 그것의 불경스럽고도 현실적인 대응 개념으로, 기본적으로는 춤을 향한 박동으로 볼 수 있다"고 했다. 또한 제임스 브라운의 음악이 디스코, 랩, 힙합의 모든 순간에 광범위한 영향력을 끼쳤다고 평가하면서, 반복적인 리프, 하모니보다 리듬 강조, 고정적인 코드, 개성적 보컬 음색을 제임스 브라운 음악의 특징으로 꼽았다. 반복적이고 리드미컬해서 춤추기에 좋은 음악이었던 것이다. 브라운 자신부터가 뛰어난 춤꾼이기에 '음악과 하나인 춤' 또는 '아프리칸 폴리리듬의 체현'을 무대에서 보여 줄 수 있었다. 훵크의 전통은 이후 디스코텍에서 춤을 출 수 있는 디스코 음악으로 이어진다. 힙합 시대에도 제임스 브라운 음악은 샘플링 재료가 되었다. 훵크의 음악적 가치는 오랫동안 평가 절하되었다. 감상용 음악이 아니라 춤을 추기 위한 음악이라는 점, 흑인 문화에 대한 인종차별적 시선, 동성애 혐오(디스코는 종종 게이 커뮤니티와 관련이 있었다) 등의 이유였다. 하지만 춤의 측면에서 훵크는 스트리트 댄스 문화의 출발점에 있는 매우 중요한 개념이다.

제임스 브라운의 음악, 춤이 유행하며 훵키한 스타일의 부갈루 댄스가 시작되었다. 미국 캘리포니아 춤꾼들은 훵크 부갈루funk boogaloo에 점차 여러 스텝과 동작들을 결합해 나갔다. 보리스 칼로프의 영화 〈프랑켄슈타인〉에 나오는 포즈들을 취하며 부드럽게 미끄러져 나오는 식의 로봇춤, 강조된 특정 비트에 갑자기 움직임을 정지하는 '락킹 잇 다운locking it down', 탭퍼 찰스 앳킨스 쇼에 나오는 깔끔한 스타일의 '포즈, 스핀, 슬라이드'도 혼합되었다. 언더그라운드에서 몇 년 간 퍼져 나가던 훵크 부갈루는 1977년 댄스그룹 블랙 메신저Black Messengers가 텔레비전 경연쇼 〈더 공 쇼The Gong Show〉에서 선보인 이후 주류 대중문화에 소개된다.

비슷한 시기 로스앤젤레스의 돈 캠벨Don Campbell이 새로운 춤을 만들어 낸다. 친구들이 추는 춤을 잘 따라하지 못해 멈칫거리는 자신의 모습을 아예 동작으로 발전시켜 '캠벨락Campbellock' 혹은 '락킹locking(잠금, 멈춤)'이라는 춤을 만들었다. 락킹의 순간들이 시각적으로 비트를 만들어 내며 관객들에게 즉각적인

제임스 브라운의 'Cold Sweat'

재미를 주었다. 캠벨은 '로봇 찰스'로 알려진 찰스 워싱톤Charles Washinton을 만나게 되는데 그는 한때 마임을 배워 로봇을 더 자연스러운 연결 동작으로 표현할 수 있었다. 이 둘은 〈소울 트레인Soul Train〉 쇼에 나가 락킹과 로봇 춤을 선보였다. 나중에 캠벨은 자신의 팀 '더 락커즈The Lockers'를 결성하여 〈소울 트레인〉, 〈새터데이 나이트 라이브〉, 〈더 투나잇 쇼〉 등에 출연하며 이들 스타일(락킹, 로봇)을 대중화시켰다.

2세대 댄스그룹인 '일렉트로닉 부갈루The Electronic Boogaloo'는 70년대 후반 캘리포니아 프레즈노에서 결성되었는데, 〈소울 트레인〉에 나온 '더 락커즈'를 보며 춤을 연습하던 젊은이들이었다. 이들은 몇몇 테크닉을 만들기도 했다. 체조 플립flip을 적용한 동작들로 시각적 효과를 높였다. 또한 몸의 부분을 급하게 수축, 이완하는 '팝pop' 혹은 '힛hit'이라는 기술도 개발하는데, 이후 '팝핑popping'이라는 춤으로 발전하였다. 이들 역시 〈소울 트레인〉 같은 쇼에서 자신들의 춤을 선보였다. 일렉트로닉 부갈루는 2000년에 한국을 방문하기도 했는데, 이때 팝핑과 부갈루를 시연하고 강의함으로써, 이전까지 이런 춤들을 체계적으로 배워보지 못한 한국 스트리트 댄서들에게 큰 영향을 주었다고 한다.

한편 1970년대 로스엔젤레스 게이 디스코 클럽에서는 조금 결이 다른 춤이 생겨났다. '포징posing(이후 보깅voguing이라 불린다)'이라는 춤의 핵심적인 특징은 요부 이미지를 포즈와 포즈로 연결한 것이었다. 가령 그레타 가르보Greta Garbo나 마릴린 먼로 같은 옛날 할리우드 스타의 사진이나 보그 잡지의 모델 사진을 시각적으로 인용하여 자세와 분위기를 만들었다. 여기에 락킹 요소들과, 팔과 손이 머리 주변에서 만들어 내는 장식적 제스처를 집어넣어 극장에서 공연을 하는 듯한 의도적인 느낌을 주었다. 게이뿐 아니라 흑인 이성애자들에게도 호소력을 갖게 되면서 '펑킹punking'이라는 스타일이 생겨나는데, 팔을 크게 쓸고 다니는 움직임과 정지된 포즈들의 연결, 차차차와 맘보 같은 라틴 댄스 요소들 결합하여 포징에 비해 더 확장되고 남성적인 느낌을 주었다. 나중에는 여기에 무술 동작과 고급 탭 댄스 기술까지 더해졌다. 펑킹은 이후 '와킹waacking'으로 불리게 된다.

1980~90년대에 포징과 펑킹은 뉴욕 할렘의 게이 커뮤니티에서 '보깅'이라는 이름으로 다시 부활한다. 뉴욕 보깅은 이전 시대에 비해 대칭, 정확성, 유동성이 더 강조된 춤이었다. 1990년대 이후 발전한 뉴웨이 보그new way vogue는 여기서 더 나아가 손, 허리, 어깨 유연성의 전시를 강조하였다. 관절이 놀라운 각도로 꺾인 기하학적이고 기묘한 몸 형태를 보여주거나, 갑자기 바닥에 한 다리를 들고 푹 주저앉는 곡예 동작을 보여주기도 한다. 캣워크, 쪼그리고 앉아 걷기도 주요한 동작이다. 보깅에 대한 다큐멘터리 영화 〈파리는 불타고 있다Paris Is Burning(1990)〉는 일종의 퀴어 대안 가족인 '하우스house'의 구성원들이 한껏 차려입고 볼ball(할렘 게이 문화에서 볼은 일반적인 사교춤을 추는 무

도장이 아니라 드래그 쇼가 이루어지던 곳이었다)에서 열리는 보깅 경연에 참여하는 이야기이다. 이 영화는 춤이 소수자들의 삶에서 어떤 해방적 기능을 할 수 있는지 생각해 보게 한다. 뉴욕 비백인 성소수자들의 하위문화 속에서 보깅을 바라보는 이 영화와 달리, 춤 스타일만 취하여 대중문화에 성공적으로 녹여낸 경우도 있다. 마돈나의 '보그Vogue' 뮤직 비디오에 유명한 보깅 그룹 '하우스 오브 엑스트로바간자House of Xtravaganza'의 호세 쿠티에레스Jose Gutierez와 루이스 카마초Luis Camacho 외 여러 보거들이 출연해 보깅을 전 세계에 알렸다. 보깅과 비슷한 결을 지닌 와킹도 꾸준히 발전해 왔는데, 보깅에 비해 다루는 동작 폭이 훨씬 넓기 때문에 좀 더 보편적으로 즐기는 춤이라 할 수 있다.

힙합 문화는 1970년대 후반 뉴욕 사우스 브롱크스에서 시작되었다. 고속도로 건설로 지역 커뮤니티가 쇠퇴하고 가난과 범죄로 얼룩진 동네에 아프리칸 아메리칸, 푸에르토리칸, 아프로캐리비안 청소년들이 모여 길거리와 파티에서 즐기던 음악과 춤이 '힙합'이라는 문화적 복합체로 성장했다. 힙합은 인종주의에 저항하며 지역적 정체성을 표현하는 음악, 춤, 그래피티, 옷, 언어를 모두 포함하는 문화이다.

힙합은 종종 갱스터와 연결되기도 하는데, 사실 초기 힙합에서 강조되던 것은 자기표현, 독창성, 서로에 대한 존경이었다. 동네 힙합 파티는 변두리 지역 청소년들이 자신들의 개성과 창조성을 만들어 갈 수 있는 커뮤니티로서 순기능이 컸다. 댄스 배틀이 특히 핵심적 역할을 했는데, 마치 갱들이 싸움을 하는 듯한 긴장감과 격렬함이 존재하지만, 어디까지나 그것을 연극적으로 사용하여 긍정적으로 에너지를 발산하는 놀이였다. 초기 힙합 스타였던 디제이 아프리카 밤바타DJ Africa Bambaataa는 블랙 스페이드 갱단의 일원이었다가 그 세계를 떠나 힙합 파티 프로모터가 되었고, 힙합 문화를 저항과 자아 정체성, 관용의 수단으로 소개하는 힙합 그룹 '유니버설 줄루 네이션Universal Zulu Nation'을 만들었다. 힙합 음악가나 댄서들은 갱들처럼 가족적인 연합(크루crew, 파시posse)을 만들어 활동했고, 이런 집단들이 서로 경쟁 관계에 있었다. 힙합 문화가 성장하면서 음악 신에서는 갱스터 랩의 공격적인 가사뿐만 아니라 때때로 실제 폭력 사건들이 일어나기도 했다. 그러나 댄스 신에서는 댄스 배틀을 통해 경쟁적으로 기술을 연마하고 과시하는 면이 더 핵심적이었다.

춤으로서의 힙합은 브레이킹breaking 혹은 비보잉b-boying이라고 하는 댄스 배틀 형식의 기교적 춤으로 대표된다. '브레이킹'은 디제이가 음악을 믹싱하는 동안 댄서들을 위해 멜로디를 제거한 특정 부분만 들려주던 것에서 유래된 용어로, 이때 나와서 추던 솔로춤을 '브레이크 댄싱'으로 불렀다. 현재는 이 용어보다는 '비보잉'이라는 말이 더 보편적이며, 힙합 춤꾼들을 '비보이', '비걸'로 부른다.

브레이킹(비보잉)의 초기 모습은 1960~70년대에 유행했던 미국 서부의 횡키한 춤 스타일에서 나왔다. 이들 역시 〈소울 트레인〉 같은 텔레비전 쇼에서 봤던 락킹, 로봇, 팝핑, 부갈루를 따라 추며 자랐다. 여기에 점차 이소룡 영화, 브라질 무예 카포에이라, 체조 동작 등에서 영감을 받은 역동적인 움직임들이 덧붙여진다. 길거리에서 친구들과 서로 즐기고 배우던 춤에 갖가지 새로운 기술들이 첨가되었다. 춤꾼들이 배틀 형식으로 상대방보다 더 놀랍고 인상적인 춤을 보여주려고 노력하다 보니 기예적인 춤 어휘들이 창조되었다. 그러면서 브레이킹은 점점 더 아무나 출 수 없는 춤이 되었다.

무용학자 샐리 베인즈Sally Banes는 「빌리지 보이스Village Voice」에 연재한 스트리트 댄스 관련 에세이들에서 브레이킹의 의미를 몇 가지로 요약했다. 브레이킹은 자신의 정체성을 길거리, 지하철, 공원, 고등학교 체육관에 새기기 위해 몸을 사용하는 방식이다. 또한 존재하는 것과 존재하지 않는 것에 대해 시험하는 몸의 가정법적 표현이다. 창의적인 기술을 경쟁적으로 전시하는 정교한 춤이자 싸움이며, 조롱과 자랑이라는 길거리 수사학이 드러난다. 베인즈의 설명처럼 브레이킹은, 주변부의 젊은이들이 자신의 존재를 드러내기 위해 그들 생활 공간에서 경쟁 형식으로 춤을 춘다는 점에서, 다른 춤들(극장이나 댄스홀에서 추는 춤들)과 구분되었다.

그리고 또 하나, 매우 특별한 성격은 프리 스타일 댄스free style dance, 즉 즉흥춤이었다. 스트리트 댄스 하위 장르들이 성장하면서 안무된 춤을 공연하는 경우도 많지만, 기본적으로 댄스 배틀에서는 그 자리에서 음악을 듣고 즉흥적으로 춘다. 순서를 짜놓고 연습을 거듭해서 공연하는 것이 일반적인 춤들인데 반해, 댄스 배틀은 길거리의 즉흥적 문화를 반영하고 있다. 그 자리 상황에 맞는 분위기로 춤을 시작하고, 때로는 장난기 어린 표현이나 상대방 춤꾼을 조롱하는 듯한 몸짓을 덧붙이기도 한다. 직관력과 상황 판단력, 창의성에 크게 좌우된다. 하지만 하나의 주제를 깊이 있게 고민하여 구성한 안무가 아니라, 순간의 폭발적인 표현에 관객의 반응을 바로 끌어내야 한다는 점에서, 춤이 매우 빠르게 휘발된다는 한계도 있다.

비보잉은 세 개 부분으로 이루어진다. 탑록toprock, 파워 무브power move, 프리즈freeze. 춤 공간에 들어오면 이 순서대로 스텝을 하는데 전체 세트는 30초에서 40초 정도이다. 탑록은 스피드와 민첩함에 초점을 두는데, 선 자세에서 다채로운 스텝들의 연결을 보여주는 부분이다. 초기에는 이 부분이 춤꾼의 개성을 보여주는 핵심부였으나, 점차 고급 기술을 보여주기 전에 몸을 푸는 부분으로 강등되었다. 그래서 탑록에 집중하는 춤꾼들을 구식으로 여기는 세태가 생겼는데, 사실 훌륭한 탑록커는 진정한 자기 스타일을 가진 춤꾼이다.

파워 무브는 비보잉의 대표적 이미지인 격렬한 기술들이 등장하는 부분이다. 슬라이드slide, 여러 가지 플립flip, 머리로 돌기, 윈드밀windmill, 스핀spin, 핸드 스탠드hand stand, 무술과 체조에서 따 온 고급 기술들이 망라되어 있다. 파워 무브에서 상대 춤꾼에게 자신을 뽐내고 강한 인상을 주기 위해 본격적으로 현란한 기술을 선보이기 때문에 어느덧 비보잉의 가장 중요한 부분이 되었다. 실력자라도 헤드스핀을 실패하거나 착지를 잘못하는 등 실수를 할 수는 있는데, 이것을 공중에서 더 스펙터클하게 변화시키는 점이 흥미로운 관전 포인트이다.

프리즈는 쇼를 마치는 부분으로, 감탄 부호의 역할을 한다고 볼 수 있다. 정지 동작이 나오는데 난이도가 상당해서 어깨만으로, 혹은 한 손으로만 온 몸을 지탱해서 멈춘 자세를 보여주기도 한다.

이러한 형식적 구성에서 춤꾼은 자신의 정체성과 개성을 보여주어야 한다. 단지 기술을 연결해서 보여주는 것이 아니라 자신만의 이야기, 스타일을 드러내야 하고, 같은 스텝이라도 자신만의 것으로 만들어야 한다. 가명으로 활동하는 춤꾼들도 많은데, '프로스티 프리즈Frosty Freeze'나 '킹 업록King Uprock'처럼, 유명 춤꾼의 대표적인 동작에 그 춤꾼 예명이 붙는 경우가 많다.

래리스타와 크리스토퍼 워터먼은 『미국 대중음악』에서 1980년대 대중음악의 큰 변화 중 하나로 디지털 기술이 등장한 점을

비보잉 중 '탑록'

꼽는다. 디지털 테이프 레코더, CD, 신디사이저, 샘플러, 시퀀서가 보급되었고, 자연에는 존재하지 않는 세련된 인공 합성 소리, 어떤 소리든 샘플하고 조작할 수 있는 기능, 정밀하게 사운드 루프를 만들 수 있는 기능이 생겨났다. 덕분에 어떤 공간에서도 음악을 만들 수 있고, 개인 뮤지션이 음악 제작에 더 많은 통제권을 행사하게 되면서 작곡가, 연주자, 프로듀서의 경계도 희미해졌다. 이러한 디지털 기술은 80년대 이후 성장한 힙합과 일렉트로닉 뮤직에 직접적인 영향을 끼쳤다. 디지털 기술은, 독특한 사운드와 비트 복제를 통해 춤추기 좋은 음악을 더 쉽게 창작하게 해 주었다. 힙합 음악뿐 아니라 여러 스타일의 댄스 뮤직이 엄청나게 성장할 수 있었던 배경이다. 춤꾼이 음악을 접근하는 방식도 달라져서, 춤꾼이자 뮤지션인 아티스트들이 대거 등장했다.

21세기에 들어서도 스트리트 댄스는 지속적으로 변화했다. 새로운 스타일로는 먼저 미국 서부에서 시작된 클라우닝clowning이 있다. 클라우닝은 아이들의 생일파티에서 광대 분장을 한 춤꾼들이 나와 춤을 추는 것이었는데 90년대 후반 토미 더 클라운Tommy the Clown이 시작했다. 많은 젊은이들이 여기에 흥미를 가졌고, 토미 더 클라운의 일부 멘티들이 클라우닝을 변형시킨 크럼핑krumping을 발전시켰다. 크럼핑은 클라우닝과 미적으로는 연결되어 있으나 세계관은 낙관적이지 않았다. 맹렬한 공격성, 모방 능력, 스피드를 전시하는 경향의 춤이었다. 주먹으로 찌르기, 발을 쿵쿵 구르기, 강하게 가슴 팝핑하기 같은 동작들이 특징적이다. 크럼핑은 폭력적인 감정에 대한 비폭력적인 채널이라고 크럼퍼들은 설명한다. 크럼핑은 다큐멘터리 영화 〈라이즈Rize(2005)〉에서 대중들에게 소개되었고, 지금도 매우 인기 있는 춤 스타일이다.

테네시주 멤피스에서는 주킨Jookin'이 등장하는데, 원래 1980년대 생겨났다가 2010년 즈음 새로운 세대들이 리바이벌한 춤이다. 멤피스 힙합 음악의 훵키 소울 리듬에 맞춰 팝핑, 웨이빙, 미끄러지는 풋 워크를 보여준다. 특징적인 모습은 발끝으로 서는 것인데, 운동화를 신고 부드럽게 이동하며 순간순간 앞꿈치로 밸런스를 이어갈 뿐 아니라 발목을 묘하게 꺾어서 움직이는 게 놀랍다. 이런 특징 때문에 발레를 떠올리게 되는데, 실제로 주킨 댄서 릴 벅Lil Buck은 요요마Yo-Yo Ma와 함께 〈빈사의 백조The Dying Swan〉 주킨 버전을 공연하기도 했다. 릴 벅의 주킨은 자넬 모네Janelle Monáe의 '타이트로프Tightrope(2010)' 뮤직비디오와 2012년 마돈나의 수퍼볼 하프타임 쇼에서도 소개되었다.

브레이킹이 상업적인 대중문화에 소개되면서 미국의 상업 춤 분야가 본격적으로 성장했다고 볼 수 있는데, 그 시작에는 1977년 결성된 '록 스테디 크루Rock Steady Crew'가 있었다. 지역 중심(네이버후드, 블록)으로 모인 춤꾼들이 크루를 결성했던 힙합의 관행과 달리 이 팀은 전국에서 최고 비보이들을 뽑았고, 곧 미국에서 가장 유명한 크루가 되었다. 이 팀의 '미친 다리' 리치 콜론

Richie 'Crazy Legs' Colon은 백스핀과 윈드밀을 발명해 낸 장본인이기도 하다. 영화 〈플래시 댄스Flash Dance(1983)〉에서 더 록 스테디 크루는 거리 브레이킹 댄스 장면을 보여주었고, PBS 다큐멘터리 〈스타일 워즈Style Wars(1983)〉에서는 브레이킹의 경쟁적 측면을 보여주었다. 이외 수많은 각종 매체에 소개되며 미국 전역에 브레이킹을 알렸다.

1984년에는 펩시, 코카콜라, 버거킹, 파나소닉 광고에 브레이킹이 등장했고, 그해 열린 로스앤젤레스 하계 올림픽 폐막식에서는 백 명의 비보이가 춤을 선보였다. 교습 비디오가 쏟아져 나오고 힙합 댄스 클래스도 인기를 끌었다. 이 과정에서 '도시 변두리 청년들의 가난과 소외에 대한 투쟁'이라는 원래 힙합 정신은 희석될 수밖에 없었지만, 독특한 신세대 춤 문화가 대중 매체를 통해 미국을 대표하는 문화로 전 세계에 알려졌다.

힙합이 주류 문화로 진입하게 되는 데에는 대중 매체의 변화도 한 몫 했다. 1981년 개국한 음악 전문 채널 MTV는 뮤직비디오라는 형식을 본격적으로 발전시킨 매체였다. MTV에 힙합 음악과 브레이킹이 소개되면서 춤과 음악이 어우러진 뮤직비디오가 음악 산업에서 매우 중요한 요소로 떠올랐다. 춤꾼들이 보여주는 운동 감각과 생기발랄함, 화려함이 음악과 함께 즉각적으로 전달될 수 있었기 때문이다. 브레이킹뿐 아니라 재즈, 체조, 발레, 현대 무용 등 다양한 스타일이 뮤직비디오에 등장했고, 곧 이런 스타일들이 혼합되며 다양한 양상을 보여주었다.

마이클 잭슨은 초기 뮤직비디오 시대를 주도한 가수였다. 약간의 서사가 포함된 그의 뮤직비디오들은 음악에서 시각적 즐거움까지 느낄 수 있게 했다. 그는 팝핑과 훵크 부갈루 팬이었고, 스트리트 댄서들에게서 개인 레슨을 받아 스타일을 익혔으며, 백업 댄서 다수를 스트리트 댄스 신에서 뽑았다. 그는 아스테어-포시의 부드럽고 매끈한 춤 스타일과 스트리트 댄스 스텝들을 통합한 자신만의 춤 스타일을 보여 주었다. 현재까지도 많은 대중음악가와 춤꾼들이 잭슨 스타일을 소환하고 있다.

마이클 잭슨은 다양한 스타일을 통합하여 자기 스타일을 만들었지만 핵심적인 움직임은 아프리카니즘이었다. 반면 마돈나는 가수가 되기 이전 현대 무용 전공자였기 때문에 극장춤에서 요구되는 몸 태도를 보여주었다. 마돈나 역시 여러 춤 스타일을 혼합하여 강렬함과 관능성을 바탕으로 다양한 이미지를 선보이며 뮤직비디오 초기 시대를 선도했다. '보그'에서의 보깅뿐 아니라 '헝 업Hung Up'에서의 크럼핑까지 다양한 스트리트 댄스를 뮤직비디오에서 소개하기도 했다.

1990년대부터 2000년대 초반까지 뮤직비디오에 엄청나게 많은 상업 춤들이 쏟아져 나오자 이러한 안무들을 따라 추는 것이 청소년들의 보편적 문화가 되었다. 한 시대를 풍미한 노래와 춤들이 많지만, 공급 과잉이라 느낄 만큼 비슷비슷한 복제품들이 대량 생산되다 보니 초기의 흥미진진함은 다소 사그라지고 거대화되는 음악 산업에서 상업적으로 성공하기는 더 힘들어졌다. 그러다가 2009년 비욘세Beyoncé의 ‘싱글 레이디Single Lady’가 다시 한 번 신선함을 불러 일으켰다. 이 뮤직비디오는 흑백 화면에 다른 시각적 장치 없이 오로지 세 명이 춤추는 모습만을 보여주었는데, 이 안무는 밥 포시의 작품 〈아메리칸 브렉퍼스트American Breakfast〉를 오마주한 것으로, 고도로 안무된 춤이 뮤직비디오에서 여전히 유효하다는 것을 입증해 주었다.

2010년대 이후 대중문화에 일어난 큰 변화는 유튜브로 대표되는 웹 기반 플랫폼의 부상이다. 이제 확실히 MTV보다 온라인 매체가 대중음악에 더 주도적인 역할을 하는 시대가 되었다. 온라인은 콘텐츠에 대한 접근이 더 편리하고, 생산자와 소비자가 쌍방향 소통할 수 있으며, 입소문이나 조회수만으로도 성공할 수 있는 가능성을 제공했다. 콘텐츠에 쉽게 접속할 수 있다는 말은 다른 한편으로 짧은 시간 내에 눈과 귀를 사로잡는 춤과 음악으로 취향이 옮겨간다는 것을 의미하기도 한다. 따라서 강렬하고 기억하기 쉬운 ‘훅’이 있는 음악과 춤이 중요해졌고, 뮤직비디오를 통해 감각적이고 즉각적으로 전달되어야 한다. 다른 한편 거대 자본의 도움 없이 개인이 콘텐츠를 만들어서 성공하는 사례도 많아졌다.

퍼러는 저서에서 이처럼 변화된 음악 산업에서 웹 기반으로 인기를 끈 사례로 먼저 랩퍼 솔자보이Soulja Boy의 ‘크랭크 닷Crank Dat(2007)’을 들고 있다. 솔자보이는 음악 소셜 커뮤니티에서 데뷔하였고 웹에서 춤을 소개하고 팬들이 따라 추는 모습을 포스팅하며 미국 전역에 솔자보이 댄스 열풍을 일으켰다. 칼리스웩 디스트릭트Cali Swag District의 '티치 미 하우 투 더기Teach Me How to Dougie(2010)' 역시 이런 식으로 인기를 끌었다. 퍼러가 마지막으로 소개한 사례는 싸이의 '강남스타일(2012)'이다. 전 세계인들이 뮤직비디오로 말춤을 배우고, 자기가 춤추는 모습을 인터넷에 업로드하며 거대한 피드백 고리를 만들어 냈다. 미국 무용사에서 한국 가수의 춤과 노래를 예시로 들 정도이니 당시 미국에서 인기가 엄청났던 것 같다. 그러나 싸이 이후 현재까지의 상황에 대해서는 앞으로 새로운 연구가 필요하지 않을까 싶다. 대중음악 지형이 완전히 바뀌고 있기 때문이다.

2010년대부터 케이팝이 미국은 물론 전 세계적으로 인기를 끌고 있다. 케이팝은 변화된 음악 산업에 재빨리 적응했다. '훅'이 있는 노래와 춤뿐 아니라, 노래를 하면서 꽉 짜인 복잡한 안무와 칼군무까지 해내는 놀라운 수행능력, 패션 감각과 외모, 온라인으로 팬들과 소통하는 면모가 부각되었다. 즐길 수 있는 콘텐츠가 노래 한 곡에 그치지 않고 스타의 춤, 의상, 일상적 모습, 소셜미디어 활동까지 풍부해졌다. 중국과 동남아시아를 시작으로 북미, 남미, 유럽, 중동 지역까지 케이팝 팬들이 생겨났다. 특히 방탄소년단의 성공은 이 시대 대중문화와 팬덤에 대한 인식을 완전히 바꿔 놓았다. 온라인으로 연결되는 세계에서 언어와 문화는 더 이상 벽이 되지 않는다. 전 세계 팬들이 한국어 가사를 자국어로 번역하여 공유하고, 노래 가사나 뮤직비디오의 시각적 이미지로 세계관을 읽어내고, 서로 소통하며 기부 활동을 하는 등 적극적인 팬덤을 형성하고 있다. 다양한 형식의 콘텐츠와 쌍방향 소통, 이처럼 대중문화의 소비 패턴마저도 달라지고 있다.

또 한 가지 상업 춤 분야에서 주목할 만한 것은 텔레비전 댄스 경연 프로그램이다. 2005년 폭스에서 처음 방송된 〈So You Think You Can Dance〉는 다양한 장르의 춤꾼들이 매주 파트너와 함께 연습한 루틴을 공연하고 경쟁하는 댄스 쇼이다. 훈련 배경이 서로 다른 춤꾼들(발레, 현대 무용, 스트리트 댄스, 볼룸댄스 등)이 만나 주어진 다양한 스타일의 춤을 선보였다. 여러 춤 장르를 대중적으로 소개할 기회가 되었을 뿐 아니라, 춤꾼들이 상업 무대에서 활동할 수 있는 기회도 되었다. 우리나라에서도 비슷한 포맷의 경연 프로그램 〈댄싱9〉이 Mnet에서 방송되었다. 이 경연에는 듀엣뿐 아니라 팀별 군무 대결도 있어 볼거리가 풍성했다. 여러 스타일이 한 무대에서 오르면서 서로 혼합되고 절충되는 경향도 생겨났고, 극장춤 신에서만 활동하던 춤꾼이 팬들을 몰고 다니게도 되었다. 경연 프로그램에서 요구되는 대중적인 호소력이 마니아적 취향으로까지 연결되기는 힘들지만, 텔레비전으로 춤을 봤던 경험은 이후에 극장을 찾을 수 있는 계기가 될 수도 있을 것이다.

케이팝 댄스

케이팝은 주로 미국 대중음악의 영향을 받으며 성장했다. 케이팝 댄스 또한 미국에서 생겨난 스트리트 댄스와 상업 춤의 영향을 받았다. 우리나라 스트리트 댄스의 역사는 대략 1980년대를 시작으로 본다. AFKN 방송으로 〈소울 트레인〉 같은 미국 연예쇼를 녹화한 비디오를 보면서 스스로 학습한 춤꾼들이 클럽이나 텔레비전 쇼에서 스트리트 댄스를 소개했다. 길거리 문화가 들어온 것이라기보다는 잘 꾸며진 쇼 형태로 스트리트 댄스를 받아들인 것이다. 그래서인지 자신들의 주변성을 드러내고 사회에 저항하는 하위문화가 아니었다. 춤의 스펙터클에 몰두하면서 상업 무대에 곧바로 진입하는 경우가 많았다.

대중음악에서 댄스 뮤직의 비중이 비약적으로 커지는 90년대부터는 이런 춤꾼들이 활발하게 활동하며 '음악과 하나인 춤'을 장르화해 나갔다. 현진영, 서태지와 아이들, 듀스, 클론, R.ef, 박진영, 룰라는 이때 가장 큰 인기를 얻으며 댄스 뮤직 시장을 넓혀나간 가수들이다. 이른바 '댄스 가수'들의 등장은 이 당시 청년 문화와도 관련이 있다. 대중문화평론가 김창남은 『한국대중문화사』에서 1990년대 신세대는 한국 사회에서 최초로 등장한 본격적인 영상 세대이며, 이 시기 이후 사회 전반의 문화적 중심이 영상 미디어로 옮아갔다고 말한다. 신세대 문화는 기성사회가 가지고 있는 획일성, 위계적 질서, 업적주의, 논리성, 집단주의에 저항하면서, 개성, 자유, 개인주의, 감각, 쾌락주의를 추구했다. 이 세대는 새로운 문화의 창출보다는 주어진 문화와 상품을 소비하는 방식으로 정체성을 드러냈다. 서구의 상업적 대중문화에 대한 거부감이 없고, 춤의 감각적 재미와 자유로움을 즐길 수 있는 세대였다. 스트리트 댄스를 곁들인 댄스 뮤직은 청년 세대의 환영을 받았고, 자연스럽게 음악 산업에 주요 장르로 자리 잡았다.

영상 이미지가 중요해지면서 댄스 가수들의 경우 가창력보다 춤 실력, 패션 감각, 외모가 더 강조되고 라이브 무대에서 립싱크를 하는 경우도 흔했다. 1990년대 댄스 가수들은 전반적으로 춤의 활력을 앞세운 무대를 보여주었다. 댄서 출신일 경우 현란한 브레이킹 실력을 보여주는 데 집중하였고, 경쾌하고 큰 스텝, 쭉쭉 뻗는 팔다리 동작, 역동성이 돋보이는 안무가 주를 이루었다. 이 시기 미국에서 유행했던 뉴 잭 스윙new jack swing 음악과 춤(바비 브라운Bobby Brown이나 자넷 잭슨Janet Jackson의 춤을 떠올려보라)의 영향이기도 했거니와, 이 새로운 시대의 춤(스트리트 댄스)이 기성세대의 엄숙주의나 단조로운 일상으로부터 벗어나는 해방감과 즐거움을 보여주어야 한다는 생각이 강하게 작용했던 게 아닌가 싶다. 한국 대중음악 역사상 이처럼 격렬하게 춤추는 가수들이 등장한 것은 이때가 처음이기 때문이다. 1993년 데뷔한 '듀스'는 차별화된 고난이도의 안무와 힙합 음악을 선보였다. 멤버 이현도와 김성재는 스트리트 댄서 출신이라

비보잉의 고급 기술을 능숙하게 출 수 있었고, 뛰어난 패션 감각을 보여주었다. 이현도는 디지털 기술로 작곡과 프로듀싱을 함으로써 R&B와 힙합 기반의 춤추기 좋은 명곡들을 많이 남겼다. 이들은 미국 대중문화를 소개하는 것을 넘어서 독창성과 개성을 가진 음악을 시도함으로써 이후 댄스 뮤직 장르가 발전하는 데 큰 영향을 끼쳤다. 90년대 신세대 문화를 대표하는 가수로 서태지를 꼽는 대중문화 평론가들이 많지만, 댄스 뮤직과 더 직접적인 연관성을 가진 것은 흑인 음악, 스트리트 댄스를 전면에 내세운 듀스였다.

1990년대 대중음악 장르로 안착했던 댄스 뮤직은 2000년대에 폭발적으로 성장한다. 김창남은 이 배경에 대해 기존 음반 산업의 붕괴와 함께 디지털과 온라인으로 유통체계가 변화된 점을 꼽는다. 상업성이 확보된 댄스와 팝 장르에 단기적 투자가 집중되면서, 음반의 완성도보다는 음원의 다양한 이용과 유통이 중요해졌으며, 대중음악은 더욱 10대 취향 일변도로 흘러갔다고 설명한다. 따라서 아이돌 그룹, 후크 송, 강한 인상의 퍼포먼스와 뮤직비디오 동영상이 2000년대 이후 대중음악을 지배했다. 빠르게, 많이 소비되는 방식으로 주류 음악이 재편된 것이다.

아이돌 댄스 가수, 그룹들이 쏟아져 나오면서 같은 시기 미국 대중음악에서처럼 비슷비슷한 복제품이 대량 생산되며 댄스 뮤직 초기의 흥미진진함은 사라져 갔다. 역동적인 안무는 점점 줄어들고 단순하면서 따라 하기 쉽고 중독성 있는 '훅'이 있는 안무(한국에서는 흔히 '포인트 안무'라고 말한다)에 치중한 노래들이 주를 이루게 된다. 전반적으로 느슨하게 움직이면서 특정 가사들을 몸 움직임으로 설명하는 식의 일차원적 모방 동작이 많았다. 또한 춤의 활력보다는 이미지에 주력하면서, 쇼 프로그램에서는 아이돌 그룹 멤버들의 출중한 외모와 특징적인 표정이나 제스처를 헤드샷으로 보여주는 경우가 많다. 노래 중간에 전문적인 기량을 보여주는 댄스 브레이크가 아주 잠깐씩 들어가기도 했다. 1990년대 후반에서 2000년대 초반까지의 댄스 뮤직은 대체로 쉽고 단순한 춤과 음악으로 대중들에게 친근감과 호소력을 발휘했다. 한편 김창남은 1990년대 후반부터 대형 연예 기획사들이 아이돌 그룹을 사전 기획하고 관리하는 시스템이 등장했다고 설명한다. 이렇게 만들어진 1세대 아이돌 그룹으로 H.O.T(1996), 젝스키스(1997), S.E.S(1997), 핑클(1998) 등이 있다. 이 외 수많은 아이돌 그룹이 반짝 나타났다 사라지기를 반복하며 대중음악은 더욱 10대 취향 댄스 음악으로 채워졌고 다양성도 줄어들었다.

2000년대에 들어 댄스 배틀에서 고급 기술을 겨루는 전문 비보잉 문화가 확산되며 상업 신과 차별화된 전문 스트리트 댄스가 발전했다. 스트리트 댄스의 다양한 하위 장르들이 소개되고, 세계적인 배틀에서 우승하는 춤꾼들이 속속 등장했다. 과거에는 스트리트 댄스 신에서 나온 댄스 가수들이 많았으나, 이때부터 스트리트 댄서는 비보잉 문화를 확장하고 전문성을 추구하는 경향이 강해졌다. 진조크루, 겜블러크루, 라스트 포 원 등 전문 크루가 생겨나고 배틀과 다양한 무대에서 뛰어난 기량을 선보였다. 점차 양분화되어 현재는 이런 전문 댄스 신과 상업 댄스 신의 경계가 뚜렷한 편이다.

1세대 아이돌 그룹들이 성공하면서 대형 기획사들은 2000년대 중반부터 제작과 매니지먼트, 스타의 개발과 훈련, 마케팅까지 하나의 시스템으로 관리하는 기업형 조직으로 발전했다. 기획, 제작, 팬 관리의 모든 과정이 더 치밀해졌으며, 연습생을 뽑아 노래, 춤, 연기를 여러 해 동안 연습시켜서 데뷔 이후 성공 가능성을 높이는 전략을 취했다. 이것이 가능하려면 자본을 많이 투여할 수 있는 대형 기획사여야 했다. 10대 초중반에 연습생이 되어 몇 년 간 훈련한 아이돌 가수들은 여러 면에서 이전 세대와는 달랐다. 춤과 노래에서 좀 더 안정된 기량을 가지고 있었다. 공급 과잉과 과열된 경쟁으로 가수에게 요구되는 전문성의 수준도 이전과는 달라져 있었다. 대형 기획사가 외국의 작곡가나 안무가에게 노래와 춤을 의뢰하는 경우가 많아져 아이돌 댄스 음악은 점차 해외 주류 팝의 느낌을 띠게 되었고 춤 수준도 높아졌다. 인터넷과 모바일 환경에서 대중들은 이전보다 더 빨리 문화를 소비하고 더 다양한 방식으로 콘텐츠를 접하게 되어, 대중들의 욕구를 지속적으로 충족시키는 것이 더 어려워졌다.

그러면서 등장한 것이 아이돌 그룹의 '칼군무'이다. 군무를 칼같이 예리하고 정확하게 맞춰서 춘다는 의미다. 많은 노력이 투여된 일사불란한 춤에 팬들은 열광했다. 칼군무 시대가 도래했음을 알린 그룹은 소녀시대(2007)였다. 신나지만 매우 깔끔한 안무, 대형 변화가 많아도 흐트러지지 않는 줄, 그 와중에 안정적인 라이브 노래 실력과 출중한 외모까지, 이미지뿐만 아니라 춤의 활력과 호소력 있는 가창력 모두를 갖춰야 성공하는 시대가 되었다. 2PM(2008) 역시 아크로바틱이 들어간 역동적인 남성 군무를 잔동작 없이 매끈하게 보여줌으로서 남자 아이돌에 대한 기대 수준을 높였다. 이런 그룹들이 새로운 표준이 되면서 아이돌의 칼군무와 노래 실력이 전반적으로 상향 조정되었다. 2000년대 중반부터 보아, 비 같은 댄스 가수를 시작으로 아이돌의 해외진출이 빈번해졌고, 전 세계에서 케이팝을 즐기고 춤추게 되었다. 해외 팬들에게 칼군무는 케이팝 댄스의 주요 특징으로 인식되었다. 그러나 여성과 남성에 대한 일률적인 젠더 이미지를 재생산하는 점, 가수 개인의 개성적인 몸짓은 볼 수 없다는 점, 포인트 안무와 칼군무로 인해 리듬감(그루브groove)을 표현하는 측면이 무시된다는 점 등은 케이팝 댄스의 한계로 남았다. 또한 칼군무가 무한 경쟁의 시대에 최고가 아니면 살아남지 못한다는 강박으로 읽히기도 한다. 춤의 진짜 재미는 행간의 호흡과 그루브에 있는데, 너무 꽉 짜인 안무를 기계적으로 수행하는 데 몰두하여 '음악과 하나인 춤'의 미덕을 놓치는 것은 아닌가 싶다. 빅뱅(2006)과 2NE1(2009)이 충만한 그루브, 개성, 여유를 보여주기도 했으나 전반적으로는 칼군무가 대세였다.

안무적으로 새롭고 다양한 시도가 두드러졌던 것은 샤이니(2008)와 f(x)(2009)였다. 스트리트 댄스의 여러 하위 장르뿐 아니라 다양한 춤에서 움직임 재료를 찾았고, 이전에 보지 못했던 창의적인 동작들을 보여주었다. 그러면서도 꽉 짜여 있었고 대중들이 따라할 만한 포인트도 있었다. 칼군무의 틀을 벗어나지 않으면서 다채롭고 참신한 춤을 보여주었다. 이들 노래의 안무는 고정된 젠더 이미지에 갇혀 있지 않았고 대형의 변화나 동작구의 변주에서도 현대 무용의 구성을 떠올릴 만한 짜임새를 보여주었다. 음악이 독특하고 완성도가 높았기 때문에 안무의 창조성도 함께 돋보일 수 있지 않았나 싶다. 특히 샤이니의 춤들은 이전 아이돌 그룹 춤들보다 동작이 많았다. 이전까지 노래 한 소절에 보통 한두 동작이 들어갔다면, 샤이니 안무에서는 대여섯 동작이 들어갔던 것이다. 아마 이때부터 케이팝 댄스의 동작이 빠르고 많아진 게 아닌가 싶다. 지금 젊은 세대는 속도감 있게 넘어가는 영상에 익숙하기 때문에 시각적 호흡이 이전 세대와 달라 이런 춤들을 즐기고 따라 추는 것도 어렵지 않게 느끼는 듯하다.

2010년대에 들어서 틴탑, 인피니트, 엑소같은 그룹들이 더욱 현란한 칼군무에 주력했고, 무엇보다 2013년 데뷔한 방탄소년단은 춤 기량 면에서 완전히 다른 차원을 보여주었다. 속도감 있고 역동적이며 복잡하게 분절된 동작들을 멤버 전체가 한몸인 것처럼 맞춰 해내면서 흔들림 없이 노래했다. 숨도 쉴 수 없을 것 같은 격렬한 춤을 추면서 노래까지 하는 것은 오래 무대에 선 뮤지컬 배우라도 힘든 일이다. 앨범을 낼 때마다 점차 안무 구성도 달라졌다. 마치 춤 자체의 내적 논리, 흐름, 통일감, 완성도를 추구하는 듯한 경향이 나타났다. 둘이나 셋이 무대 중앙에서 구도를 이루어 춤을 출 때, 나머지 멤버들은 무대 양 옆에 중립 자세로 서 있다가 자신의 춤이 나올 때 다시 무대 중앙으로 합류한다. 현대 무용 작품에서 흔히 보이는 모습이다. 또한 대형 변화를 다채롭게 시도하는데, 7명이라는 충분한 인원이 있기에 군무로서 예술적 가치를 추구하려는 의도가 느껴진다. 하나의 통일된 스타일도 보이면서, 멤버 한 명 한 명의 개별적 동작도 흥미롭게 변주된다.

이런 춤을 보는 방식도 달라졌다. 팬들이 직접 방송이나 콘서트 현장에서 고화질의 카메라로 전체 안무를 한 시점에서 찍거나, 각 멤버의 춤추는 모습을 개별적으로 찍어서 SNS에 올려 공유한다. 아이돌 그룹 기획사들 역시 교본을 제시하듯이 전체 안무가 정확히 드러나도록 연습 과정을 찍어서 팬들에게 공개한다. 쇼 프로그램에서 카메라는 헤드샷을 남발하던 이전과 달리 좀 더 전체 안무 구성을 따라가는 방식을 취한다. 무용이나 뮤지컬 공연을 보는 방식으로 아이돌 퍼포먼스를 보는 것이다.

얼마나 완성도 있는 퍼포먼스를 보여주는가로 팬들의 관심이 옮겨가면서, 케이팝 댄스에서도 극장춤에서 요구될만한 전문성이 적용되고 있다. 경쟁이 치열한 분야이다 보니 이전보다 뛰어난 퍼포먼스 실력을 가진 가수들이 점점 많아지고 있다. 과거의 댄스 뮤직이 쉽게 대중들을 춤추게 하고 하나로 만들었던 힘이 있었다면, 지금은 구경하기 좋은 멋진 퍼포먼스에 더 초점이 맞춰져 있다. 댄스 가수의 안무를 따라 추는 '댄스 챌린지'를 SNS로 공유하는 문화가 널리 퍼지면서 대중과의 쌍방향 소통이 활발히 이루어지기도 한다. '케이팝 랜덤 플레이 댄스'도 상호성의 예로 들 수 있다. 그러나 이런 소통은 한정되어 있어 넓은 대중성의 차원으로 나아가지 못한다. 보는 사람을 흥겹게 하여 따라 추고 싶게 만드는 것은 쇼 비즈니스 춤의 본질적인 요소일 것이다. 춤의 즐거움을 다시 소환하는 것은 전문성의 또 다른 과제다.

대중적인 댄스 뮤직이 다루는 춤은 유행을 따르기 마련이다. 어느 시기에 비슷비슷한 춤들이 여러 아이돌 그룹에서 동시에 보이고, 그러면서 서서히 춤 스타일의 유행이 달라졌다가 또 비슷해지는 과정을 반복한다. 그런데 칼군무까지 추니 더욱 모든 춤이 비슷해 보인다. 이는 상업 춤이 전적으로 음악의 영향을 받기 때문이기도 한데, 케이팝이 팝, 일레트로닉 장르에 치중되어 있어 다양한 스타일과 리듬을 구사할 수 없고, 그렇다 보니 그에 맞춰 추는 춤도 일률적으로 흘러갈 수밖에 없는 것이다. 실제로 스트리트 댄스 분야에는 다양한 춤 스타일, 댄서, 안무가가 존재하지만, 케이팝 댄스에 소개되지는 않는다. 음악과 춤에서의 다양성을 확보하는 것도 케이팝 산업의 과제이다.

케이팝 댄스는 길지 않은 역사에 비해 놀라운 성장을 이루었다. 2021년 방탄소년단의 '퍼미션 투 댄스' 댄스 챌린지에 엘튼 존Elton John이 화답하는 시대가 올 거라 누가 예상했을까? 앞으로 케이팝 댄스가 또 어떤 길을 가게 될지는 알 수 없으나, 지금까지의 노력과 발전을 토대로 더욱 다채롭게 변화하고 대중들을 들썩이게 만들길 기대한다.

이 장에서는 음악과 깊게 연관된 춤들을 다루었다. 뮤지컬 댄스, 스트리트 댄스, 커머셜 댄스는 몸짓으로 음악의 색깔을 더욱 진하게 보여주기도 하고, 음악에서는 미처 발견하지 못한 감각들을 새로이 창조하기도 한다. 이런 춤들이 음악에 곁들어진, 보조적인 역할을 할 뿐이라고 생각하는 사람들은 여전히 많다. 하지만 앞서 살펴보았듯이 이들 춤은 '음악과 하나인 춤'이며 총체성의 예술로 보아야 한다. 따라서 이런 춤은 극장춤을 감상하는 것과는 다른 관점이 요구된다. 춤에서 '음악이 들리는가?'가 중요하며, 마찬가지로 음악에서는 '춤이 보이는가?'가 중요하다. 음악과 춤의 감수성이 같이 발휘되어야 한다. 여기에 맞게 시각적, 청각적, 촉각적 감각들을 종합하는 능력은 이 분야 예술가들뿐 아니라 관객들에게도 필요하다. 음악과 전혀 따로 노는 춤, 춤과 따로 노는 음악을 접하게 되면 서로 긴밀하게 엮여 있어야 온전한 전달력을 가질 수 있는 장르라는 것이 새삼 느껴진다. 대중적인 장르들이라 이제까지 통일성, 예술성이 덜 고려되었던 것도 사실이다. 하지만 대중성은 오락성에 전문성과 예술성이 더해질 때 성공 가능성이 높아진다.

참고 문헌

◈ 1장
『근대성과 육체의 정치학』, 다비드 르 브르통, 홍성민 역, 동문선, 2003
『춤과 몸』 김말복, 이화여자대학교출판부, 2010
『몸의 세계, 세계의 몸-메를로 퐁티의 지각의 현상학에 대한 강해』, 조광제, 이학사, 2004
『발레 페다고지』, 로리 포스터, 정옥희, 임수진, 홍애령 역, 성균관대학교출판부, 2017

◈ 2장
『코레오그래피란 무엇인가-퍼포먼스와 움직임의 정치학』, 안드레 레페, 문지윤 역, 현실문화연구, 2014
『수행성의 미학-현대미술의 혁명적 전환과 새로운 퍼포먼스 미학』, 에리카 피셔-리히테, 김정숙 역, 문학과 지성사, 2017
『포스트드라마 연극의 미학』, 김형기 외, 푸른사상, 2011
『질 들뢰즈』, 클레어 콜브룩, 백민정 역, 태학사, 2004

◈ 3장
『무용 분석의 이론과 실제』, 자넷 애드쉐드, 신상미 역, 현대미학사, 1996
『춤추는 여성』, 샐리 베인즈, 김수인·김현정 역, 성균관대학교 출판부, 2012
『발레와 현대무용』, 수잔 오, 김채현 역, 시공아트, 2018
『우리무용 100년』, 김경애, 김채현, 이종호, 현암사, 2001
『춤추는 세계』, 허유미, 브릭스, 2019

◈ 4장
『노름마치1,2』, 진옥섭, 생각의 나무, 2007
A Dictionary of Theatre Anthropology-The Secret Art of the

Performer, Eugenio Barba & Nicola Savarese, Routledge, 2006
『무용예술코드』, 김말복, 한길아트, 2011

◈ 5장
『한국춤총론』, 김온경, 윤여숙, 두손컴, 2016
『한국춤통사』, 김영희, 김채원, 김채현, 이종숙, 조경아, 보고사, 2014
『근대 조선춤의 지속과 변용』, 이정노, 소명출판, 2019
『심소 김천흥 선생 무악인생록』, 김천흥, 소명출판, 2017
『민족무용학』, 허영일, 시공사, 1999

◈ 6장
『접촉에 의한 즉흥무용의 이해』, 신시아 노박, 서진은 역, 도서출판 금광, 2014
『몸 주체 권력:메를로 퐁티와 푸코의 몸 개념』, 강미라, 이학사, 2011

◈ 7장
『에로티즘』, 조르주 바타유, 조한경 역, 1997, 민음사
『에로스의 종말』, 한병철, 김태환 역, 2015, 문학과 지성사
『아름다움의 구원』, 한병철, 이재영 역, 2016, 문학과 지성사

◈ 8장
Moving history/Dancing cultures, Edited by A Dance History Reader, Ann Dils & Ann Cooper Albright, Wesleyan University Press, 2001
; "Two-Stepping to Glory: Social Dance and the Rhetoric of Social Mobility," Julie Malnig
; "Stripping the Emperor: The Africanist Presence in American Concert Dance," Brenda Dixon Gottschild
Dance in the City, Edited by Helen Thomas, Macmillan Press, 1997
; "The Beat Goes On: Trance, Dance and Tribalism in Rave Culture,"

Georgiana Gore
; "Cyborgs, Nomads and the Raving Feminine," Maria Pini
; "Nazism and the Call of the Jitterbug," Les Back
; "Ballroom Blitz," Helen Thomas and Nicola Miller
Dance, Gender and Culture, Edited by Helen Thomas, Macmillan Press, 1993
; "'Saturday Night Fever': An Ethnography of Disco Dancing," David Walsh,
The Body, Dance and Cultural Theory, Helen Thomas, Palgrave Macmillan, 2003

◈ 9장

American Dance: The Complete Illustrated History, Margaret Fuhrer, Voyageur Press, 2014
『미국대중음악:민스트럴시부터 힙합까지, 200년의 연대기』, 래리 스타, 크리스토퍼 워터먼, 김영대, 조일동 역, 한울아카데미, 2015
『한국대중문화사』, 김창남, 한울아카데미, 2021